Mia Sassen ist das Pseudonym einer deutschen Buch- und Filmautorin, die einen Teil ihrer Kindheit in der Karibik verbrachte. Sie ist viel auf Abenteuerreisen unterwegs und lässt sich auch sonst gern überraschen. Ihren Schreibtisch hat sie aber am liebsten in Hamburg.

«Ein Buch, das Lust macht auf Veränderung und Abenteuer. Rasant und gefühlvoll, witzig und nachdenklich.» (Bettina Tietjen, NDR-Moderatorin)

«Viel Witz, viel Charme ... Was braucht es mehr?» (Hamburger Morgenpost)

Mia Sassen

ZIEMLICH MITGENOMMEN

Roman

Rowohlt Taschenbuch Verlag

Veröffentlicht im Rowohlt Taschenbuch Verlag,
Reinbek bei Hamburg, Juli 2015
Copyright © 2014 by Rowohlt Verlag GmbH,
Reinbek bei Hamburg
Umschlaggestaltung any.way, Hamburg,
nach einem Entwurf der Hafen Werbeagentur, Hamburg
Illustration Oliver Kurth
Satz Dolly PostScript, InDesign,
bei Pinkuin Satz und Datentechnik, Berlin
Druck und Bindung CPI books GmbH, Leck, Germany
ISBN 978 3 499 23950 2

Für meine Tochter Morgaine

1. KAPITEL

Doktor Jane Eppingham beugt sich so weit vor, dass ihr Ausschnitt keine Fragen mehr offenlässt. Erstaunlich, denke ich, während ich auf meinen Einsatz warte. Sie ist doch auch schon Mitte vierzig, genau wie ich. Aber ihre Brüste sind perfekt.

«Was meinst du», frage ich Daniel, der neben mir steht und mindestens ebenso gebannt von dem Anblick ist wie ich. «Push-up oder Silikon?»

«Naturschönheit», murmelt Daniel. Er steht ein bisschen auf Jane.

Ich mache ein paar schluchzende Geräusche, denn Jane verzieht jetzt weinend das Gesicht. «Er ist tot», sage ich und schlage genau wie sie die Hände vors Gesicht, damit meine Stimme bei dem Wort «tot» unterdrückt klingt. Daniel sagt gar nichts mehr, was logisch ist angesichts der Tatsache, dass sein Herz soeben stehengeblieben ist. Beziehungsweise das Herz von Johnny, den Daniel synchronisiert. Jetzt kommt der Abspann, und ich höre Tinas Stimme in der Sprecherkabine. «Ein Traum! Super gemacht, Isabel!»

Ich drehe mich zur Glasscheibe um, hinter der Tina sitzt, und winke ihr lachend zu.

«Kann ich dich eben noch mal sprechen?», fragt sie mich, als ich meine Jacke aus der Regie hole und mich von Daniel verabschiede.

«Klar», sage ich. «Worum geht's?»

«Nicht hier.» Tina steht auf und winkt mir, ihr ins Büro zu folgen.

«Darf ich dir etwas zu trinken anbieten?», fragt sie. «Glas Wasser vielleicht?»

«Gern.» Ich stelle fest, dass Tina rote Flecken im Gesicht hat und zittert.

«Geht es dir gut?», frage ich. Es ist die Frage, die ich ihr vielleicht am häufigsten gestellt habe, denn Tina geht es selten gut. Wir arbeiten seit neun Jahren zusammen, Tina als Redakteurin und ich als Synchronsprecherin. Zusammen mit Doktor Jane Eppingham bilden wir das infernalische Serientrio, und wenn wir sehr betrunken sind, was nach besonders langen Tagen im Tonstudio ein paarmal vorgekommen ist, nennt Tina mich Doktor Voice. «Praxis Dr. Eppingham» ist der totale Verkaufsschlager, die Serie läuft und läuft. Doktor Eppingham wechselt ihre Liebhaber wie Einwegspritzen, während um sie herum alles gesundet oder auch stirbt.

Tina reicht mir ein Glas und setzt sich mir gegenüber. «Doktor Eppingham hört auf.»

«Ehrlich?» Ich stürze das Wasser meine trockene Kehle hinunter. «Was will sie denn machen, wenn sie nicht mehr als Ärztin arbeitet?» Ich sehe Jane manchmal fast als Freundin.

«Sorry, ich habe mich wohl nicht klar ausgedrückt.» Tina schluckt. «Judy Durham hört auf.»

Ich brauche einen Moment, um zu begreifen, dass sie von der Schauspielerin spricht. Der Frau, die Doktor Jane Eppingham darstellt. Unsere Serienfigur.

«Das heißt ...?»

Tina spielt mit dem Ring an ihrem Finger, den sie zur Geburt ihres Sohnes bekommen hat. Von ihren Eltern. In Ermangelung eines Ehemanns. Mit ihrem Ring spielt sie immer, wenn sie etwas sagen will, das nicht so einfach ist wie

Ja. «Das heißt, die Praxis Eppingham wird geschlossen. Es ist vorbei.»

«Aber», ich ringe nach Worten. «Wie kann sie das tun? Es lief doch alles so gut! Jetzt ist endlich alles abbezahlt, und mit Will gibt es auch keine Probleme mehr ...» Ich stocke, weil ich schon wieder die Serie mit dem wirklichen Leben verwechsle. Mit *meinem* Leben. «Also, was genau hat diese Durham für ein Problem? Ist sie rausgeworfen worden oder was?»

«Nein. Sie wollte nur einfach nicht mehr. Hat England schon verlassen. Ist nach Indien geflogen, in so einen Ashram, um zu ...»

«Essen, zu beten und zu lieben?! Hält sie sich für Julia Roberts oder was?» Ich stehe auf, um mir Wasser nachzufüllen. «Verdammt noch mal, sie hat doch einen Vertrag!» Ich stürze auch dieses Glas Wasser hinunter. Das Büro ist die reinste Wüste Gobi an diesem Nachmittag.

«Natürlich. Die letzte Staffel hat sie auch ordnungsgemäß abgedreht. Nach dem Staffelende kommt ja immer die Vertragsverlängerung für die Schauspieler. Und die hat Judy Durham abgelehnt.»

Ich sehe Tina an. Neun Jahre, zwölf Staffeln, das Leben einer englischen Serienärztin in all seinen sentimentalen Details. Das Leben meiner Redakteurin kenne ich inzwischen mindestens ebenso gut. Ich habe zugesehen, wie Tinas Bauch wuchs. Ich habe sie und ihren kleinen Robert gleich nach der Geburt im Krankenhaus besucht. Und ich habe sie viele Abende getröstet. Tina trinkt Trost wie andere Leute Kaffee, es ist ihr Lebenselixier. Es gibt nämlich nur wenige Dinge in ihrem Leben, die so laufen, wie sie es sich wünscht: Der Vater ihres Sohnes hat sie verlassen, über ihr Dating-Portal lernt sie nur Aufschneider kennen («und damit meine ich keine Chirurgen», sagt sie gern, wenn sie einen lustigen Moment hat), und dann hätte sie eigentlich auch lieber einen anderen Beruf.

Sie probiert ein kleines Lächeln. «Was hätte denn jetzt auch noch groß passieren sollen? Jetzt, da Johnny tot ist, wären Jane und Will sowieso nicht mehr miteinander glücklich geworden!»

«Aber Jane konnte doch nichts dafür, dass Wills Stiefsohn gestorben ist!», verteidige ich meine Leinwandvorlage. Dann werde ich ernst. «Ich bin jetzt arbeitslos, stimmt's?»

«Wir werden was Neues für dich finden», sagt sie, um mich zu beruhigen. «Der Sender hat gerade eine Serie aus Australien eingekauft. Da finden wir schon was für dich.»

Aber keine Hauptrolle, füge ich im Stillen hinzu. Dafür ist es zu früh. Noch bringen alle meine Stimme mit Doktor Jane Eppingham in Verbindung. «Ich muss jetzt los», sage ich hastig. «Lisa hat heute ein Fußballturnier in Kiel, und ich habe versprochen, sie zu fahren!»

«Ich rufe dich an», verspricht Tina.

Und auf einmal gibt es einen merkwürdigen Moment. Ich will sie kurz drücken, wie immer, wenn wir uns verabschieden. Aber gerade noch rechtzeitig bemerke ich, dass sie mir die Hand hinstreckt. Ich halte verblüfft inne. Aber dann zieht Tina mich doch an sich und drückt mir einen Kuss auf die Wange. «Ich werde unsere Zusammenarbeit sehr vermissen», flüstert sie.

Ich habe das Gefühl, als ob in meinem Kopf nur Watte ist. «Das werde ich auch.»

Auf dem Weg hinaus komme ich an der Teeküche vorbei. Die Tür steht halb offen. Ich kann niemanden sehen, aber ich höre zwei Stimmen. Eine der beiden sagt: «Sie ist auch einfach längst nicht mehr so gut wie noch vor ein paar Jahren. Sie reißt es nur noch so runter. Es ist überhaupt kein Gefühl mehr dabei.» Und die andere: «Ich bin einfach nur froh, dass es jetzt vorbei ist. Und noch froher, dass ich sie nicht mehr sehen muss.» Dann lachen sie. Es sind Bernd und Johannes, zwei Toningenieure, mit denen ich schon oft zusammengearbeitet habe. Ihr Urteil über Judy Durham fällt aber unverhältnismäßig hart aus, denke ich. Und auch: Ich wusste gar nicht, dass die beiden solche Lästermäuler sind.

Und dann kommt plötzlich die furchtbare Gewissheit.

Die beiden haben nicht über Judy Durham geredet.

Sondern über mich.

Auf dem Weg zum Wagen schalte ich mein Handy ein: drei Anrufe in Abwesenheit. Der Akku ist fast alle, deshalb wähle ich nur Carstens Nummer. Mein Angetrauter gehört zu jener seltenen Spezies von Physiklehrern, die nicht nur logisch, sondern auch beruhigend wirken können.

Er meldet sich nach dem zehnten Klingeln. Zu seinen Vorzügen zähle ich nicht die Schnelligkeit.

«Ich bin soeben gefeuert worden», sage ich statt einer Begrüßung. «Und hinter meinem Rücken zerreißen sie sich das Maul über mich.»

«Isabel? Bist du es? Ich kann dich ganz schlecht verstehen!», ruft er.

Ich halte das Handy ein Stück von meinem Ohr ab. «Ich dich dafür ziemlich gut!»

«Ein alter Hut?!»

«Ja, ein alter Hut, dass du dich taub stellst, wenn ich Probleme mit dir besprechen will!»

«Aha, jetzt bin ich draußen, jetzt kann ich dich wieder hören. Entschuldigung, hattest du eine Frage?»

Ich verdrehe die Augen, was Carsten zum Glück nicht sehen kann. «Ja, ich frage mich, was es mit Murphys Gesetz auf sich hat.» Ich drehe den Autoschlüssel im Zündschloss. Mein alter Opel Corsa springt schon wieder nicht an.

«Mach dir darum keine Sorgen. Murphys Theorie ist systembezogen und kann nur auf geschlossene Versuchsanordnungen angewendet werden.»

Endlich. Der Motor schnurrt. «Carsten, ich bin in einem ganz schlimmen Tag gelandet!» Ich versuche, einem dieser Fahrzeuge mit Allradantrieb auszuweichen, das den Parkplatz vor dem Tonstudio offensichtlich als Verkehrsübungsplatz missbraucht. «Erst habe ich verschlafen, dann habe ich mich mit Lisa gestritten und jetzt das!»

«Es vergeht doch kein Tag mehr, ohne dass wir uns mit Lisa streiten», versucht mein Mann mich zu beruhigen.

«Ja, aber was, wenn es von nun an alles immer schlimmer wird!»

«Das wird es nicht. Das, was viele Leute unter Murphys Gesetz verstehen, ist nur der Effekt der illusorischen Korrelation.»

«Habe ich schon mal gesagt, dass du mich in den Wahnsinn treibst? Ja, auch du, Carsten!»

«Fährst du etwa gerade Auto und hast dein Handy am Ohr?»

«Lenk nicht ab!»

«Besser, du konzentrierst dich auf die Straße. Wir reden später, wenn wir beide zu Hause sind.»

Jetzt fühle ich mich noch unzufriedener. Es ist ja nicht so, dass ich von Carsten erwarte, dass er sich wie der einfühlsame Will in «Praxis Dr. Eppingham» verhält. Aber ein Trostsatz mehr, eine liebevolle Grußformel zum Schluss ... Wir sind eben nur ein ganz normales Paar, das seit siebzehn Jahren zusammenlebt. Für Carsten und seine physikkundigen Freunde sind siebzehn Jahre natürlich nur ein Wimpernschlag, verglichen mit dem Alter des Universums. Aber für ein mitteleuropäisches Paar im 21. Jahrhundert ist eine siebzehn Jahre währende Beziehung schon eine Ewigkeit. Wir sind auch so ziemlich die Einzigen in unserem Bekanntenkreis, die noch immer zusammen sind. Ein Kollege von Carsten hat uns mal die Archosaurier der Neuzeit genannt. Das ist schön und langweilig. Denn manchmal nehmen wir uns einfach nur so hin.

Lisa steht schon vor der Tür, als ich ankomme. Sie schultert ihre Fußballtasche und reißt die Beifahrertür auf. «Wo warst du denn so lange?», brüllt sie mich an.

«Hallo, Lisa, ich freue mich auch, dich zu sehen!» Ich muss den Kopf einziehen, um nicht von der Tasche getroffen zu werden, die Lisa mit voller Wucht auf den Rücksitz schmeißt.

«Du musst Gas geben, sonst komm ich zu spät!»

«Ich muss gar nichts», wende ich ein. «Ich fahre dich jetzt schließlich mal eben hundert Kilometer, da könntest du ruhig ein bisschen netter zu mir sein!»

«Siehst du, das ist immer das Problem mit dir!» Lisa greift nach dem Gurt. «Wenn man dich einmal um einen Gefallen bittet, reitest du gleich monatelang darauf herum!»

«Ich habe doch gar nicht ...»

«Außerdem, wenn ich gewusst hätte, dass du so trödelst, hätte ich Charlotte gebeten, mich mitzunehmen!»

«Warum hast du das nicht von vornherein getan?»

Lisa funkelt mich wütend an. «*Du* bist doch diejenige, die immer darauf besteht, dass wir mehr Zeit miteinander verbringen! Jetzt lass ich mich mal darauf ein, und schon kommst du zu spät!»

«Mir ist was dazwischengekommen.» Ich will Lisa lieber nichts davon sagen, dass ich meine Arbeit verloren habe. Ich weiß, wie wichtig das Turnier für sie ist, und will sie nicht mit Dingen belasten, für die sie nichts kann.

Lisa schiebt sich ein Kaugummi in den Mund und blickt schweigend geradeaus. Ich mustere sie heimlich von der Seite. Sie ist meine geliebte, wilde Lisa und vermutlich der störrischste Teenager seit Billy the Kid. Seit sie sechs Jahre alt ist, spielt sie Fußball, und wenn ich ihrem Trainer glauben kann, ist sie unheimlich begabt. Seit einem halben Jahr spielt sie in der Jugendmannschaft des HSV. Für die Schule hat sie jetzt noch weniger Zeit als sonst.

«Bist du aufgeregt?», frage ich sie.

Lisa schüttelt den Kopf. «Ich will die einfach nur allemachen. Das sind solche Loser. Aber wir werden ihnen schon zeigen, wo der Hammer hängt!»

Ich lache.

Lisa fährt so heftig zu mir herum, dass ihr eine rote Strähne aus dem Pferdeschwanz rutscht. «Das war nicht lustig gemeint!»

«Sorry. Es klang nur so ... süß.»

«Verdammt!» Lisa schlägt so hart auf das Armaturenbrett, dass ich unwillkürlich auf die Bremse trete.

«Was ist los?», frage ich irritiert.

«Ich hasse das, wenn du so redest!», brüllt sie. «Süß, mein Gott! Wann begreifst du endlich, dass ich kein kleines Kind mehr bin?!»

Ich fahre den Wagen rechts ran.

«So kannst du mit mir nicht reden», sage ich so ruhig, wie ich kann. Es kostet mich beträchtliche Mühe. In mir brodelt die Wut.

Lisa verdreht die Augen und ballt die Fäuste. «Mann, Mama, jetzt fahr endlich los!»

«Erst wenn du mir gegenüber einen anderen Ton anschlägst!»

Lisa wird feuerrot im Gesicht. Sie weiß, dass ich es ernst

meine. «Ich sag einfach gar nichts mehr», presst sie endlich hervor und steckt sich die Stöpsel ihres MP3-Players ins Ohr.

Die Fahrt nach Kiel zieht sich eine Ewigkeit hin. Ich schalte das Radio ein und schrecke zusammen, als ich Heinrichs Stimme in einem Interview höre. Heinrich ist mein ehemals bester Freund. Er lebt jetzt in Italien und kommt nur nach Deutschland, wenn ihm hier eine Rolle angeboten wird. Gut gemacht, lobe ich ihn innerlich, und dann durchzuckt mich die Sehnsucht, wie immer, wenn ich an ihn denke. Er fehlt mir, aber daran habe ich mich schon vor Jahren gewöhnt.

Es folgt eine kleine Popnummer, die ich gedankenlos mitsinge, bis ich Lisas missbilligenden Blick bemerke.

Auf einmal höre ich meine eigene Stimme. Es ist ein Programmhinweis auf die neue Staffel von «Praxis Dr. Eppingham». Ich werfe Lisa einen Blick von der Seite zu, um zu sehen, wie sie darauf reagiert. Als Kind fand sie es lustig, mich im Radio zu hören, und hat mir tausend Fragen dazu gestellt. Jetzt tippt sie an ihrem Player herum, ohne eine Miene zu verziehen. Vielleicht hat sie es gar nicht gehört.

Als wir endlich vor der Kieler Sporthalle eintreffen, greift sie nach ihrer Tasche und sagt: «Du brauchst mich nicht abzuholen. Ich fahre mit Charlotte zurück.» Dann schlägt sie die Tür zu.

Kein Abschiedswort, kein Dankeschön.

Ich spüre, wie die Tränen in mir aufsteigen.

Nach ein paar Kilometern auf der Landstraße biege ich in eine Haltebucht ein. Ich muss Carsten jetzt einfach noch mal sprechen. Vielleicht hat er gar nicht mitbekommen, dass ich gefeuert worden bin.

Er nimmt wieder erst nach dem zehnten Klingeln ab. «Ich weiß nicht, ob du das vorhin richtig verstanden hast», fange ich an. «Aber ich habe meine Arbeit verloren.» Im selben

Augenblick fällt mir auf, wie jammernd mein Tonfall klingt. Also hebe ich meine Stimme etwas. «Aber ich sehe das jetzt einfach als Chance», fahre ich fort. «Ich glaube nämlich, dass ich jetzt zurück ans Theater gehe. Was hältst du davon? Ach übrigens, hier spricht deine Frau.»

«Ans Theater?» Carsten klingt ehrlich verblüfft.

«Ja. Warum nicht? Ich meine, Lisa ist jetzt groß, ich kann ja abends wieder arbeiten und ...»

«Ich glaube nicht, dass du zurück ans Theater kannst», unterbricht Carsten mich.

«Warum nicht?», frage ich nach.

«Der Zug ist abgefahren, würde ich sagen. Jeder verbindet deine Stimme mit «Praxis Dr. Eppingham». Außerdem bist du jetzt zu alt fürs Theater, finde ich.»

Ein paar Sekunden lang bleibt mir die Luft weg. Ich weiß nicht, was mich mehr schockiert: dass Carsten es geschafft hat, meine Ängste in wenigen knappen Sätzen zu formulieren. Oder dass er so wenig Mitgefühl zeigt. Dann bricht es aus mir heraus. «Zu alt, Carsten? ZU ALT?!?»

«Nun reg dich nicht gleich wieder so auf. Das ist ja jetzt keine Beleidigung, sondern einfach ein Fakt. Du bist fünfundvierzig. Willst du dir das wirklich noch antun, die langen Abende auf der Bühne und diese ganzen Texte, die du für deine Rollen auswendig lernen musst?»

Als ich schweige, fährt er fort: «Was, wenn du eine Rolle bekommst, für die du zum Beispiel laufen und springen musst. Denk doch nur mal an deinen Gelenkschaden am Knie!»

«Na toll, soll ich mir vielleicht einen Rollator bestellen?!» Ich bemühe mich redlich, meine Stimme leicht und scherzhaft klingen zu lassen, aber in Wahrheit fühle ich, wie sich eine Eiseskälte in mir ausbreitet. Kurz darauf gefolgt von einer Hitzewelle. Oder, und bei diesem Gedanken klammere ich mich mit der rechten Hand am Lenkrad fest: die Wechseljahre! Ausgerechnet an diesem Tag brechen auch noch die Wechseljahre über mich herein!

«Vielleicht solltest du einfach eine kleine Auszeit nehmen», höre ich Carstens sachliche Stimme. «Lass dir Massagen verschreiben wie andere Leute in unserem Alter. Du könntest dich auch mehr an Lisas Schule engagieren. Die suchen händeringend nach Kantinenmüttern. Oder du machst Gartenarbeit.»

«Wow, das klingt echt partymäßig, Carsten. Aber du bezweifelst nicht grundsätzlich, dass ich noch ein Rollenangebot bekomme, oder?»

«Mmh, *grundsätzlich* wohl nicht. Du musst ja nicht darauf bestehen, dass es noch mal die jugendliche Liebhaberin ist.»

Und dann ist die Leitung tot. Ich blicke auf mein Handy und stelle fest, dass es ausgegangen ist.

Die Minuten vergehen, ohne dass ich irgendetwas tue. Links von mir rasen die Autos auf der Landstraße vorbei. Rechts leuchtet der Raps. Ich bade meinen Blick in all dem Gelb, ohne etwas anderes zu fühlen als diese seltsamen Temperaturschwankungen in meinem Körper. Kalt und heiß. Kalt. Und heiß.

Mechanisch drehe ich den Schlüssel im Zündschloss. Weiterfahren, denke ich. Bloß weg von hier. Es dauert genau drei Herzschläge, bis ich bemerke, dass etwas nicht so ist wie sonst.

Der Wagen springt nicht mehr an.

Ich lehne meinen Kopf auf das Lenkrad vor mir. Und dann bricht es plötzlich aus mir heraus: Die Tränen strömen mir nur so aus den Augen, bis das schwarze Lenkrad glänzt. Meine Schultern zucken, ohne dass ich irgendetwas dagegen tun könnte.

Noch einmal versuche ich, die Zündung zu betätigen, doch der Motor schweigt beharrlich.

Plötzlich habe ich eine fast außerkörperliche Erfahrung. Ich sehe mir selbst dabei zu, wie ich mir die Tränen von den Augen wische. Wie ich nach meiner Handtasche greife, die auf der Rückbank liegt. Wie ich aussteige, den Corsa ordentlich abschließe und losgehe. Wohin ich gehe, weiß ich noch nicht, aber das werde ich ja gleich sehen. Aha. Ich gehe auf die Einfahrt der Haltebucht zu.

Und dann hebe ich langsam den rechten Arm, so langsam, dass ich mir immer noch genau dabei zusehen kann. Und strecke den Daumen raus.

2. KAPITEL

In den achtziger Jahren des vergangenen Jahrhunderts war ich vielleicht *das* deutsche Trampertalent. Also, neben Heinrich. Wir beherrschten alle Techniken, die ein Mensch benötigt, um ohne Geld von A nach B zu kommen. Hätte es jemals eine Stellenausschreibung für einen Job als Tramper gegeben, wir hätten dem Anforderungsprofil voll entsprochen: Dank unserer schauspielerischen Fähigkeiten konnten wir die Fahrer so unterhalten, dass sie am Steuer nicht einschliefen, außerdem verfügten wir über hervorragende Kenntnisse im Lesen von Landkarten, verhandlungssicheres Englisch und selbstredend über ein großes Maß an Flexibilität. Ich hatte außerdem einen Grundkurs in Selbstverteidigung absolviert.

Nun sehe ich mich von außen, wie ich hier stehe: ein zerknittertes Wesen mit wirren Haaren und verweintem Gesicht. Es sieht aus, als wäre es gerade von irgendwo weggelaufen: entweder aus dem Altersheim oder aus dem Irrenhaus. Täusche ich mich, oder beschleunigen die Autofahrer bei meinem Anblick?

Am Horizont sehe ich einen uralten olivgrünen Landrover auftauchen. Er fährt so langsam, dass ich ihn mir ganz in Ruhe ansehen kann, während er näher kommt. Das Dach ist nicht aus Blech, sondern besteht aus einer Tuchplane. Und jetzt kann ich auch die Fahrerin sehen. Es ist kein Zweifel möglich: Sie verlangsamt, als sie mich sieht.

Und bleibt stehen.

In diesem Augenblick erst wird mir bewusst, was ich hier tue: Ich bin im Begriff, in ein fremdes Auto einzusteigen. Und mein eigenes? Lasse ich einfach stehen. Ich will ja bloß nach Hamburg fahren. In mein altes Leben zurück.

Aber mein altes Leben gibt es nicht mehr, denke ich, während ich auf den Landrover zugehe. Ich habe keine Arbeit mehr, ehemalige Kollegen lästern über mich, meine Tochter spricht nicht mehr mit mir, und mein Mann hält mich für alt. Womit er vielleicht sogar recht hat. Weder mein Auto noch meine Eierstöcke springen mehr an. Ich stehe im Begriff, mich in ein beigefarbenes Neutrum zu verwandeln. Ich bin nicht mehr gefragt. Alles, was ich für sicher gehalten habe, die großen Konstanten in meinem Leben, ist auf einmal in die Ferne gerückt, und da stehe ich, verwundet und allein.

Die Fahrerin beugt sich zur Seite hinüber und öffnet die Beifahrertür. Ich muss mich auf die Zehenspitzen stellen, um hineinzusehen. Die Frau lächelt mich an. Hunderte kleiner

Fältchen durchziehen ihr Gesicht. «Ich fahre in Richtung Prag», sagt sie. «Und Sie?»

Ich probiere zurückzulächeln. Es tut weh. «Ich auch», sage ich.

Das Innere des Landrovers sieht aus, als hätte sich darin ein orientalischer Inneneinrichter ausgelebt. Am Rückspiegel baumelt eine Kette aus großen goldenen Perlen mit einem schillernd pinkfarbenen Anhänger in Herzform. Auf dem Armaturenbrett thront ein Miniatur-Minarett. Balkanfolklore tönt aus den Lautsprechern. Überall sind kleine Bilder aufgeklebt, die aussehen, als wären sie aus Zeitschriften ausgeschnitten worden. Ich erkenne ein türkisches Kaffeehaus darauf, in dem Männer an Tischen Tavla spielen, und ein Haus an einem Fluss. Es duftet nach einer Mischung aus Erdbeeren und Jasmin. Die Fahrerin hat kinnlang geschnittene weiße Haare. Mit ihrer weißen Bluse und der Marlene-Hose aus grauem Stoff sieht sie geradezu aberwitzig elegant aus in diesem Auto, das trotz der phantasievollen Aufmachung ziemlich heruntergekommen wirkt.

«Sie haben wenig Gepäck dabei», bemerkt sie, als sie wieder auf die Autobahn auffährt.

«Die Reise war nicht geplant», antworte ich.

Es ist eine Erleichterung, dass mir die Fahrerin keine weiteren Fragen stellt. Obwohl ich mich auch ein bisschen darüber wundere. An ihrer Stelle würde ich mich jetzt nämlich in Grund und Boden löchern.

Das hier ist natürlich die totale Schnapsidee. Das ist mir sogar in meinem Schockzustand klar. Ich kann jetzt nicht wegfahren. Und was zum Teufel soll ich in Prag? Ich muss meinen Agenten anrufen, zusehen, dass neue Aufträge reinkommen, gern auch wieder irgendwelche Engagements an einem Theater in der Provinz. Außerdem will ich mich mit Lisa aussöhnen. Ich blicke auf die Uhr. Ihr Spiel müsste mittlerweile vorüber sein. Wie es wohl ausgegangen ist?

Dann fällt mir ein, dass ich vorerst nicht telefonieren kann. Das Ladegerät meines Handys liegt zu Hause. Hamburg, 15 km, lese ich auf einem Schild. Noch kann ich die Fahrerin bitten, mich hier abzusetzen. Noch kann ich umkehren. So als wäre nichts geschehen.

Aber es ist ja etwas geschehen. Eine ganze Menge sogar. Wie herzlos Carsten mit mir geredet hat! Für wie selbstverständlich er meine Anwesenheit in seinem Leben hält! Das Muttchen mit den schmerzenden Gelenken, das jetzt genauso gut Gartenarbeit machen kann. Weil es zu alt für die harte, ehrliche Theaterarbeit ist. Was soll ich tun? Die Ausfahrt nach Hamburg rückt näher. Soll ich aussteigen oder weiterfahren?

Zum ersten Mal in meinem Leben habe ich das Gefühl, überfordert zu sein. Nicht, dass ich noch nie Probleme gehabt hätte. Im Gegenteil. Aber die Probleme waren immer hübsch ordentlich der Reihe nach gekommen. Nicht alle auf einmal. Nicht so wie jetzt.

«Ist alles in Ordnung mit Ihnen?» Die Fahrerin sieht mich besorgt von der Seite an.

Und schon wieder bricht es aus mir heraus. Ich sehe sie an, während mir die Tränen über die Wangen laufen. Und schüttele den Kopf.

«Sie sind müde», sagt sie. «Am besten, Sie legen sich nach hinten auf die Ladefläche. Da liegt auch eine Matratze mit einer Decke. Nutzen Sie die ruhig. Wenn Sie aufwachen, wird es Ihnen bessergehen.»

Draußen taucht die Ausfahrt in einen nördlichen Hamburger Wohnbezirk auf. Ich könnte jetzt ganz einfach sagen, dass das mit Prag ein Irrtum war. Aber ich kann nicht. Meine Lider sind zu schwer.

Als ich erwache, ist es dunkel. Ich brauche einen Augenblick, um zu begreifen, wo ich bin. Dann fällt es mir wieder ein. «Praxis Dr. Eppingham» geschlossen. Mit Lisa zerstritten. Carsten findet, ich sei zu alt.

Hier hinten auf der Matratze riecht es gut, der Jasminduft ist jetzt noch gegenwärtiger. Nun schlägt jemand den Vorhang zurück, der die Ladefläche von der Fahrerbank trennt. Der Strahl einer Taschenlampe tanzt über mein Gesicht. Ich schirme meine Augen ab.

«Oh, verzeihen Sie bitte», höre ich die dunkle Stimme der Fahrerin. «Ich hoffe, ich habe Sie nicht geweckt.»

«Doch, das haben Sie, aber das ist auch ganz gut so ... Wo sind wir eigentlich?»

«In Dresden.» Und nach einer Pause: «Kennen Sie die Stadt?»

Ich verneine.

«Hätten Sie Lust, mit mir einen Spaziergang zu unternehmen?»

Alles in mir sträubt sich dagegen, mich zu erheben. Mir ist nicht danach, die Welt wiederzusehen, nicht einmal Dresden. Aber es wäre unhöflich, jetzt abzulehnen. Also versuche ich, meiner Stimme einen munteren Ton zu geben. «Meinetwegen gern.»

Wir stehen auf einem Parkplatz an einem Fluss. Stadtlichter glitzern auf dem Wasser. Es ist die Elbe, fällt mir ein, und ich ziehe den Reißverschluss an meinen Stiefeletten hoch. Derselbe Fluss, der auch durch mein bisheriges Leben zog. Aber jetzt stehe ich näher an der Quelle. Das Wasser, das ich hier sehe, wird noch eine Weile brauchen, bis es in Hamburg ankommt. Komischerweise tröstet mich das.

«Entschuldigung», sage ich. «Ich habe mich überhaupt noch nicht vorgestellt.»

«Ich mich auch nicht.» Die Fahrerin ergreift meine ausgestreckte Hand. «Ich heiße Viktoria.»

Ihre Haut fühlt sich sehr zart und dünn an, aber ihr Händedruck ist fest. «Isabel», sage ich.

«Und was führt Sie nach Prag, Isabel?», fragt sie, während wir zum Wasser hinuntergehen.

«Nichts», antworte ich wahrheitsgemäß.

Wir sehen uns an. Und dann fangen wir im selben Moment an zu lachen. Viktorias Augen sind von Falten umkränzt. Die Linien ziehen sich strahlenförmig über ihre Schläfen. Die Nase zieht sie beim Lachen kraus.

«Das habe ich mir gedacht», antwortet sie schließlich.

Gläserklirren und Stimmengewirr wehen vom Wasser zu uns herauf. Der Weg führt um ein Gebüsch herum auf eine Terrasse. Auf den Tischen funkeln Teelichter.

«Darf ich Sie auf ein Glas Wein einladen?», frage ich.

Wir lassen uns an einem Tisch in Flussnähe nieder. Ich fühle mich immer noch benommen. Eigentlich ist Alkohol jetzt keine gute Idee.

«Ich schulde Ihnen wohl eine Geschichte», sage ich, nachdem wir miteinander angestoßen haben.

«Sie schulden mir gar nichts», erwidert Viktoria.

Sie hat eine angenehme Stimme. Tief, ohne männlich zu klingen. Saubere Aussprache. Wie jemand, der es gewohnt ist, angehört zu werden, wenn er spricht.

«Und was führt Sie nach Prag?», frage ich.

«In Prag bin ich nur auf der Durchreise. Ich fahre weiter nach Istanbul.»

«Oh.» Istanbul in einem Landrover. Eine über zweitausend Kilometer lange Fahrt. Als Frau. Ich schätze Viktoria auf fünfundsechzig bis siebzig. «Und was machen Sie da?»

«Da besuche ich einen Freund.»

Mir liegt die Frage auf der Zunge, warum sie nicht einfach einen Flug gebucht hat, um in die Türkei zu reisen. Aber es kommt mir unhöflich vor, sie das zu fragen. Stattdessen sage ich: «Na, der freut sich bestimmt.»

Viktoria trinkt einen tiefen Schluck und wendet den Blick ab. «Er weiß noch nichts davon.»

Die Kellnerin bringt zwei weitere Gläser Rotwein und reicht mir schüchtern einen Stift und ihren Bestellblock. «Würden Sie mir ein Autogramm geben?», fragt sie. «Sie sind doch diese Ärztin, oder? Ich gucke die Serie immer gern. Erst habe ich Sie überhaupt nicht wiedererkannt.»

Ich bin so verblüfft, dass ich Stift und Block nehme und meinen Namen daraufschreibe. «Ich leihe der Ärztin bloß meine Stimme», entgegne ich.

«Oh, wirklich?» Die Kellnerin wirkt etwas enttäuscht.

«Sie sind Synchronsprecherin?», fragt Viktoria belustigt, nachdem die Kellnerin wieder gegangen ist.

«Schauspielerin, eigentlich. Aber meine Zeit auf der Bühne liegt schon etwas zurück. Und Sie?»

«Ich war Professorin.»

«So etwas bleibt man doch», sage ich.

Viktoria lacht. «Schauspielerin auch.»

Ich weiß nicht, ob es daran liegt, dass ich mit einer fremden Frau in einer fremden Stadt sitze, oder daran, dass ich mitten am Tag geschlafen habe. Aber ich fühle mich sehr unwirklich. Und dann erzähle ich Viktoria alles. Sie hört mir aufmerksam zu.

«Warum kommen Sie nicht einfach mit nach Istanbul?»,

fragt sie und leert ihr zweites Glas. «Ich könnte jemanden gebrauchen, der mich am Steuer ablöst. Und Sie nutzen die Zeit, um sich darüber klarzuwerden, wie es jetzt mit Ihnen weitergehen soll.»

«Das kann ich nicht machen», sage ich. «Aber danke für das Angebot.»

Die Terrasse, auf der wir gesessen haben, gehört zu einem Hotel. Mir fällt plötzlich ein, dass ich keinen einzigen Toilettenartikel dabeihabe. Es gibt im Moment nicht viele Dinge, auf die ich in meinem Leben stolz bin. Aber der Umstand, dass meine Zähne noch immer in tadellosem Zustand sind, ist eines davon. «Gehen Sie ruhig schon vor, ich sehe mal eben im Hotelshop nach, ob ich dort etwas finde, das mich auch weiterhin zivilisiert aussehen lässt.»

«Oh, einen Lippenstift könnte ich Ihnen leihen», sagt Viktoria, und die strahlenförmigen Falten in ihren Augenwinkeln vertiefen sich.

«Ich dachte mehr an eine Zahnbürste.»

Der Hotelshop hat schon geschlossen, und so frage ich an der Rezeption. Die junge Frau dort schüttelt bedauernd den Kopf. Ich zeige ihr mein Handy. «Oder vielleicht ein Ladegerät?»

Die Frau beäugt mein Telefon wie ein seltenes Fossil. «Bedaure, aber Ladekabel für *so* ein Handy führen wir schon seit Ewigkeiten nicht mehr.» Täusche ich mich, oder schüttelt sie ungläubig den Kopf? Offenbar gehöre ich zu den letzten Menschen auf der Erde, die immer noch kein Smartphone besitzen. Wir Archosaurier haben schließlich einen Ruf zu verlieren.

Ich will mich gerade umdrehen und das Hotel verlassen, als mir eine Szene aus «Praxis Dr. Eppingham» einfällt.

«Könnten Sie nicht noch einmal nachsehen, bitte?», frage ich mit schmeichelnder Stimme. «Ich bin mir sicher, dass ein Hotel mit Ihren Qualitätsstandards seinen Gästen jede Art von Service bieten kann.»

Die Rezeptionistin zögert, aber dann verlässt sie doch ihren Platz.

Kaum ist sie durch die Tür in einen rückwärtigen Raum verschwunden, überprüfe ich die Schlüssel, die an der Wand hinter der Rezeption hängen. Die Nummer 235 fällt mir ins Auge. Hastig beuge ich mich über den Tresen und reiße das Gästebuch zu mir herum. Zimmer 235, Ariane Fischer, lese ich. Ich lege das Buch wieder an seinen Platz und nehme erneut meine Warteposition ein.

In diesem Moment kehrt auch die Rezeptionistin zurück. «Tut mir leid, aber es ist so, wie ich vermutet habe. Ein solches Kabel haben wir nicht.»

«In Ordnung, danke trotzdem für Ihre Mühe. Dann hätte ich gern meinen Zimmerschlüssel. Raum 235.»

Überrascht sieht sie mich an. «Ihr Name war noch einmal?»

«Ariane Fischer», antworte ich.

«Natürlich, Frau Fischer.» Sie greift ans Schlüsselbrett. «Bitte sehr.»

Ich bin selbst erstaunt darüber, dass mein Plan so einfach aufgeht. Vorsichtshalber stelle ich mich aber nicht vor den Fahrstuhl in der Halle, sondern laufe rasch die Treppen hinauf. Das Hotelzimmer ist dunkel, als ich es aufschließe. Ich lasse die Tür offen, um die Geräusche auf dem Flur besser hören zu können. Dann betrete ich das Bad. Mache das Licht an. Und fahre zusammen.

Aus dem Ganzkörperspiegel zwischen Waschbecken und Dusche blickt mir eine Frau entgegen: Ich in etwa fünfzehn Jahren. Reinste Science-Fiction, eine Zukunftsvision. Meine Stirn überziehen unbekannte Falten, die Augen sind geschwollen, und der Teint ist grau. Weinen gehört zu den Dingen, die eine Frau tunlichst unterlassen sollte, wenn sie die vierzig überschritten hat. Immerhin scheine ich noch alle meine Zähne zu besitzen, stelle ich fest, als ich mich dem Spiegel entgegenbeuge und die Lippen auseinanderziehe. Und meine langen Haare sind zwar völlig verwildert, aber sie sind immer noch rot.

Robin Hood und ich haben Gemeinsamkeiten, jedenfalls was unsere Moralvorstellungen anbelangt. Ich rühre Frau Fischers Besitz nicht an, während ich keinerlei Skrupel habe, mich an den Toilettenartikeln des Hotels zu bedienen. Ich greife nach einer eingeschweißten Zahnbürste, einem winzigen Fläschchen Shampoo, einem Flakon mit Duschgel und einer kleinen Bodylotion. Bei den Tampons zögere ich. Nein, meine Tage werde ich jetzt wohl nicht mehr kriegen. Hat ja auch sein Gutes.

Als ich das Telefon im Schlafraum sehe, überlege ich kurz, Carsten anzurufen. Doch bei dem Gedanken daran, dass Frau Fischer das Gespräch bezahlen müsste, lasse ich diese Idee wieder fallen.

Ich verstaue meine Beute in der Handtasche und trete hinaus.

An der Rezeption steht eine Frau in dunkelblauem Kostüm. «Nun glauben Sie es mir doch, ich heiße *wirklich* Ariane Fischer!», höre ich sie verzweifelt rufen. «Warten Sie, ich habe ja meinen Ausweis dabei.»

Ich werfe den Schlüssel auf den Tresen, und dann renne ich, so schnell ich kann, über die erleuchtete Terrasse den Weg hinunter, am Gebüsch vorbei und zum Parkplatz hinauf. Ein irres Gelächter brodelt in mir.

Endlich erreiche ich den Landrover. Er ist verschlossen. Viktoria ist nirgendwo zu sehen. Ich höre Schritte. Oh bitte, nicht die Leute vom Hotel! Aber es ist eine tropfnasse Gestalt in einem langen weißen Handtuch.

«Oh, war das herrlich», sagt Viktoria. «Das Wasser in der Elbe ist wunderweich.»

«Das ist ... Sie waren ...?» Ich muss wie wahnsinnig lachen und halte mir die Seiten.

«Alles in Ordnung mit Ihnen?» Viktoria beugt sich vor, um mich besser ansehen zu können.

«Ja, ich ...» Eine erneute Lachsalve schüttelt mich.

«Lassen Sie mich raten», sagt Viktoria und lächelt. «Sie haben soeben etwas Dummes getan.»

Ich nicke begeistert. «Aber nichts, was Sie beunruhigen müsste. Und Sie waren schwimmen?»

Viktoria rubbelt sich die Haare trocken. «Sagen wir doch jetzt Du.»

Als ich später auf der Matratze liege, kann ich Viktorias Atem hören. Ich weiß nicht, ob sie schläft, aber vorsichtshalber bewege ich mich ganz vorsichtig und atme dabei so leise, wie ich kann. Mir wird bewusst, wie intim diese Situation ist. Hier liege ich, einige hundert Kilometer von zu Hause entfernt, mit einer Frau, über die ich so gut wie nichts weiß. Professorin sei sie gewesen, hat sie gesagt, aber ich habe nicht nach ihrem Fach gefragt, weiß nicht einmal, ob es überhaupt stimmt. Immerhin ist die Matratze so groß, dass sie die gesamte Ladefläche ausfüllt, sodass wir nicht Haut an Haut liegen. Meine Mutter fällt mir ein, wie sie sich früher zu mir gelegt hat, als ich krank war, an ihre sanfte, stille Gegenwart. Die Sehnsucht nach ihr ist mehr, als ich ertragen kann, und so versuche ich, die Erinnerung an sie wieder fortzuschieben, aber es gelingt mir nicht. Meine Mutter ist in meiner Erinnerung, so wie sie vor ihrer Krankheit ausgesehen hat: mit ihren roten Haaren, ihren starken Armen und ihrer Stimme, die mir sagt, dass sie mich liebt. Was soll ich denn jetzt machen, Mama?, frage ich in den Himmel, den ich von der Ladefläche aus nicht sehen kann, weil Viktoria die Fenster mit Tüchern abgehängt hat, damit niemand hineinspähen kann. Aber ich weiß auch so, was meine Mutter geantwortet hätte. Dass ich müde sei und erst einmal ruhig schlafen solle, die Antwort komme meistens von allein.

Und ich scheine wirklich viel Schlaf zu brauchen, denn als ich wieder aufwache, spüre ich den Motor vibrieren. Ich schiebe den Vorhang beiseite und sehe gleißendes Tageslicht. Viktoria ist eine dunkle Silhouette am Steuer. Ich kann ihr Gesicht nicht erkennen, als sie sich zu mir umdreht. Doch an ihrer Stimme erkenne ich, dass ein Lächeln darin liegt. «Guten Morgen», sagt sie. «Ich halte gleich mal für eine Toilettenpause. Wir haben Tschechien erreicht.»

3. KAPITEL

Das letzte Mal bin ich vor etwa sechzehn Jahren in Prag gewesen. Das weiß ich deshalb so genau, weil ich damals mit Lisa schwanger war. Carsten und ich waren frisch verheiratet, und wir wollten uns ein entspanntes Wochenende machen, das letzte vor der Geburt. Ich erinnere mich an unseren nächtlichen Spaziergang an der Moldau. Auf der Karlsbrücke gab Carsten mir einen sehr langen, zärtlichen Kuss. Doch als wir jetzt ins Zentrum hineinfahren, erkenne ich die

Stadt nicht wieder. Entweder hat Prag sich dramatisch verändert oder ich. Der tausendtürmige Ort mit seinen goldenen Spitzen, seinen Gassen und Passagen sieht zwar noch immer aus wie aus dem Märchenbuch. Doch jetzt funkeln dazwischen Glasfassaden in der Sonne, hinter denen spanische und schwedische Modehersteller ihre überall gleichen Klamotten ausstellen, und in der Ferne erheben sich Wohnburgen aus Beton.

«Alles in Ordnung?», fragt Viktoria, während sie den Landrover in eine ruhige Seitenstraße lenkt.

«Nein. Aber ich hoffe, das ändert sich demnächst.» Aus dem Fenster beobachte ich ein junges Pärchen. Sie trägt die langen Haare zu einem Zopf geflochten und ist ganz augenscheinlich schwanger. Er legt die Hand auf ihren Bauch. Als wir vorüberfahren, sehe ich sekundenlang in ihre strahlenden Augen, und ich wende mich rasch ab. «Heute Abend nehme ich den Nachtzug nach Hamburg, und morgen früh bin ich in meinem alten Leben zurück.»

«Das ist fein.» Viktoria parkt den Wagen ein. Sie hat sehr schöne Hände, bemerke ich, mit langen gepflegten Nägeln und winzigen braunen Flecken auf dem Handrücken. Ein goldener Ring mit einem verschlungen eingefassten Rubin ziert einen Finger ihrer rechten Hand. Ob es ihr Ehering ist?

«Wer ist eigentlich dieser Freund, den du in Istanbul besuchst?», frage ich. Und weil ich schon mal dabei bin, schiebe ich gleich die zweite Frage hinterher: «Und warum weiß er nicht, dass du ihn besuchst?»

Viktoria lacht. «Das ist eine lange Geschichte.»

«Hast du Lust, sie mir zu erzählen, bevor ich fahre?»

Viktoria zögert, dann hebt sie die Schultern und lächelt noch breiter. «Warum nicht? Ich nehme an, wir zwei werden uns sowieso nie mehr wiedersehen.»

«Die perfekte Gelegenheit, um einander die Beichte abzunehmen.»

«Ich kenne eine ganz hervorragende Bar hier», sagt sie. «In einem wirklich schönen Hotel. Wenn du möchtest, begleiten wir unsere Beichte dort mit einem Abendmahl. Ohne Oblate, dafür mit Wein.»

«Sehr gern. Aber meinst du nicht auch, dass mein Aussehen für das Abendmahl praktisch Blasphemie bedeutet?» Ich deute auf meine Haare, für die sich nistwillige Schwalben begeistern könnten. «Und meine Klamotten haben auch schon bessere Zeiten gesehen!»

«Ich habe eine Idee», meint Viktoria. «Wir gehen erst ins Schwimmbad.»

«Hast du eigentlich früher mal an Wettkämpfen teilgenommen?», frage ich Viktoria, nachdem ich die fünfte Bahn hinter ihr hergekeucht bin. Der Badeanzug, den ich mir an der Kasse gekauft habe, ist zu groß und wirft eine gigantische Blase über dem Bauch, wenn ich mich auf dem Rücken treiben lasse. Viktoria ist augenscheinlich nicht nur sehr gut in Form, sondern macht auch die bessere Figur von uns beiden mit ihrem breiten Schwimmerkreuz.

«Nein», lacht sie. «Aber vor zehn Jahren hat mir mein Arzt zu mehr körperlicher Betätigung geraten. Ich fand es albern, in meinem Alter noch mit dem Joggen anzufangen, also habe ich mir eine Dauerkarte fürs Schwimmbad gekauft.» Sie schießt mit einem technisch einwandfreien Crawl davon.

Später kann ich nicht mehr aufhören zu duschen. Es ist, als müsste ich alles fortspülen, was mich in den vergangenen Tagen belastet und beschmutzt hat. Immer heißer stelle ich das Wasser, immer mehr Duschgel reibe ich mir in die Haut, immer toller schäumt es auf meinem Körper auf. Nachdem ich mir die Haare geföhnt und etwas Mascara aufgetragen habe, fühle ich mich aber einigermaßen wiederhergestellt. Nun bin ich bereit, mit Viktoria in diese Hotelbar zu gehen.

Das Hotel hat fünf Sterne und liegt in der Prager Innenstadt in der Nähe des Rathauses. Schmale farbige Häuser stehen in dieser Straße. Hier erkenne ich das Prag wieder, das ich damals mit Carsten besucht habe: Stuck an den Fassaden, Kopfsteinpflaster, Straßenlaternen wie aus einem alten Film. Wir zwängen uns durch einen Pulk asiatischer Touristen und betreten das Hotel durch gläserne Flügeltüren. «Einen Moment, bitte», sage ich zu Viktoria und wende mich mit meinem Telefon in der Hand an das bonbonfarbene Geschöpf, das die Rezeption bewacht. «Haben Sie hierfür vielleicht ein Ladegerät?», frage ich auf Englisch.

Die Rezeptionistin strahlt mich an. «Bedaure», antwortet sie. «Aber so etwas führen wir leider nicht mehr.»

Zu meiner Überraschung empfinde ich Erleichterung. Dann muss ich das Gespräch mit Carsten heute Abend wohl nicht mehr führen. «Könnten Sie mir dann bitte sagen, wann heute noch ein Zug nach Hamburg fährt?»

Sie tippt mit ihren schimmernden Nägeln auf einer Tastatur herum, blickt auf den Monitor und schüttelt den Kopf. «Heute? Keiner mehr. Der letzte ist vor einer Stunde abgefahren.»

Komischerweise fühle ich mich jetzt noch besser. «Na, das ist ja phantastisch!», strahle ich sie an.

«Gute Neuigkeiten?», fragt Viktoria etwas später an der Bar.

«Ja. Ich kann immer noch nicht telefonieren. Und der letzte Zug nach Hamburg ist auch schon weg!»

«Du weißt schon, dass es auch hier diese Erfindung namens Festnetztelefon gibt? Ich habe mir sagen lassen, dass sie ganz hervorragend funktioniert!»

«Ach, weißt du», winke ich ab. «Technik ist nicht so mein Ding.»

«Dafür aber hoffentlich Spirituosen.» Viktoria deutet auf die Getränkekarte. «Möchtest du wieder so einen langweiligen Rotwein wie in Dresden? Oder etwas Anständiges?»

Sie trägt ein elegantes schwarzes Kleid und schwarzes Augen-Make-up. Und sie passt so wunderbar an diese Hotelbar wie der gedimmte Kristalllüster, der Tresen aus schwarzem Marmor und der uralte Barpianist in seinem weißen Smoking, der an einem Flügel Frank-Sinatra-Lieder spielt.

Der Barmann schenkt mir ein freundliches Lächeln. Er sieht gut aus mit seinen hellgrünen Augen, den dunklen Haaren und der bronzefarbenen Haut. Er erinnert mich an Vincent, der mir an der Schauspielschule das Herz gebrochen hat. Und ich war nicht die Einzige. Vincent hat so ziemlich alle an der Schule erledigt, darunter sogar eine Dozentin und meinen damals besten Freund Heinrich. Heinrich hat mindestens zwei Jahre gebraucht, um über Vincent hinwegzukommen.

«Ich glaube, dies ist ein Gin-Tonic-Abend», sage ich. «Ich konnte diese Rotweinszene übrigens auch noch nie leiden.»

«Zwei Gin Tonics, bitte», sagt Viktoria zum Barmann.

Er hebt den Kopf und sieht mich an. Sein Blick wandert zu meinem Dekolleté. Mir wird auf einmal sehr heiß.

«Hast du viel mit dieser Rotweinszene zu tun gehabt?», fragt Viktoria.

«Theaterrotweinszene, Lehrerrotweinszene, ich kenne sie alle. Und du?»

Der Barmann stellt die Gläser vor uns hin.

«Auch. Aber das ist Vergangenheit. Jetzt wartet die Zukunft auf mich. Prost!» Wir stoßen miteinander an.

«Tut mir leid, aber ich muss dir jetzt diese Beichte abnehmen», sage ich, nachdem ich einen tiefen Schluck genommen habe. «Was willst du in Istanbul?»

Wie auf Befehl beginnt der Pianist ein neues Lied.

«Anfang der sechziger Jahre war ich Studentin der türkischen Sprache», fängt sie an.

Ich sehe sie aufmerksam an.

«In meinem vierten Semester bin ich für ein halbes Jahr an die Uni in Istanbul gegangen.» Versonnen streicht sie mit ihren langgliedrigen Fingern über das Glas. «An meinem ersten Tag im Hörsaal saß ich neben einem jungen Mann, der mich nicht in sein Buch blicken lassen wollte.»

«Wie unhöflich.»

Viktoria lächelt. «Er hatte Angst, mich zu berühren. Aber ich wusste sofort, dass er sich von mir angezogen fühlte. Dass er gespannt auf mich war.» Sie leert ihren Drink und bedeutet dem Kellner, uns zwei neue zu bringen. Ich habe meinen Gin Tonic nur zur Hälfte ausgetrunken, beeile mich aber, mit Viktoria gleichzuziehen. Nichts bringt einen Frauenabend so durcheinander wie ein ungleicher Trunkenheitsgrad.

Der Alkohol zaubert mir Leichtigkeit in den Kopf. Es fühlt sich gut an, mit Viktoria hier zu sitzen und ihrer Geschichte zu lauschen. Der Pianist spielt «New York, New York».

«Und du?», frage ich und nehme einen Schluck aus meinem Glas. «Warst du gespannt auf ihn?»

Viktoria lacht, und in diesem Augenblick begreife ich, dass sie eine Frau gewesen sein muss, die für Aufsehen gesorgt hat, eine schöne, schillernde Frau. Welche Farbe ihr Haar wohl hatte?

«Sehr sogar», antwortet sie. «Wir haben uns von da an immer nebeneinandergesetzt. Haben uns heimlich angesehen und dabei darauf geachtet, uns nicht zu berühren.»

Die Härchen auf meinen Armen stellen sich auf. Der Reiz des Unerreichbaren – erotischer kann eine Annäherung nicht sein.

Viktoria wendet den Blick ab. «Das erste Mal haben wir uns in dem Zimmer geküsst, das ich bei einer Familie bewohnte. Es war, als würde eine Flutschutzmauer eingerissen. Die Liebe brach über mich herein wie ein Unwetter, über uns beide. Can hatte vor mir auch noch keine richtige Freundin gehabt. Vom Rest des Semesters habe ich nichts mehr mitbekommen, zumindest nicht den Unterricht. Es gab nur noch Can und mich. Seine Blicke, seine Küsse, sein Lachen. Unsere Ausflüge. Ein Abend in einem Tanzlokal, irgendwo am Ufer des Bosporus.»

«Was ist dann geschehen?», frage ich nach einer langen Stille.

Viktoria bedeutet dem Barmann, uns zwei weitere Gin Tonics zu bringen. Ich überlege flüchtig, ob ich genügend Geld für dieses luxuriöse Besäufnis habe, komme zu dem Schluss, dass ich das nicht habe und obendrein arbeitslos bin, und freue mich insofern umso mehr auf das selige Vergessen, das mir die Getränke bringen.

«Dann war das Semester zu Ende, und ich fuhr zurück nach Deutschland. Wir haben uns noch ein Jahr lang gesehen, mal kam Can mich in Berlin besuchen, mal ich ihn in Istanbul. Nach einem Jahr bat er mich, ihn zu heiraten und zu ihm zu ziehen, er habe schon mit seiner Familie gesprochen, es sei alles sehr sorgfältig überlegt.» Viktoria setzt das Glas an die Lippen und trinkt. Ich versuche, ihren Gesichtsausdruck zu deuten, kann sie aber nicht mehr ganz klar erkennen. Hat jemand das Licht noch weiter heruntergedimmt?

«Was hast du ihm geantwortet?»

«Dass ich mir nicht vorstellen könnte, in der Türkei zu leben, schon gar nicht als verheiratete Frau.»

«Hättet ihr denn nicht auch in Deutschland leben können?»

«Das wollte Can auf gar keinen Fall. Außerdem war klar, dass ich als angehende Turkologin viel weniger Mühe haben würde, mich den Gepflogenheiten in der Türkei anzupassen als umgekehrt.»

«Was ist dann passiert?»

«Dann bin ich zurück nach Berlin gefahren. Wir haben uns nie wiedergesehen. Ich habe promoviert, und später bin ich Professorin geworden.»

«Und das war's?», frage ich erschüttert.

«Ende der Geschichte, ja.»

«Hast du jemand anderen geheiratet?»

Viktoria nickt. «Ja, das habe ich. Es war keine besonders glückliche Ehe. Aber auch keine schlimme. Wir haben uns nach zehn Jahren wieder getrennt. Herbert ist vor ein paar Jahren gestorben. Ich glaube, er hat bedauert, dass wir keine Kinder miteinander hatten. Eigentlich war er ein netter Mensch.»

O Gott, denke ich und klammere mich an meinem Barhocker fest, der seltsamerweise unter mir schwankt, obwohl ich mich überhaupt nicht bewege. Ich hoffe, dass Carsten nie so über mich reden wird. «Isabel? Ach ja, ein netter Mensch.» Der Gedanke an Carsten stört mich. Ich schiebe ihn eilig fort. «Und du?», frage ich. «Bedauerst du es, keine Kinder zu haben?»

«Ich bedaure sehr vieles. Und darum fahre ich jetzt in die Türkei.»

«Du willst Can wiedersehen?»

Viktoria nickt.

«Aber dein Can ... der weiß doch überhaupt nicht, dass du jetzt kommst!» Die Worte toben in alle Richtungen. Ich habe Mühe, sie in einem Satz einzufangen.

Viktoria schüttelt den Kopf. Das sieht witzig aus, wie in

einem dieser computerbearbeiteten Filmen, in denen jede Bewegung farbige Schlieren hinterlässt.

«Wann hast du ihn zuletzt gesprochen?»

«Vor achtundvierzig Jahren.»

«Vor ... bitte, was?!»

Viktoria macht eine beruhigende Geste. «Du solltest hier nicht so schreien.»

«Ich habe nicht ...!!!»

«Du tust es gerade wieder.»

Zu spät fällt mir ein, dass meine Stimme dafür ausgebildet wurde, einen ganzen Saal zu durchdringen.

Durch den Schleier, der sich über die Bar gelegt hat, sehe ich, dass ich nicht nur die Aufmerksamkeit des Barmanns habe. Selbst der Pianist hält auf einmal inne und schaut zu mir herüber, mitten im Takt.

«Du hast die Liebe deines Lebens zuletzt vor achtundvierzig Jahren gesprochen?!», flüstere ich. «Weißt du denn überhaupt, wo er jetzt lebt?»

Viktoria lächelt, öffnet ihre Handtasche und holt einen Zettel hervor. «Hier!» Sie reicht mir ein Stück Papier.

«Can Ocak», lese ich. «Aber hier stehen sieben Adressen! Welcher Can Ocak ist es denn?»

«Das werde ich herausfinden, wenn ich da bin. Es gibt sieben Can Ocaks in Istanbul, die im richtigen Alter sind – so sagt es jedenfalls die Auskunft. Ich werde an sieben Haustüren klingeln.»

«Wow. Das ist ... aufregend! Und warum sitzen wir dann noch hier?»

«Weil wir wohl kaum in diesem Zustand Auto fahren können. Und weil ich ungern in der Dunkelheit unterwegs bin.» Ein schelmischer Ton schleicht sich in ihre Stimme. «Ich bin ja schließlich keine siebzig mehr.»

«Sondern?» Ich bin ehrlich interessiert.

«Wie spät ist es?» Viktoria blickt auf ihre goldene Armbanduhr. «Oh, drei Minuten nach Mitternacht. Glückwunsch, ich bin soeben zweiundsiebzig geworden.» Sie dreht sich zum Barmann und hält den Finger hoch. «Ich hätte gern eine Flasche Champagner, junger Mann!»

«Viktoria», stammele ich. «Das ist jetzt vielleicht keine gute Idee.»

«Im Gegenteil!», lacht sie. «Es ist sogar eine phantastische Idee!»

Vielleicht bin ich doch in einem Film gelandet, denn da ist auf einmal eine große Schwarzblende. Und dann tauche ich neben dem Pianisten auf. Wir singen unser Geburtstagslied für Viktoria zweisprachig, ich auf Englisch («Happy Birthday»), er auf Tschechisch (keine Ahnung, was). Und auf einmal liege ich auf dem Flügel, ein Jeansbein angewinkelt, und stütze mich auf meinen Ellenbogen. Der Barmann klatscht mir begeistert zu und ruft: «Ihre Stimme ist wundervoll!» Er hat einen merkwürdigen Akzent, irgendetwas Östliches oder Südliches.

Als der Pianist wenig später eine Polonaise anschlägt, stehe ich aber schon wieder. Jemand legt mir von hinten seine Hände auf die Schultern, und deshalb trabe ich folgsam los. Ich biege um die Säule in der Hotelbar, und da erst erkenne ich, wie lang die Schlange von Menschen ist, die ich anführe. Viktoria sitzt immer noch am Tresen. Sie hebt ihr Glas und prostet mir zu.

Und dann ist da nur noch Dunkelheit anstelle einer Erinnerung. Jemand hat mir den Mund mit trockenem Gras gefüllt oder vielleicht auch mit einem Haarbüschel, was ausgesprochen ekelhaft ist. Außerdem wird mein Hirn mit glühenden Werkzeugen bearbeitet. Ich öffne die Augen und kneife sie gleich wieder zusammen. Wo auch immer ich bin, es ist VIEL ZU HELL.

Wo auch immer ich bin. Ja, wo zum Teufel mag das nur sein? Ich richte mich auf, so vorsichtig es geht. So langsam, wie es die emsig arbeitenden Handwerker in meinem Kopf erlauben. Dann sehe ich mich um. Okay, ich bin definitiv nicht zu Hause, denn Carsten und ich besitzen weder Samtvorhänge noch Messinglampen, und mein Gatte, so umsichtig er auch sein mag, hat mir auch noch nie gewaschene und sauber gefaltete Handtücher auf den Nachttisch gelegt. Ganz eindeutig: Ich befinde mich in einem Hotel.

In diesem Augenblick geht mir auf, dass ich vollkommen nackt bin. Das wirft jetzt allerdings einige Fragen auf. Ich sehe mich um: Habe ich die Nacht nicht allein verbracht? Ich gehe in meinem Kopf die potenziellen Bettbegleiter durch. Mit etwas Glück haben Viktoria und ich im Zustand der Vollberauschung darauf verzichtet, zum Landrover zurückzuwanken und uns stattdessen, alle finanzielle Umsicht in den Wind schlagend, in diesem Fünf-Sterne-Hotel ein Zimmer gebucht. Mit noch mehr Glück habe ich dabei eine heiße Nacht mit dem heißen Barmann verbracht, nur dass ich davon jetzt leider nichts mehr weiß. Vielleicht habe ich aber auch den etwa achtzigjährigen Pianisten gewählt. Erschrocken suche ich nach einem Wasserglas, in dem das Pianistengebiss schwimmen könnte. Aber ich finde überhaupt keine Anzeichen dafür, dass ich die Nacht in Gesellschaft verbracht habe – nirgends irgendwelche Spuren, so weit mein vermutlich blutunterlaufenes Auge reicht. Ein heißer Schreck durchfährt mich. Habe ich wenigstens noch meine Handtasche? Darin befindet sich nämlich alles, was ich derzeit besitze, alles, was mir von meinem bisherigen Leben geblieben ist.

Erleichterung! Da steht sie, auf dem kirschbaumhölzernen Schreibtisch, und es sieht auch so aus, als wäre noch alles drin. Das Handy, das ich immer noch nicht aufladen konnte, mein Portemonnaie, mein Lippenstift ...

In diesem Moment wird die Tür aufgerissen. Eine totenbleiche Viktoria starrt mich an. Sie öffnet den Mund, doch kein Ton dringt daraus hervor. Sie sieht aus, als ob sie auf der Stelle ohnmächtig werden müsste.

«Was ist?», krächze ich und greife nach ihrem Arm.

«Der Landrover ist nicht mehr da!»

4. KAPITEL

«Ich bin ebenfalls absolut sicher, dass du ihn nicht im Halteverbot abgestellt hast», sage ich zu ihr. Wir sitzen im Warteraum eines Prager Polizeikommissariats, um den Wagen vermisst zu melden. Mir entgeht nicht, dass die anderen Wartenden uns misstrauisch mustern. Wir sehen in der Tat etwas seltsam aus. Viktoria trägt immer noch ihre schwarze Abendrobe, während ich in Hotelbademantel und dazu passenden Schlappen gekleidet bin. Immerhin prangt auf meiner Frotteebrust ein Wappen, zweifelsohne das Prager Stadtwappen. Dazu trage ich meine Handtasche am Arm.

«Dann kann das ja nur eines bedeuten.» Viktoria vergräbt ihr Gesicht in beiden Händen. «Diebe haben ihn gestohlen!»

«Die Polizei wird ihn bestimmt wiederfinden», versuche ich sie zu trösten. «Ich meine, der ist so auffällig! Den bemerkt man doch sofort!»

«Dann haben wir wohl was mit ihm gemeinsam», bemerkt Viktoria dumpf.

Der wachhabende Polizist empfängt uns, als habe er es mit den schrägsten Vögeln der Stadt zu tun. Auf Viktorias Vermutung, der Wagen sei gestohlen worden, reagiert er, ohne eine Miene zu verziehen.

Die Aspirin, die ich an der Hotelrezeption bekommen habe, hat zwar meine Kopfschmerzen gelindert, dafür ist mir nun aber speiübel. Währenddessen tippt der Polizist etwas an seinem Computer ein.

«Meine Klamotten», wende ich mich leise an Viktoria. «Du weißt nicht rein zufällig, wo die sind?»

Viktoria probiert ein Lächeln. «Trocknen in diesem Augenblick vermutlich in der Hotelwäscherei. Mit unserer dritten Flasche Champagner hast du versucht zu duschen.»

«Oh», mache ich. «Das tut mir leid.»

«Frau Magnussen?», unterbricht uns der Polizist. «Isabel Magnussen?»

Ich hebe den Finger. «Das bin ich.»

«Ich weiß. Sie werden gesucht.»

Mein Kopf rast. Was habe ich mir in meinem Vollrausch noch alles zuschulden kommen lassen? Eigentlich bin ich mir sicher, niemanden angegriffen zu haben – ich neige im Grunde nicht zu Brutalität.

«Sie wurden in Deutschland vermisst gemeldet.» Er betrachtet meinen Bademantel mit zusammengekniffenen Augen. «Sind Sie aus einem Krankenhaus geflohen oder so etwas in der Art?»

Ich spüre, wie ich wütend werde. «Wer hat mich vermisst gemeldet? Nicht zufällig ein gewisser Carsten Magnussen?»

Der Polizist blickt wieder auf seinen Monitor. «Doch, genau der.»

«Was ist denn nun mit meinem Wagen?», unterbricht Viktoria unser Gespräch.

«Wir werden uns melden, falls wir ihn finden sollten. Ansonsten kann ich jetzt nichts mehr für Sie tun.»

Viktoria sieht aus, als wollte sie in Tränen ausbrechen. Sie knetet ihre schönen Hände, und ich sehe ihnen im Neonlicht ihr Alter an. Auf einmal schießt mir durch den Kopf, was Viktoria letzte Nacht gesagt hat, dass sie vieles in ihrem Leben bedaure, und in diesem Moment wird meine Wut zu wilder Entschlossenheit. Ich will nicht zweiundsiebzig werden und meine Entscheidungen bereuen müssen, ich will das Leben führen, das zu mir passt und das mir gefällt. Und ich bin jetzt an einem Punkt angelangt, an dem ich das Ruder noch herumreißen kann, ich bin fünfundvierzig, noch ist es nicht zu spät.

«Und, was hat dein Mann gesagt?», empfängt mich Viktoria in der Hotellobby. «Hat er sich gefreut, endlich von dir zu hören?» Sie sitzt noch genauso da, wie ich sie verlassen habe, sehr aufrecht, sehr still, sehr bleich.

«Er hat mich mit Vorwürfen überschüttet», sage ich und lasse mich neben sie ins Lederpolster sinken. «Dann haben wir uns fürchterlich gestritten. Und am Ende habe ich ihm gesagt, dass ich nach Istanbul fahre.» Ich schließe die Augen. Mir ist immer noch übel, und ich fühle mich schrecklich aufgewühlt.

«Wie bitte, was hast du?»

Ich seufze. Die Erinnerung an unseren Streit tut mir weh. Carsten hat ein paar sehr unschöne Dinge gesagt, und dann hat er mich mit seiner Physiklehrerstimme aufgefordert, sofort nach Hause zu kommen. Ich habe ihm geantwortet, dass ich nicht eine seiner Schülerinnen sei, der er nach Gutdünken Strafen aufhalsen könne, und daraufhin wollte Carsten wissen, seit wann das Leben mit ihm eine Strafe sei und ob ich mir mal überlegt hätte, wie viel Geduld er immer für mich aufbringen müsse und dass es mit mir weiß Gott auch nicht immer ein Zuckerschlecken sei.

«Gib mir jetzt bitte Lisa», habe ich gesagt. Und dann kam das Schlimmste.

«Lisa ist sauer auf dich», hat mir Carsten geantwortet. «Genau wie ich.»

«Ja, Lisa ist immer auf einen von uns sauer», habe ich entgegnet.

«Diesmal ernsthaft. Ehrlich, Isabel, wie konntest du nur einfach so wegfahren? Was zum Teufel hast du dir dabei gedacht?»

«Nichts, Carsten, gar nichts. Du weißt ja, denken ist nicht so mein Ding.» Und damit habe ich wütend den Hörer aufgeknallt.

«Wir sollten jetzt vielleicht mal die Hotelrechnung begleichen», sage ich zu Viktoria.

«Habe ich schon erledigt», sagt sie. «Das ist die gute Nachricht.»

«Und die schlechte?»

«Dass ich jetzt keinen Cent mehr habe.» Viktoria sieht mich aufmerksam an. «Ich bin am unteren Ende meines Dispos angelangt. Jetzt muss ich auf meine nächste Rentenzahlung warten. Und wir haben erst den Vierzehnten.»

«Ich kann ja erst mal bezahlen», sage ich. «Was kostet so ein Zugticket nach Istanbul? Für zwei?»

«Mehr, als sich eine arbeitslose Synchronsprecherin leisten kann.»

«Vielleicht hat die arbeitslose Synchronsprecherin ja Ersparnisse?»

«Hat sie?»

Ich seufze. «Leider nein.»

«Dann haben wir was gemeinsam», grinst Viktoria. «Ich nämlich auch nicht.»

Es liegt mir auf der Zunge, sie zu fragen, wie das sein kann. Als Professorin verdient man doch bestimmt nicht wenig. Aber es geht mich ja nichts an.

«Wollen wir umkehren?», frage ich stattdessen.

Viktoria runzelt die Stirn. «Kommt überhaupt nicht in Frage! Ich fahre weiter nach Istanbul! Jetzt doch erst recht!»

Ein Gefühl, das mir vor langer Zeit vertraut gewesen ist, steigt in mir auf. Wut oder Trotz oder eine Mischung aus beidem. «Ich hole mal eben meine Klamotten aus der Hotelwäscherei. Und dann komme ich mit!»

«Jetzt seien wir doch mal realistisch», fordert Viktoria mich auf, als wir den Prager Hauptbahnhof durch den großen Eingang mit den zwei Türmen betreten. «Wir müssen ja auch irgendwo übernachten, wenn wir in Istanbul sind. Zugtickets für zwei und Hotelübernachtungen für zwei – ich kann das momentan nicht bezahlen – ich bekomme erst in sechzehn Tagen wieder Geld.» Sie trägt noch immer ihr schwarzes Abendkleid und die große Handtasche, die ihr von der Schulter baumelt. Ich bilde mir das nicht ein: Die Leute drehen sich nach uns um. Die Säge kreischt nach wie vor in meinem Kopf, mein Magen knurrt, und mir ist wahnsinnig schlecht. Das alles macht mich hilflos wütend. «Dann verstehe ich ehrlich gesagt nicht, wieso du dein Geld in Champagnerflaschen und einer Fünf-Sterne-Hotelsuite angelegt hast!»

Viktoria lächelt. «Ich konnte noch nie mit Geld umgehen. Das war schon immer mein Problem.»

«Ich kann auch nicht mit Geld umgehen», schreie ich fast.

«Ich mach lauter Dummheiten damit! Geld in meinen Händen, das ist eine hochgefährliche Sache! Deswegen hab ich ja auch vorsichtshalber keins!»

Viktoria bleibt so plötzlich stehen, dass ein junges Pärchen von hinten gegen uns prallt. Sie fasst mich am Ärmel. «Dann ist das hier Wahnsinn», sagt sie.

«DANN ist das hier WAHNSINN?», wiederhole ich.

«Isabel, du musst nicht wieder so ...»

«Du fährst in einem orientalisch dekorierten Landrover die Strecke von Kiel nach Istanbul, um einen Freund zu besuchen, den du seit achtundvierzig Jahren nicht mehr gesprochen hast, du verbringst die Nacht mit einer Wildfremden in einem tschechischen Hotel, du verprasst deine Rente schon zur Monatsmitte, läufst in großer Robe durch Bahnhöfe, aber findest es WAHNSINN, wenn ich anbiete, unsere Tickets zu bezahlen?»

Zu meinem Entsetzen sehe ich, wie Viktoria die Tränen in die Augen steigen. Sie wendet sich rasch ab, doch es ist zu spät.

«O Gott, es tut mir leid», sage ich. «Das habe ich nicht so gemeint. Viktoria, ich ...»

«Nein, schon gut.» Viktoria legt die Hände vors Gesicht. «Ich weiß wohl, wie ich auf dich wirke. Eine alte Frau, kurz vorm Durchdrehen, und vielleicht hast du sogar recht.»

«Nein, ich habe NICHT recht!», widerspreche ich so vehement, dass mich eine Gruppe von Touristen erstaunt mustert. «ICH bin diejenige, die kurz vorm Durchdrehen steht! Sieh mich doch nur an!»

Viktoria lässt die Hände sinken und dreht sich zu mir um.

«In der kompletten Sinn- und Lebenskrise! Arbeitslos! In den Wechseljahren! Von meiner Familie getrennt!»

Aus den Augenwinkeln nehme ich wahr, wie ein Mann

mit einem kleinen Kind auf dem Arm seitlich ausschert und einen Bogen um mich macht.

«Unsinn.» Zu meiner Verblüffung lächelt Viktoria wieder. «Du bist eine wunderschöne, lebenshungrige Frau, jemand, der noch in der Verzweiflung Riesenausstrahlung hat. Sieh dich doch an mit deiner tollen Figur und deinen langen Haaren. So will doch jede Frau mit fünfzig sein!»

«Fünfundvierzig», korrigiere ich sie gekränkt.

«Fünfundvierzig und schon in den Wechseljahren?» Viktoria runzelt die Brauen. «Ist das nicht etwas früh?»

«Ja, streu bitte noch Salz in die Wunde!»

Viktoria wirft den Kopf in den Nacken und lacht. Sie lacht so lange und so laut, dass ich schon denke, sie wird nie wieder aufhören, aber endlich beruhigt sie sich. «Vergiss das mit den Zugtickets. Wir sollten zusammen per Anhalter fahren.»

«So funktioniert das nicht!» Ich muss die Worte brüllen, um das Geräusch vorbeirasender Autos zu übertönen. Wir stehen an einer Ausfallstraße, am Horizont färbt sich der Himmel gelb. «Das hier ist eine Schwachsinnsidee. Ich glaube, Tschechien ist kein Tramperland!»

Viktoria hält weiterhin ihren Daumen ausgestreckt. «Ich will sehen, ob jemand den Nerv hat, hier mit meinem Landrover vorbeizufahren!»

«Und dann?», frage ich. «Was willst du dann machen? Dem Wagen hinterherlaufen? Dich vor ihm auf die Straße werfen, damit er hält?»

Viktoria fährt sich durch die Haare, die vom Wind zerzaust sind. Mit ihrer schwarzen Abendrobe sieht sie grotesk overdressed aus. Voll neben der Spur, um einen Jargonausdruck zu verwenden. Mit der eleganten Erscheinung, die ich noch zwei Tage zuvor kennengelernt habe, hat sie jedenfalls nichts mehr gemein. «Für diese Situation habe ich noch keinen Plan.»

Alles an meiner Situation kommt mir absurd vor. Stehe ich hier wirklich an einem Donnerstagabend zusammen mit einer zweiundsiebzigjährigen Turkologin in einem Vorort von Prag? Ich halte doch nicht ernsthaft den Daumen raus, um nach Budapest zu trampen, weil ich so gut wie kein Geld dabeihabe? Ich meine, man hört ja so einiges über die Wechseljahre, aber nicht dass man zusammen mit der Fähigkeit, sich fortzupflanzen, auch noch den Verstand verliert. «Was ist mit der anderen Situation?», schnaube ich. «Der etwas wahrscheinlicheren, dass wir hier übernachten müssen, weil uns keiner mitnimmt? Hast du *dafür* einen Plan?»

Viktoria dreht sich zu mir, und im Schein der untergehenden Sonne funkeln ihre Augen. «Ich weiß nur, dass das hier der aufregendste Geburtstag ist, den ich seit etlichen Jahrzehnten hatte! Ich habe mich noch nie so lebendig gefühlt!»

Was dann passiert, kann ich nur als Ironie des Schicksals bezeichnen. Ein Kleintransporter blinkt und fährt hinter uns in die Haltebucht. Er trägt ein österreichisches Kennzeichen. Darauf steht: *Ihr Unternehmen für alle Fälle. Bestattungsunternehmer Kronenberg.*

Allerfinsterste Dunkelheit umgibt mich hinten auf der Ladefläche, nachdem der Fahrer, ein freundlicher älterer Herr, die Flügeltüren hinter mir geschlossen hat. In den wenigen Sekunden, die ich hatte, um meine Sitzgelegenheit in Augenschein zu nehmen, habe ich nur feststellen können, dass die Ladefläche nicht leer ist. In der Halterung hängt ein Sarg. Mein Herz klopft wie wild, und dann fühle ich, wie eine Panikattacke in mir aufsteigt. Zumindest nehme ich an, dass es eine Panikattacke ist, ich hatte nämlich noch nie eine, aber ich musste mal eine spielen, und damals hat mir der Regisseur gesagt, ich solle mir vorstellen, keine Luft mehr zu bekommen und schreien zu müssen, und mir vorstellen, dass dies hier mein Ende ist. Natürlich musste ich Viktoria den Platz vorne im Fahrerhäuschen lassen, sie ist immerhin zweiundsiebzig und hätte eine Fahrt hier hinten vielleicht nicht überlebt. In der momentanen Situation bin ich aber selbst nicht gerade stressresistent. Die Kopfschmerzen lassen zwar langsam nach, aber den Kater spüre ich immer noch. Ganz zu schweigen von den Gedanken, die sich immer noch um Carsten, Lisa und meine momentane Lebenslage drehen.

Ob der Sarg wohl leer ist? Als der Wagen anfährt, lausche ich auf die Geräusche – ob etwas an der Innenwand des Sarges entlanggleitet oder ob da ein Rumpeln ist. Ich kann nichts hören. Vorsichtig taste ich nach der Tür. Sie ist verschlossen, warum um Himmels willen? Fluchtgefahr besteht bei dieser Fracht ja wohl nicht.

Die Reise dauert eine Ewigkeit. Wie lange benötigt man eigentlich für die Strecke von Prag nach Wien? Wir waren so erleichtert über das Angebot des Fahrers, uns mitzunehmen, dass wir von unserem ursprünglichen Plan, nach Budapest zu fahren, spontan abgerückt sind. Die Route über Wien bringt uns zwar nicht in die gewünschte südöstliche Richtung, aber immerhin weiter südlich. Ich lege mich so bequem hin, wie es mir nur möglich ist, und schließe die Augen. Bilder wirbeln mir durch den Kopf und vermengen sich miteinander, weiß gekleidete Pianisten schießen über eine Landstraße, und ein tschechischer Polizist singt «Happy Birthday To You». Als ich wieder erwache, wird die Tür aufgerissen, und ich erkenne Viktoria, die im Schein einer Lampe zu mir hereinspäht. Draußen ist es vollkommen dunkel. «Hallo, Schlafmütze», sagt sie. «Wir sind da!»

Wir stehen auf einem riesigen Platz. Etwa fünfzig Leichenwagen stehen hier in Reih und Glied. «Das ist total spannend!», sprudelt es aus Viktoria hervor. «Die Wiener Bestatter haben sich zusammengeschlossen, und in diesem Gebäude ist sogar ein Bestattungsmuseum untergebracht!»

Es knackt mir in den Knochen, als ich mich recke. Ich fühle mich vom Liegen auf der harten Fläche vollkommen steif. Aber der Schlaf hat mir gutgetan, die Kopfschmerzen sind verflogen, und ich fühle mich seit langem wieder richtig wach. «Also», wende ich mich an unseren Fahrer und deute auf das Innere des Wagens. «Ist da nun jemand drin oder nicht?»

Der Fahrer lächelt und schüttelt den Kopf. «Das hätten S' wohl g'rochen, gnä' Frau. Na, das ist einfach nur a frisch g'zimmerter Sarg!»

«Ich war noch nie in einem Bestattungsmuseum», sagt Viktoria. «Können Sie uns das nicht mal kurz zeigen? Man muss doch wissen, worauf man sich einlässt.» Sie kneift ein Auge in meine Richtung zusammen. «In zwanzig Jahren oder so.»

Viktoria ist so aufgeräumt, sie muss sich prächtig mit unserem Fahrer unterhalten haben. Dem wiederum scheint Viktorias Gegenwart auch gefallen zu haben, denn er lächelt sie freudig an. «Ich darf die gnä' Frau darauf hinweisen, dass es im Museum nachts nur eine Notbeleuchtung gibt. Und dass wir dort auch ein paar Ausstellungsstücke haben, die für schwache Nerven nicht geeignet sind. Aber wenn S' sich den Besuch so wünschen.» Er entblößt sein Gebiss. Vielleicht liegt es daran, dass ich geschlafen habe und meine Gedanken noch etwas traumbeflügelt sind, aber bei dem Anblick seiner Eckzähne muss ich an einen Vampir denken. «Dann folgen S' mir doch bitte. Interessierten Besuchern zeige ich unsere Särge sehr gern.»

5. KAPITEL

«Herzlich willkommen, bei uns liegen Sie richtig!», strahlt Herr Kronenberg. Ich sehe sofort, dass er in seinem Element ist. Es ist offensichtlich, dass er diesen Rundgang nicht zum ersten Mal macht. Aber sein breites Lächeln kann mich nicht täuschen. Dies ist schließlich das Wiener Bestattungsmuseum. Hier erwarten uns, wenn schon keine Vampire, dann doch Bahrtücher, Urnen und anderes düsteres Anschauungsmaterial. Und wirklich, die erste Station, zu der unser Fahrer uns führt, zeigt eine makabere Erfindung: ein Klingelseil, das im 19. Jahrhundert den Toten ums Handgelenk gebunden wurde, für den unglücklichen Fall, dass man sie lebendig begraben hatte. Eine Bewegung des schockiert Erwachenden, und im Büro des Friedhofwärters klingelte es. Und dann ist da noch der Klappsarg, ein rissiges Holzmöbel aus dem Jahr 1784. Der Inhalt dieses praktischen Teils wurde über das offene Grab gehalten, und schwups! fiel der Tote aus der unteren Klappe ins ausgeschaufelte Loch. Die mangelnde Begeisterung für Sarg-Recycling im Zeitalter der Aufklärung hat den Erfolg dieser Erfindung allerdings stark beschränkt, erklärt uns Herr Kronenberg. Der Klappsarg hat in der Friedhofspraxis nur ein Jahr überlebt.

Fasziniert betrachten wir im nächsten Raum die Werbebroschüren eines Berufszweigs, der zumindest mir bis dato unbekannt war: Leichenfotografie. Und ich bewundere die Phantasie von Sargtischlern im 19. Jahrhundert. Ein mit Bauernmalerei verzierter Sarg konnte zu Lebzeiten des Besitzers auch als Kleiderschrank genutzt werden. Hier hat jemand sein Dasein (und das, was danach kommt) offensichtlich gut durchdacht.

«Sie sehen also», unser Fahrer wendet sich an Viktoria, die mit ihrem langen schwarzen Kleid unheimlich gut an diesen Ort passt, «der Tod ist kein Tabuthema mehr. Mit ein bisschen gutem Willen kann man dem Tod sogar eine komische Seite abgewinnen.» Ich blicke zweifelnd zu Viktoria hinüber, die Herrn Kronenberg hingerissen an den Lippen hängt. «Sie beide sind ja aus Deutschland», fährt er munter fort. «Und da sterben jährlich 800 000 Menschen. Die umgerechnet 66 666 Toten pro Monat interpretieren da wohl nur Gothic-Anhänger und Verschwörungstheoretiker als Teufelszahl. Humor», fährt er fort, während er liebevoll über die Bauernmalerei auf dem Sarg alias Kleiderschrank streicht, «ist natürlich etwas, das die Bestatter in der Antike nicht hatten. Das waren nämlich die, die auch Kreuzigungen, Vierteilungen und das Anlegen von Daumenschrauben im Angebot hatten. Wir heutigen Bestatter haben eine Sortimentsreduzierung vorgenommen, von der Sie als potenzielle Kundinnen profitieren.»

Zu meiner Überraschung lacht Viktoria.

«Stellen Sie denn selbst auch Särge her?», frage ich.

Unser Fahrer schüttelt bedauernd den Kopf. «Nur noch selten. Die Leute sind immer weniger bereit, für ihr Begräbnis Geld auszugeben. Wir importieren daher viele Särge aus Polen und aus Tschechien. Aber hin und wieder tischlere ich schon noch. Das ist dann aber mehr so Liebhaberei. Kommen Sie, ich möchte Ihnen etwas zeigen.»

Hinter seinem Rücken gähne ich übertrieben, damit Viktoria begreift, dass ich nicht gewillt bin, das Särge-Sightseeing auf den Rest der Nacht auszudehnen, aber sie tut so, als bemerke sie es nicht. Unser Fahrer schließt das Museum ab und führt uns über den Hof in ein anderes Gebäude. Am Himmel funkeln ein paar Sterne, und in der Ferne rauscht der

Wiener Verkehr. Viktorias Kleid weht im Gehen. Wir betreten eine Werkstatt, die nach Holz und Farbe riecht. Unser Fahrer knipst ein grelles Oberlicht an. «Ich will jetzt nicht unbescheiden klingen», sagt er. «Aber auf dieses Modell hier bin ich ziemlich stolz. *Lebensfluss* habe ich es genannt.»

Ich trete näher, und spätestens jetzt bin ich von diesem ganzen Bestattungsthema doch berührt. Sollten widrige Umstände, durchgeknallte Fahrer oder schlechte Straßen bewirken, dass meine Reise nach Istanbul vor der Zeit endet, würde ich genau dieses Modell für mein Begräbnis wählen. In den hölzernen Deckel ist eine geschlängelte Linie aus Steinen eingelassen – ein zarter Hinweis darauf, dass der Weg des Lebens steinig ist und auch nicht so geradlinig auf das Ende hin zuführt, wie man gemeinhin denkt. Lebensfluss, ja, das ist es, denke ich. Man schlängelt und fließt, wird von der Liebe mitgenommen und wieder abgesetzt, heiratet einen Physiklehrer, bringt eine fußballbegeisterte Tochter zur Welt und steigt bei einer Türkischprofessorin ein.

«Wunderschön!», sagt Viktoria begeistert.

Kronenberg lächelt geschmeichelt. «Vielen Dank. Ich wünschte, alle meine Kunden dächten so wie Sie. Aber die meisten haben einen recht konservativen Geschmack, was sich wohl mit dem Alter erklären lässt, zumeist siebzig plus. Übrigens habe ich mir noch etwas einfallen lassen. Ich arbeite seit kurzem mit einem Psychologen zusammen. Sie wissen ja, auch dieser Berufszweig hat in Wien Tradition. Er schickt mir die Ultra-Depressiven vorbei, und ich lasse sie bei mir im Sarg Probe liegen. Zehn Minuten mit Deckel zu – das bringt vielen die Erkenntnis, dass Selbstmord Unsinn ist und es sich doch viel netter anfühlt, am Leben zu sein.»

Jetzt muss sogar ich lachen.

Zum Abschied schütteln wir unserem Fahrer so herzlich und lange die Hand wie einem alten, guten Freund. «Ich komme wieder», sage ich. «Aber erst in etwa vierzig Jahren.»

Herr Kronenberg zwinkert. «Wir sind Warten gewohnt!»

Eine Gruppe von Jungen und Mädchen läuft an uns vorbei. Einer wirft sein Käppi in die Luft und schreit etwas in einer skandinavischen Sprache, die ich nicht verstehe. Dann reißen sie die Tür zu dem hell gestrichenen Altbau in der Wiener Innenstadt auf und rennen hinein.

«Und du bist sicher, dass die uns da auch reinlassen?» Viktoria blickt mit skeptisch hochgezogener Augenbraue zwischen dem Schild «Jugendherberge» und mir hin und her.

«Ja, unter der Bedingung, dass wir nicht länger als zehn Minuten hier stehen.» Ich blicke auf meine Armbanduhr. «Der Taxifahrer hat gesagt, dass die um 24 Uhr ihre Pforten dichtmachen. Bis dahin sollten wir angemeldet sein.»

Viktoria hält mich am Arm fest. «Ich weiß, dass europäische Jugendherbergen ihr Alterslimit angehoben haben. Ich habe ja die vergangenen Jahrzehnte nicht unterm Stein verbracht. Aber zweiundsiebzig? Bist du sicher? Nicht dass das gleich peinlich wird für mich.»

Ich seufze. «Nicht angehoben. Die haben jetzt überhaupt kein Alterslimit mehr.»

Ob durch den Schein der Straßenlaterne oder aus innerer Freude weiß ich in diesem Moment nicht, aber Viktorias Augen leuchten. «Ich muss schon sagen», lächelt sie, «wir leben in einer schönen Zeit!»

Wir werden in einem Sechserzimmer untergebracht. Es sind schon vier Mädchen darin. Ich schätze sie auf ein paar Jahre älter als Lisa. Vielleicht sind sie gerade volljährig geworden und unternehmen nun die erste Reise ohne ihre Eltern.

Und weit entfernt von ihrem Geburtskontinent. Ihr Englisch kommt mir breit und texanisch vor.

Viktoria grüßt in die Runde, dann wirft sie ihre Tasche auf das untere Stockbett. «Nicht dass du noch auf die Idee kommst, dass ich da oben raufklettere», sagt sie mit Blick auf das obere Etagenbett.

«Das hätte ich schon zu verhindern gewusst!», lächele ich sie an. «Ich liebe es nämlich, oben zu liegen! Das habe ich Carsten auch immer gesagt!»

«Keine Sex-Details, bitte.» Viktoria lässt sich, angezogen wie sie ist, auf ihre Matratze fallen. Mir entgeht nicht, dass die Mädels neugierig zu uns herüberschauen. Ihrem Getuschel nach zu schließen, gibt es das nicht in Texas: Jugendherbergen für die Generation Herbst.

«Was meinst du, worüber sie reden?», fragt Viktoria, nachdem ich die Leiter zu meinem Bett erklommen habe. Ich strecke mich genüsslich aus.

«Über Justin Bieber, vermute ich. Ich habe mir sagen lassen, das sei das alles beherrschende Thema bei der Jugend momentan.»

Viktoria schweigt eine Weile. Ich kann sie förmlich denken hören. «Ich habe mir soeben alle wichtigen Persönlichkeiten des 21. Jahrhunderts ins Gedächtnis gerufen», sagt sie schließlich. «Aber von Justin Bieber habe ich noch nie gehört.»

«Das ist ein Junge, der singt und gut aussieht. Wenn man auf Minderjährige steht.»

«Das tue ich nicht», kommt es von unten.

Ich muss lachen. «Juhu, wir haben eine Gemeinsamkeit!» Dann lege ich mich auf den Bauch und drücke mein Gesicht ins Kissen. Weich und gemütlich fühlt sich das an. «Mmmh, ich bin sooo müde! Mann, was war das für ein Tag!»

Viktorias Ton klingt streng. «Mir ist aufgefallen, dass du ziemlich viel schläfst, Isabel!»

«Entschuldige», sage ich. «Aber ich glaube nicht, dass DICH das jetzt groß stören kann!»

«Ich mache mir ja bloß Sorgen. Ich meine, du hast in meinem Landrover, Gott stehe ihm bei auf seiner öden osteuropäischen Straße, schon durchgeschlafen. Und dann in Prag im Hotel! Und sogar im Leichenwagen! Ich meine, du solltest dich wirklich mal untersuchen lassen! Vielleicht hast du Eisenmangel oder eine noch ernstere Krankheit! Damit spaßt man nicht!»

«Ich hab höchstens die Viktoria-nervt-Krankheit», murmele ich.

«Isabel! Das habe ich gehört!»

Von den anderen Betten hören wir leises Getuschel und Gekicher. Vor meinen Augen verschwimmen die Bilder der letzten Tage. In der Tat fühle ich mich total erschöpft. Und das hat nichts damit zu tun, dass ich krank bin, das weiß ich. Ich habe schließlich innerhalb weniger Tage mein gesamtes Leben über den Haufen geworfen. Das steckt man nicht mal eben so weg.

Gerade als ich mental ins Traumland entschwinden will, höre ich von unten ein leises «Pscht!».

«Ich sag doch gar nichts!», zische ich.

«Das ist es ja gerade», flüstert Viktoria zurück.

O Gott. Dass man im Alter nur noch wenig Schlaf braucht, ist ja bekannt. Aber was das für die Menschen bedeutet, die den Alltag mit einer über Siebzigjährigen verbringen, habe ich nicht geahnt. Ich gähne herzzerreißend. «Was ist denn jetzt schon wieder?»

«Wie denkst du eigentlich über einen EU-Beitritt der Türkei?»

Wenig später spüre ich, wie mich eine Hand am Fußgelenk packt und schüttelt. «Aufwachen, du kleine Schlafmütze!», höre ich Viktorias Stimme.

Ich will lautstark Beschwerde gegen die andauernde nächtliche Ruhestörung einlegen, da bemerke ich, dass es draußen schon hell ist. Ich richte mich auf. Die Texanerinnen sind verschwunden. Viktorias weiße Haare kringeln sich feucht, sie sieht frisch geduscht und munter aus. «Ich respektiere ja deine Beziehung zu Morpheus», lächelt sie. «Aber das Frühstücksbuffet macht gleich zu.»

Tatsächlich gehören wir zu den letzten im Speisesaal der Herberge. Außer uns sitzen am langen Tisch noch ein sehr verliebt wirkendes Teenager-Pärchen und ein Mädchen, das aussieht, als ob es nach Wien gekommen wäre, um bei einer Modelagentur vorzusprechen. Sie ist sehr groß, sehr schlank, vollkommen ungeschminkt und schon fast beleidigend schön.

«Wenn du mich das nächste Mal mein Alter spüren lassen willst, könnten wir vielleicht in eine Kindertagesstätte gehen», sagt Viktoria, während sie ein Brötchen mit Butter bestreicht. «Kinder sind wenigstens lustig.»

«Teenager aber doch auch.» Ich beobachte das Pärchen, das sich unverdrossen in die Augen starrt.

«Nein», seufzt Viktoria. «Teenager nicht. In der Jugend ist alles ernst und groß.»

«Ich gebe zu, dass ich mich hier auch ein bisschen fehl am Platz fühle.» Ich kippe mein Glas Orangensaft wie Medizin hinunter. In meinem Alter muss man möglichst viele Nahrungsmittel zu sich nehmen, die freie Radikale fangen. «Ob man auch in Altersheimen übernachten kann? Das ist bestimmt noch günstiger. Und ich käme mir jung vor dabei!»

Viktoria lächelt. «Und ich mir gleichaltrig.»

Ich überlege, ob ich Viktoria fragen soll, was sie für Pläne für die Zeit nach der Reise hat. So wie ich sie einschätze, hat sie sicher keine Lust, in ein Altersheim zu gehen. Ob sie vielleicht Freunde hat, mit denen sie sich zusammenschließen kann? Betreute Senioren-WGs, davon hat man ja in letzter Zeit allerhand gehört. Aber dann beschließe ich, das Thema lieber noch nicht zu erwähnen. Denn bestimmt zählt meine Weggefährtin darauf, in Istanbul ihren Liebsten wiederzufinden. Auch wenn das Unternehmen vermutlich zum Scheitern verurteilt ist: Erstens ist Istanbul eine Millionenmetropole, in der man nicht mal eben jemanden findet, auch wenn man sieben Adressen mit dem Namen des Gesuchten hat. Zweitens ist dieser Can mit größter Wahrscheinlichkeit glücklicher Ehemann und Großvater zahlreicher Enkelkinder. Und drittens, wenn er das nicht ist, so ist er vielleicht schon tot. Dieser letzte Gedanke macht mich so betroffen, dass ich Viktorias Frage ohne Zögern mit Ja beantworte. «Entschuldige», hake ich dann doch noch einmal nach. «Ich war eben in Gedanken. Was hast du gefragt?»

«Ob du mir Geld für eine neue Garderobe leihen kannst.» Viktoria deutet auf das schwarze Abendkleid, das sie immer noch trägt. «Und dir selbst solltest du auch etwas Hübsches kaufen. In der Jeans wird dir bestimmt bald zu warm! Du kriegst alles am Ersten zurück.»

Es ist Jahre her, seit ich das letzte Mal shoppen war. Hie und da habe ich mir natürlich einen neuen Mantel oder eine Jeans gekauft, aber für das, was ich jetzt mit Viktoria tue, habe ich mir seit Lisas Geburt keine Zeit mehr gegönnt. Wir tingeln durch die Wiener Innenstadt und betrachten die Kleidungsstücke in den Geschäften wie Kunstgegenstände in einem Museum.

«Phantastisch, dieses Rot», kommentiere ich den Farbton eines Kleides.

«Sieh mal, der Rock zu diesen Stiefeln! Was für eine Kombination!»

Am Ende habe ich ein macchiatofarbenes Seidenkleid und auf Viktorias Anraten braune Riemchensandalen dazu gekauft. «Es passt absolut phantastisch zu deinem Haar», sagt Viktoria. «Du musst das Kleid möglichst ohne BH tragen, sonst sieht man die Träger.»

«Hm, ich weiß nicht, ob ich da nicht eventuell ein falsches Signal sende, wenn ich so am Straßenrand stehe.»

«Ich weiß nicht, was ihr jungen Frauen heutzutage alle mit dieser Büstenhalterbesessenheit habt. Für uns in den Sechzigern waren die Dinger ein Symbol der Unterdrückung. Wir haben sie ausgezogen und verbrannt!»

«Ha! So ändern sich die Zeiten.» Ich muss Viktoria auf andere Gedanken bringen. Das Letzte, was ich auf dieser Reise nämlich tun werde, ist, meinen BH zu verbrennen. Ich finde mich auch so schon reichlich verrückt.

Für Viktoria kaufen wir eine weite dunkelblaue Hose, ähnlich der, die sie am ersten Tag unserer Reise trug, eine weiße Bluse und weiße, flache Leinenschuhe. «Diese Pumps sind nichts für mich auf Dauer», sagt sie. «Da spüre ich doch schon sehr meine Knie.»

«Pumps!», winke ich scherzhaft ab. «Ein Symbol der Unterdrückung! Wenn ich du wäre, würde ich sie verbrennen!»

«Du kannst noch so sehr deine Scherze mit mir treiben», sagt Viktoria und begutachtet ihre neue Erscheinung in einer Schaufensterscheibe. «Aber meine Generation hat zumindest nachgedacht. Und konsequent danach gehandelt. Wir waren keine blöden Konsumenten. Wir haben alles hinterfragt.»

O Gott, ja, denke ich. Und zwar in endlosen Plenumsdiskussionen. Gut, dass ich das nicht mehr miterleben musste!

Ich überlege kurz, ob ich mir ein neues Handy kaufen soll. Denn tatsächlich scheint es in ganz Wien kein Ladekabel mehr für mein altes Nokia zu geben. Weder am Empfang unserer Jugendherberge noch in einem dieser Telefonshops, die an fast jeder Ecke stehen. Ich muss es einsehen: mein Handy gehört in die Telefon-Gerontologie. Aber vielleicht komme ich eine Zeitlang ja auch ohne aus. Nur der Gedanke an Lisa nagt an mir. Ich würde gern ihre Stimme hören. Ich habe Sehnsucht nach ihr.

«Ist auf deinem Konto noch Geld für eine Wiener Melange und eine Sachertorte dazu?»

Wir stehen vor einem dieser typischen Wiener Kaffeehäuser, alles Plüsch und Gold und Rot und ausländische Zeitungen an Holzstangen. «Natürlich. Wir müssen uns ja stärken», lächele ich. «Aber lass uns vorher noch in den Laden nebenan gehen.»

«Was gibt es denn da zu kaufen?» Viktoria beäugt misstrauisch die Auslage.

«Etwas, das wir auf unserer Reise auf jeden Fall noch brauchen werden», sage ich.

Eine Viertelstunde später stehen wir um einen Kompass, eine Taschenlampe und eine Landkarte von Südosteuropa reicher vor der Kuchenauslage und betrachten das Angebot. Die Landkarte passt in meine Handtasche, der Rest verschwindet in den Weiten von Viktorias Tasche.

«Was hast du da eigentlich alles drin?», frage ich, als wir wenig später auf einem der schönen Polstermöbel Platz genommen haben.

«In meiner Handtasche? Alles, was mir wirklich wichtig

ist.» Viktoria holt tief Luft. «Sie ist der einzige Grund, warum ich gestern vor Wut nicht den Verstand verloren habe, nachdem ich gesehen habe, dass der Landrover weg war.»

«Und was ist es genau?» Ich bin ehrlich neugierig. «Abgesehen von den sieben Adressen natürlich?»

«Das zeige ich dir vielleicht, wenn wir uns etwas besser kennen. So, und wie ist denn nun deine Meinung zu einem möglichen EU-Beitritt der Türkei?»

«Och nö, nicht dieses Spiel schon wieder», murre ich.

«Sag doch mal! Irgendeine Meinung wirst du dazu doch wohl haben? Also: Türkei rein in die EU, ja oder nein?»

«Was soll das werden? Eine Art ‹Wer wird Millionär?› im Wiener Kaffee? Kann ich eine Freundin anrufen?»

«Nein. Im Ernst.» Viktoria faltet ihre schönen Hände und sieht mich aufmerksam an. «Wir sind gerade auf dem Weg dorthin. Du solltest dir wirklich ein paar Gedanken über dieses Land machen.»

Der Kellner bringt den Kuchen und den Kaffee.

«Das Weltgeschehen ist verdammt komplex geworden – ich habe den Überblick verloren, echt. Außerdem ändert sich die Lage ja doch jede Woche. Das ist wie mit ‹Praxis Dr. Eppingham›. Ein paar Folgen verpasst, und schon weiß man nicht mehr, mit wem die Ärztin jetzt liiert ist und wer alles fast gestorben wäre.»

«Wenigstens hast du keine Wissenslücken, was deine Arztserie anbelangt – ich bin beruhigt.» Viktoria spießt ein Stück Sachertorte auf ihre Kuchengabel.

«Hat dir eigentlich schon mal jemand gesagt, dass du ziemlich arrogant bist, Viktoria?»

«Ja.»

Ich versuche, einen versöhnlicheren Ton anzuschlagen. «Also, ich hab schon ein paar ernsthafte Themen im Repertoire. Atomkraft zum Beispiel. Damit habe ich mich bereits in den Achtzigern beschäftigt. Ich könnte dir jetzt ein halbstündiges Referat zu dem Thema halten, gestützt durch ein paar Erkenntnisse meines physiklehrenden Gatten. Natürlich kann es sein, dass ich bei meinem geringen News-Konsum den einen oder anderen Super-GAU verpasst habe, aber meine Meinung zu dem Thema steht!»

«Klingt gut, ist aber eine glatte Sechs, weil das Thema verfehlt ist. Die Frage lautet immer noch: Soll die Türkei Mitglied in der EU werden, ja oder nein?»

Ich werfe dramatisch meine Hände in die Luft. «Ich will jetzt endlich diesen Telefonjoker!»

Die Sonne steht schon tief, als wir kurz vor Graz auf einer Landstraße in Richtung Zagreb stehen. Das goldgelbe Licht zaubert einen hübschen Schimmer auf Viktorias Gesicht. Sie trägt ihre neuen Sachen und hat einen korallenfarbenen Lippenstift aufgelegt. Wie eine Frau aus einem Film sieht sie aus, so wie sie da steht und ihren Daumen raushält, die Tasche kess über eine Schulter geschwungen.

«Du sollst nicht mich angucken, sondern die Fahrer, die uns entgegenkommen. Wir müssen aufmerksam sein, Isabel. Nicht dass das irgendwelche Triebtäter sind!»

«Ich habe gerade gedacht, dass du sehr hübsch bist», sage ich.

Zu meiner Überraschung wird Viktoria ein bisschen rot. «Das ist die netteste Sache, die ich seit langem gehört habe», bemerkt sie. «In meinem Alter bekommt man das ja nicht mehr oft gesagt. Aber ich muss das Kompliment ganz ehrlich zurückgeben. Das Kleid steht dir phantastisch. Un-sarg-bar tragbar, um mit unserem Wiener Bestatter zu kalauern. Aber doof, dass man die BH-Träger so sieht.»

«Wir sind die zwei Schönen von der Straße. Tod-sicher!», kalauere ich zurück.

«Ja, und es wäre gut, wenn dieses Wissen jetzt mal ein bisschen zirkulieren würde», grinst Viktoria. «Da – ein Pickup! Und auf der Ladefläche ist noch Platz frei. Der Fahrer hält bestimmt!»

Die Ladefläche ist leider teilweise schon besetzt: Ein paar Ziegen mit im Fahrtwind flatterndem Fell halten sich wacker auf ihren Hufen. Der Mann hinter dem Steuer reißt vor Erstaunen den Mund auf, als er uns mit unseren aufgerichteten Daumen dastehen sieht. Dann zeigt er uns das international gebräuchliche Zeichen für Irresein und rauscht an uns vorbei.

«Er muss einen komischen Frauengeschmack haben. Oder er mag seine Ziegen lieber», kommentiere ich die Staubwolke, die hinter ihm aufwirbelt. «Auf jeden Fall hat dieser Mann etwas verpasst.»

«Ich vermisse meinen Kassettenrekorder und die Lautsprecherboxen, die ich im Landrover hatte. Ohne Musik ist es langweilig», sagt Viktoria.

«Ich könnte uns was vorsingen», biete ich an.

«Kannst du das denn?»

«Hallo?» Ich deute mit den Zeigefingern an meinem Oberkörper entlang. «Vor dir steht eine ausgebildete Schauspielerin. Natürlich kann ich singen!»

Nach echten Pep-Songs wie «Ein Freund, ein guter Freund» und «Best Friend» von Harry Nilsson hat sich Viktorias Laune zwar leicht verbessert, aber nun fängt es an zu dämmern, und wir stehen immer noch da.

«In Graz gibt es bestimmt auch Jugendherbergen», versuche ich uns aufzumuntern. «Und morgen können wir uns ja den Wecker stellen und ganz früh hier rausfahren, dann haben wir sicher noch eine Chance!»

Ich bücke mich, um nach meiner Handtasche zu greifen, da höre ich, wie ein entgegenkommender Wagen seine Fahrt verlangsamt. Reifen quietschen. Neben uns kommt ein sehr alter Mercedes zum Stehen. Der Fahrer ist allein. Und im Dämmerlicht erkenne ich sein Gesicht.

6. KAPITEL

«Der Barkeeper aus dem Hotel in Prag!», strahle ich.

«Hallo!» Der Barkeeper reicht mir seine rechte Hand, während er gleichzeitig anfährt. «Schön, euch zwei wiederzusehen. Ihr seid ja wirklich für jeden Spaß zu haben, oder? Ich heiße übrigens Zlatko. Und ihr?»

«Isabel», antworte ich, während ich absurderweise spüre, wie mein Herz schneller schlägt. Verdammt, sieht dieser Mann gut aus! In dem gebräunten Gesicht strahlen seine hellgrünen Augen geradezu.

«Viktoria», sagt sie von hinten. «Ich freue mich auch, Sie wiederzusehen. Wenngleich ich auch sagen muss, die Erinnerung an Sie ist etwas getrübt.»

Zlatko wirft den Kopf in den Nacken und lacht, dass seine weißen Zähne aufblitzen. «Das kann ich mir denken! Und wohin geht's nun?»

Sein Deutsch ist hervorragend, mit einem kleinen Balkan-Akzent.

«Nach Istanbul», erkläre ich.

Zlatko lacht erneut. «Und die ganze Strecke per Anhalter? Ich bin beeindruckt!» Der Blick, den er über mein Dekolleté schweifen lässt, zeigt, dass er nicht nur von meinen Reiseplänen beeindruckt ist. Mein Herz pocht noch schneller. Was ist nur mit mir los? Vor kurzem hätte ich so einem Bengel noch gesagt, dass er sich auf sein eigenes Paket konzentrieren soll, so wie Männer das normalerweise tun. Jetzt hingegen fühle ich mich geschmeichelt.

«Na ja, wir machen das nicht freiwillig», lässt sich Viktoria von hinten vernehmen.

«Habt ihr 'ne Wette verloren, oder was?» Zlatko lacht erneut.

«Nein, wir wollten meinen Wagen nehmen. Aber der wurde uns in Prag gestohlen.»

«Ist nicht wahr?» Zlatko dreht sich empört zu Viktoria um und schlägt dabei mit der Hand auf das Lenkrad. «Diese tschechischen Hurensöhne! Die lassen wirklich nichts unversucht!»

«Ich wäre Ihnen verbunden, wenn Sie Ihren Blick wieder auf die Fahrbahn richten würden», entgegnet Viktoria pikiert.

«Und Sie?», frage ich hastig. «Fahren Sie bis nach Zagreb?»

«Du kannst ruhig Du zu mir sagen. Ich fahre sogar noch weiter, bis nach Zadar.» Er nimmt die Hände vom Lenkrad und schlägt sich mit der rechten Faust auf die linke Handfläche. «Und ich muss zacki-zacki fahren. Ich bin nämlich schon reichlich spät dran. Meine Cousine heiratet morgen früh.»

«Wow, du fährt zu einer Hochzeit? Das ist ... cool!» Und warum rede ich jetzt wie meine fünfzehnjährige Tochter?

«Cool!», lacht Zlatko. «Ja, das ist es. Zumal keiner gedacht hätte, dass meine Cousine jemals einen anderen Mann als Jesus akzeptieren würde. Sie hat nämlich die letzten Jahre im

Kloster verbracht.» Er fuchtelt mit den Händen. «Aber jetzt! Die ganze Familie feiert! Alle werden kommen! Alle meine Brüder! Meine ganzen Cousins und Cousinen! Meine Onkel und Tanten und Großeltern! Es wird ein großes, großes Fest!»

«Wow», wiederhole ich lahm.

«Und was macht ihr zwei in Istanbul?»

Ich überlege kurz. «Da versuchen wir jemanden zu finden», sage ich.

«Einen alten Freund?»

«Einen ... sehr alten Freund. Außergewöhnlich ... alt.»

«Und ihr habt gar keine Angst, so per Anhalter und allein?»

Ich muss mich davon abhalten, mit den Augen zu rollen. Diese Sätze habe ich schon in den Achtzigern gehört. «Nein.»

«Ehrlich? Also, ihr denkt wirklich, es ist kein Problem, per Anhalter über den Balkan zu reisen? Balkan, Türkei und so, alles kein Ding, die Verbrecher werden uns schon in Ruhe lassen?»

«Ja, das bringt unsere verworrenen Gedanken bezüglich des Trampens auf den Punkt», lässt sich Viktoria von ihrem Rücksitz aus vernehmen.

«Und wieso habt ihr eigentlich so wenig Gepäck dabei, wenn ihr ganz bis in die Türkei reisen wollt?»

«Die Reise war nicht geplant», platze ich heraus.

«Aha», grinst Zlatko. «Jetzt wird es interessant!»

«Nein, jetzt wird es langweilig, weil das Gespräch hier endet. Warum ich verreist bin, ist mein Geheimnis.»

«O Gott, alles, was mich unruhig macht!», lacht Zlatko. «Eine schöne Frau, ein großes Geheimnis ...»

Spätestens jetzt begreife ich: Zlatko flirtet mit mir. Und schlimmer noch: Ich flirte zurück. Wie kann ich nur? Ich bin eine verheiratete Frau, und dieser entsetzlich attraktive Mann neben mir ist mindestens zehn Jahre jünger als ich! Hastig zerre ich die Landkarte aus meiner Handtasche. «Also, nach Zadar fährst du, hm? Zur Hochzeit deiner Cousine?»

«Ja.» Zlatko sieht mich immer noch an. Dabei hat er mindestens achtzig Sachen drauf. «Magst du Hochzeiten? Gefällt es dir, wenn Mann und Frau ja zueinander sagen? Für die Ewigkeit?»

Ich spüre, wie mir heiß wird. Die erotische Komponente des Jasagens habe ich in den vergangenen Jahren ein bisschen aus den Augen verloren.

«In der Theorie ist am Ja nix auszusetzen», antworte ich lahm.

Zlatko wirft den Kopf in den Nacken und lacht. Wieder bemerke ich, dass er außergewöhnlich schöne und weiße Zähne hat.

«Na, wir haben ja jetzt ungefähr fünf Stunden Zeit dafür!»

Fünf Stunden. Ich hole tief Luft. Fünf Stunden mit diesem Mann, dessen Blick mir kleine Schauer über die Haut sendet. Fünf Stunden Selbstbeherrschung. Als ob ich nicht so schon genügend Probleme hätte!

Dann fällt mir ein, dass ich eine Meisterin der Selbstbeherrschung bin. Ich habe mein Können jahrelang perfektioniert – vor allem, seit meine Tochter heimlich gegen ein schlechtgelauntes Alien ausgetauscht wurde. «Das heißt, dann kommen wir in der Nacht an, nicht?»

«Eher morgen früh. Ich muss zwischendurch noch meinen Cousin abholen, und bei der Gelegenheit könnten wir ja auch was essen, meinst du nicht?»

«Doch, ja, gern.» Ich müsste eigentlich auch schon Hunger wie ein Wolf haben. Seit der Sachertorte in Wien habe ich nichts mehr gehabt. Aber irgendwas muss mit dieser Sachertorte nicht ganz in Ordnung gewesen sein, denn mir ist ein wenig schlecht.

Wir rasen über die Landstraße, links und rechts zischen Bäume vorbei, weiß getünchte Häuser, Frauen mit bunten Kopftüchern. Die Abenddämmerung taucht alles in tiefblaues Licht. Zlatko hat das Radio angeschaltet, aber man hört nichts, so laut pfeift der Wind durch das geöffnete Fenster. Meine Haare wehen in alle Richtungen, als ich mich zu Viktoria umdrehe. Sie bemerkt mich überhaupt nicht, so sehr ist sie in ihre Lektüre vertieft. Ich will sie fragen, was sie da liest, aber im selben Augenblick sehe ich es. Es ist kein Buch, sondern ein Fotoalbum. Viktoria blättert in schwarzweißen Erinnerungen, die bunt werden mit einem Stich ins Gelbliche, als sie eine Seite umblättert und es auf die Siebziger zugeht. Die Siebziger erkenne ich an den Autos und daran, wie die Regenjacken aussehen. «Ostfriesennerze» hat meine Mutter sie genannt.

«Isabel, das ist ein bisschen indiskret», sagt Viktoria plötzlich, ohne den Blick zu heben.

«Oh», erwidere ich und spüre, wie ich rot werde. «Das tut mir leid.»

Das ist es also, denke ich. Das Wichtigste, was Viktoria in ihrer Tasche verstaut hat. Ein Fotoalbum. Die Bilder ihres Lebens. Ich wünschte, ich könnte einen Blick darauf werfen. Ich würde zu gern sehen, wie Viktoria früher war.

Zlatko schließt das Fenster. Jetzt kann ich verstehen, was die Stimme im Radio singt.

«Oh no, not I! I will survive! As long as I know how to love...»

Zlatko singt leise mit, was sich witzig anhört wegen seines Akzents. «I know I will stay alive, I've got all my life to live...»

Ich falle mit ein, schließlich liebe ich Singen: «I've got all my love to give ...»

Zlatko wirft mir einen entzückten Blick zu. «Dass du eine gute Stimme hast, ist mir schon im Hotel aufgefallen», sagt er. «Und nicht nur das.»

«In Ordnung, junger Mann, jetzt reicht's!» Viktorias Tonfall klingt scharf. «Dass Sie es auf meine Freundin abgesehen haben, haben Sie ja jetzt hinlänglich klargemacht!»

Ich drehe mich um und versuche Viktoria mittels Mund- und Augenbrauenbewegungen zu vermitteln, dass alles in Ordnung ist und sie sich jetzt bitte nicht weiter einmischen soll. Ich bin schließlich nicht minderjährig, und Zlatko ist auch kein Jungfrauenschänder, sondern Cocktailmixer in einem Fünfsternehotel.

Sie schüttelt den Kopf und versenkt sich wieder in das Album, das immer noch aufgeschlagen auf ihren Knien liegt.

«Sie traut mir nicht, oder?», flüstert Zlatko.

Ich schüttele den Kopf. «Aber das musst du nicht persönlich nehmen.»

Zlatko lächelt. «Auf gar keinen Fall.»

Ich lehne mich zurück und schließe die Augen. Es ist dunkel draußen geworden, jetzt kann man ohnehin nichts mehr sehen. Dann denke ich über die Frau nach, die hinter mir auf der Rückbank sitzt und sich durch die Jahrzehnte ihres Lebens blättert. In Wien ist sie mir so fröhlich erschienen, so voller Energie und Vorfreude auf die Reise. Und jetzt wünschte ich fast, sie wäre nicht da. Weil sie Zlatko gegenüber so unfreundlich ist. Und weil ... Ja, weil ich jetzt eigentlich ganz gern allein mit ihm wäre.

In mir ist ein Gefühl, wie ich es seit Jahren nicht mehr empfunden habe. Ich spüre, wie das Blut jeden Millimeter meines Körpers durchpulst. Mir ist auch gar nicht mehr übel.

Meine Haut kribbelt. Ich fühle mich aufgeregt und ein bisschen albern und auf seltsame Weise sehr jung. So als läge noch alles vor mir. Und vielleicht tut es das auch. Ich bin ja gerade erst losgefahren.

Im Radio läuft Balkan-Pop. Zlatko singt wieder mit. Er hat eine tolle Stimme, finde ich.

«Wo ist denn dieser Cousin, den du noch aufgabeln musst?», frage ich über die Musik hinweg.

«Gabeln?» Zlatko klingt einen Moment verständnislos, dann lacht er. «Ach so, gabeln heißt mitnehmen, oder?»

«AUFgabeln», korrigiere ich ihn und könnte mir im selben Moment auf die Zunge beißen. Ich klinge wie Carsten, wenn er Teilchenphysik erklärt.

«Ihr habt ganz schön viel Besteck in der deutschen Sprache, ist dir das schon mal aufgefallen? Aufgabeln, auf Messers Schneide, Löffelstellung ... Magst du die Löffelstellung, Isabel?»

Ich spüre, wie ich knallrot werde.

«Isabel liegt am liebsten oben», kommentiert Viktoria wie bestellt von hinten. «Hat sie mir in der Jugendherberge erzählt.»

«Hmmm.» Zlatkos Blick, soweit ich ihn im Dunkeln des Wagens deuten kann, jagt mir einen Schauer über den Rücken. «Ist das wahr, Isabel? Und ich liege gern unten. Trifft sich das nicht gut?»

«Nein, tut es nicht.» Viktoria klingt eiskalt. «Weil ICH in den Herbergsbetten schon gern unten liege. Außerdem bin ich überzeugt davon, dass Sie hierzulande schon ein eigenes Bett finden werden.»

«Davon bin ich auch überzeugt», sagt Zlatko und kneift in meine Richtung ein Auge zu. «Aber wir waren bei meinem Cousin stehengeblieben. Wir müssen nach Zagreb fahren, um ihn abzuholen. Das ist eine sehr schöne und interessante Stadt!»

«Wir reisen nicht, um schöne und interessante Städte kennenzulernen», höre ich Viktoria murmeln. Ich bezweifle aber, dass sie wirklich protestieren will. Sie muss einfach nur etwas Dampf ablassen.

Mittlerweile ist es stockfinster. Zu unserer Linken ragen die ersten Hochhäuser auf. Auch der Verkehr wird jetzt dichter. Ein paar Wagen mit österreichischem Kennzeichen überholen uns. Zlatko fährt links ab auf eine Ausfallstraße und dann eine Ewigkeit lang geradeaus, bis wir endlich eine Ampel erreichen, deren roter Schein auf seinem Gesicht leuchtet. Wir haben Zagreb erreicht.

Zlatkos Cousin Lado wartet in einem Restaurant auf uns. Als er Zlatko sieht, breitet er die Arme aus und lacht. Zumindest auf einer Seite. Sein Gesicht ist schief.

Zlatko umarmt ihn, klopft ihm auf die Schulter, dann deutet er auf Viktoria und mich und sagt etwas, das ich nicht verstehe. Lado grinst uns schief an, legt eine Hand auf seine Wange und entgegnet etwas, das irgendwie wütend klingt.

«Mein Cousin war vor drei Stunden beim Zahnarzt», erklärt Zlatko an uns gewandt. «Aber die Betäubung ist immer noch nicht abgeklungen.»

Lado macht eine entschuldigende Geste und gibt uns beiden die Hand. Ich versuche, eine Familienähnlichkeit zwischen Zlatko und ihm zu finden, doch es gelingt mir nicht. Zlatko ist so ziemlich der attraktivste Mann, der mir jemals begegnet ist, während Lado einfach nur schräg aussieht, und zwar nicht nur wegen seines betäubten Gesichts. Irgendjemand muss ihm eingeredet haben, dass Wasserstoffperoxid auf männlichem Haupthaar der letzte Schrei ist, er ist extrem hager und trägt schwarze Klamotten, die etwas zu groß für ihn sind.

«Er sieht aus wie Billy Idol auf Testosteron-Cocktail», flüstere ich Viktoria zu. Mir ist bewusst, wie unhöflich es von mir ist, direkt vor seinen Augen über ihn zu lästern, aber das Bedürfnis, mit Viktoria meine Gedanken zu teilen, ist in diesem Moment stärker als ich.

Sie nickt. «Mit den Achtzigern konnte ich mich musikalisch ja nie so recht anfreunden. Und heute ist es noch schlimmer. Es gibt überhaupt keine neuen Melodien mehr. Sämtliche Harmonien, die ich im Radio höre, sind geklaut.»

«Man nennt das *Covern*. Oder *Zitieren*», erkläre ich.

«Mir egal, wie das die Dummköpfe heute nennen. Und beim Zitieren braucht man eine Quellenangabe. Die vermisse ich auch.»

Zlatko wendet sich Viktoria lächelnd zu. «Sie sind ein kritischer Geist, oder?»

«Und Sie anscheinend ein Menschenkenner», gibt Viktoria zurück.

Während Zlatko für uns alle bestellt, blicke ich aus dem Fenster. Wir sind in einem Außenbezirk der Stadt gelandet. Hochhäuser säumen eine breite Straße, Lastwagen rattern so dicht vorbei, dass die Scheiben zittern. In einem der GEO-Hefte, die Carsten abonniert hat, habe ich mal gelesen, dass Zagreb mit seinem Nationaltheater, das wie ein Schloss aussieht, seinen Kirchen und der Drahtseilbahn eine beeindruckende Stadt sei, doch davon ist hier nichts zu sehen. Seit Jahren sprechen Carsten und ich darüber, dass wir mal Urlaub in Kroatien machen wollen, aber dann sind wir doch wieder jeden Sommer in dieses Ferienhaus nach Dänemark gefahren. Was er wohl sagen würde, wenn er wüsste, dass ich es getan habe? Nach Kroatien zu fahren, einfach so!

Ich spüre, wie Zlatko mich ansieht, und schaue zurück. Sekundenlang verhaken sich unsere Blicke ineinander. Mein Herz beginnt wieder zu rasen. Ich will etwas sagen, doch mein Mund ist trocken und mein Kopf wie leergefegt. Zum Glück kommt in diesem Moment der Kellner und knallt vier kleine Gläser auf den Tisch.

«Zivjeli!», ruft Lado mit seinem schiefen Mund und prostet uns zu. Ich hebe mein Glas und nippe an der Flüssigkeit darin.

«Haha, das ist aber kein Cocktail!», lacht Zlatko. «Das ist Sljivovica. Runter mit dem Zeug!» Er bedeutet dem Kellner, noch einmal vier Gläser zu bringen.

«Oh, mir reicht ein Schnaps!», winkt Viktoria ab. «Ich muss erst einmal etwas essen!»

«Ja», stimme ich zu. «Ich auch!»

Die nächsten Schnäpse stehen vor uns, bevor ich ein weiteres Mal Luft holen kann.

«Wie wollen Sie eigentlich gleich fahren, wenn Sie so viel Alkohol im Blut haben?», fragt Viktoria.

Zlatko kippt den Slibowitz wie einen Schluck Wasser. «Ich kann immer fahren», lacht er. «Dafür bin ich berühmt.»

«Und für seine Casanova-Tricks», sagt Viktoria, wobei sie mich ernst anblickt. «Isabel, wenn ich deine Mutter wäre ...»

«Bist du aber nicht», schneide ich ihr das Wort ab. «Ich bin nämlich schon fünfundvierzig und weiß ganz alleine, was das Beste für mich ist!»

«Fünfundvierzig, wow!» Wieder lacht Zlatko. «Das beste Alter einer Frau!»

«Danach geht es rapide abwärts, denken Sie?» Viktoria sieht ihn herausfordernd an.

«Danach werden manche Frauen recht aufmüpfig», antwortet Zlatko mit einem Lächeln.

Ich versuche das Thema zu wechseln. «Was schenkt ihr eurer Cousine denn eigentlich zur Hochzeit?»

«Eine Espressomaschine», sagt Zlatko. Dann deutet er auf seinen Freund. «Lado», übersetzt er, «will den beiden etwas für den Garten schenken. Eine Harke und eine Axt.» Er runzelt die Stirn, während er Lado zuhört, der noch etwas hinzufügt. Zlatko antwortet ihm auf Kroatisch und sieht dabei nicht besonders zufrieden aus.

«Was ist?», frage ich beunruhigt.

«Er sagt, er hat die Geschenke noch nicht besorgt und ob ich gleich am Gartencenter halten könnte. Na ja, es ist wohl besser, wenn ich da reingehe und nicht er. Wenn er mit seiner Visage eine Axt kauft ...»

Ich weiß nicht, ob es die Schnäpse sind, die Vorstellung von diesem kroatischen Billy-Idol-Verschnitt im Gartencenter oder überhaupt die ganze absurde Situation, aber auf einmal kann ich mich nicht mehr halten vor Lachen. Ich bin mir vage bewusst, dass mich die anderen Gäste im Lokal anstarren und dass es amüsiert um Zlatkos Mundwinkel zuckt, und ich lache und lache, halte mich vor Lachen an der Tischkante fest. Lado deutet auf meinen Mund und sagt etwas zu Zlatko, der die Schultern hebt und die Handflächen nach oben kehrt.

«Was sagt dieser kroatische Mann?», will Viktoria wissen.

«Lado sagt, dass Isabel ganz schön viele Zähne hat. Er meint, er hätte noch nie so viele Zähne bei jemandem gesehen.»

«Wie viele?» Lado zeigt auf meinen Mund.

«Zweiunddreißig», gebe ich wahrheitsgemäß Auskunft.

Zlatko übersetzt, woraufhin Lado ein silbernes Handy aus seiner Tasche zieht und im Schein der glänzenden Rückseite seine eigenen Zähne zu zählen beginnt.

Ich stutze. Lado hat dasselbe Handymodell wie ich!

«Könntest du deinen Cousin netterweise einmal fragen, ob er das Ladekabel für sein Handy dabeihat?», frage ich.

«Ja, hat er», übersetzt Zlatko einen Moment später. «Und er hat drei Zähne weniger als du. Einer wurde ihm gerade gezogen. Über den Verbleib der zwei anderen haben die Ermittlungen noch nichts ergeben.»

Ich strahle ihn an – Männer mit Humor sind mir fast noch lieber als Männer mit gutem Aussehen. Zlatko hat beides, stelle ich durch den Schleier fest, der auf allem in diesem Lokal zu liegen scheint. Zlatko, beschließe ich, ist ab heute mein Held.

«Du hast ein strahlendes Lächeln», sagt Zlatko zu mir. «Kein Wunder, dass Lado glaubt, dass du so viele Zähne hast!»

«Geht es dir gut, Isabel?», flüstert Viktoria mir zu. «Du hast einen sehr glasigen Blick!»

«Ich habe noch nie so klar gesehen!», widerspreche ich und nehme das Ladekabel aus Zlatkos Hand. Die kurze Berührung durchfährt mich. Ein Kribbeln breitet sich von meiner Hand direkt in meinen Rücken bis hinunter ins Becken aus. Ich spüre es noch, als ich mit dem Kabel in der Hand zu einer Steckdose in einer Ecke des Raumes gehe. Ich verbinde das Handy mit dem Kabel und gebe die PIN ein. Dann wähle ich meine Mailbox an. Sekunden später wünsche ich mir, ich hätte mit dem Abhören noch gewartet. Ich sehe zu Viktoria, Zlatko und Lado hinüber, die jetzt ihr Essen bekommen. Zlatko sagt etwas, das sogar Viktoria zum Lachen bringt. «Sie haben 38 neue Nachrichten», höre ich.

7. KAPITEL

Die allermeisten Nachrichten sind von Carsten. Und je länger ich seiner Stimme lausche, desto mehr fühle ich mich von ihr gestört. Hatte ich tatsächlich mal geglaubt, mein mir Angetrauter sei wortkarg? Was für ein Trugschluss! Bereits ab der siebten Nachricht klingt Carsten wütend und ob meiner Abwesenheit persönlich beleidigt. Ich höre mir das, was er mir sagen will, nicht bis zum Ende an.

Ich stehe vor der Tür unseres Lokals, weil es drinnen zu laut ist. Durch die Fensterscheibe sehe ich, wie Viktoria Zlatko und Lado aufmerksam zuhört und die beiden sogar anlächelt. Dann wenden alle drei den Kopf und sehen hinaus, zweifellos auf der Suche nach mir, die ich inmitten des Essens hinausgegangen bin, um mein halb aufgeladenes Handy abzuhören. Ich winke ihnen zu, aber ich stehe im Dunkeln. Sie sehen mich nicht.

Keine einzige Nachricht von Lisa. Ich spüre, wie mir auf einmal die Tränen in die Augen schießen. Warum nur behandelt meine Tochter mich so? Was habe ich falsch gemacht, dass sie mich nur noch anbrüllt oder mir die Tür vor der Nase zuknallt? An welchem Punkt unseres gemeinsamen Lebens habe ich es vermasselt? Und warum eigentlich habe ich immer Schuld?

Ich gehe in die Hocke, schließe die Augen und presse mir die Hände vors Gesicht. Ich sehe Lisa vor mir als Kleinkind, das kleine, süße Mädchen mit diesem unglaublichen Spiel-Elan. Das Mädchen, das den ganzen Tag rennt und singt und mit seinen Kuscheltieren redet. Das ich zum Fußball anmelde, weil mir der Kinderarzt sagt, dass es Sport treiben soll, weil es ein Ventil braucht. Lisa, mein kleiner roter Kobold.

Es zerreißt mir vor Sehnsucht das Herz.

Ich bemerke erst, dass ich weine, als sich eine Hand auf meine Schulter legt. Viktorias Stimme klingt tief und beruhigend. «Ist alles in Ordnung mit dir?»

Ich werfe ihr meine Arme um den Hals und spüre, wie etwas in mir bricht. «Nein, nichts ist in Ordnung! Es ist alles in Unordnung! Nichts ist mehr so, wie es war!»

Viktoria nimmt mich in den Arm und streicht mir über die Haare. «Scht», macht sie. «Nun mach dir doch nicht solche Sorgen! Es wird doch alles wieder gut.»

Ich habe nicht die Kraft, ihr zu widersprechen. Natürlich wird es nicht wieder gut, wie sollte es denn. Ich bin schließlich von zu Hause fortgelaufen, von meinem Zuhause, in dem ich siebzehn Jahre lang glücklich war. Nun bin ich irgendwo in Kroatien mit wildfremden Menschen, es ist spät, ich bin müde, und ich weiß nicht, wo ich heute Nacht schlafen soll.

«Hör zu, wir können uns jetzt auch eine Jugendherberge hier in Zagreb suchen, und dann reisen wir morgen in Ruhe weiter, was hältst du davon?»

«Nein», sage ich leise. «Das ist ja noch umständlicher. Ich möchte lieber mit den beiden zusammen weiterfahren. Das heißt – wenn das für dich in Ordnung ist? Du magst sie nicht besonders, oder?»

Viktoria lächelt. «Ich war vorhin etwas kratzbürstig zu Zlatko, möglicherweise.»

Ich mache eine vage Handbewegung.

«Reiner Neid, kann ich dir versichern.» Sie macht eine Pause, während ein Kleintransporter an uns vorüberrollt. «Manchmal wünsche ich mir einfach, auch mal wieder so hofiert zu werden. Egal. Ich finde die beiden in Ordnung. Etwas unkonventionell, aber interessant.»

«Also, dann würde es dich nicht stören, wenn wir noch ein Stück mit ihnen weiterführen?»

«Nein, das würde es nicht. Im Gegenteil. Ich will dich ja mit deinen zweiunddreißig Zähnen noch einmal lachen sehen.»

Jetzt weine ich noch mehr. Ich kann mich nicht erinnern, wann jemand das letzte Mal zu mir nett war, für den ich nichts getan habe. O Himmel, was für ein fürchterlicher Gedanke! Wenn es stimmt, dass ich in den letzten Jahren – Jahrzehnten? – keine selbstlosen Gefühle mehr empfangen habe, was sagt das über die Menschen aus, mit denen ich zusammenlebe? Und welches Licht wirft das auf mich selbst?

«War etwas Schlimmes unter deinen Nachrichten?», fragt Viktoria leise. «Etwas, das du nicht wiedergutmachen kannst?»

«Nein, es ist nur ...» Ich mache eine Handbewegung, die den Bürgersteig, auf dem wir hocken, die Straße und den Laden hinter uns umfasst. «Dieses ganze Leben.»

«Nur dieses ganze Leben.»

«Ja», weine ich.

Viktoria streicht mir übers Haar. «Dann wollen wir es mal ändern, dieses Leben.»

Ich drehe mich zu ihr um. «Aber ist es dafür nicht schon zu spät?»

«Es ist nie zu spät, etwas zu ändern», lächelt Viktoria mich an, und im Schein der Straßenlaterne sehe ich die hundert Fältchen in ihrem Gesicht.

«Girls Talk, eh?», macht Lado mit seinem schiefen Mund, als wir wieder eintreten. Dann deutet er auf meinen Teller und sagt etwas auf Kroatisch.

«Er sagt, dein Essen sei kalt geworden. Ob er dir was Neues bestellen soll?», übersetzt Zlatko.

«Nein, danke», sage ich. Mir ist immer noch ein bisschen schlecht. «Außerdem sollten wir jetzt wohl aufbrechen, wenn ihr noch zu diesem Gartencenter wollt.»

Ich habe keine Ahnung, wie spät es ist, aber es ist seit geraumer Zeit dunkel draußen, und insgeheim wundere ich mich, welches Gartencenter in Zagreb wohl mit amerikanischen Öffnungszeiten experimentiert. Zlatko dreht sich zu Lado um und fährt ihn aufgebracht an. Lado entgegnet daraufhin etwas, was Zlatko aber ganz offenbar nicht so stehenlassen will. Ich übersetze mir ihren Wortwechsel wie folgt:

Zlatko: «Welches beschissene Gartencenter hat denn nach Mitternacht noch geöffnet? Alter, hast du mal gesehen, wie spät es überhaupt ist?»

Lado: «Chill mal, Digga, ich hab alles unter Kontrolle.»

Zlatko: «Und warum kaufst du deine Hochzeitsgeschenke *immer* in der allerletzten Minute? Hast du vor, das bei deiner eigenen Hochzeit auch zu tun?!»

Ich übersetze Viktoria das mutmaßlich Gesagte und imitiere dabei die Stimmen der zwei. Sie zeigt sich gebührend beeindruckt. «Wusste ja gar nicht, dass du so meisterhaft den kroatischen Jugendslang beherrschst!»

«Ich auch nicht», lache ich. «Man überrascht sich ja immer wieder selbst! Du, Zlatko? Worum ging es eben bei eurem Streit?»

«Nichts, was Damen interessieren müsste.»

Lado reibt Daumen und Zeige- und Mittelfinger aneinander und sieht mich dabei vielsagend an.

«Entweder er will wissen, wie viel du kostest», raunt Viktoria mir ins Ohr. «Oder es ging eben darum, wer das Gelage hier bezahlt.»

«Oh, wir können doch alle zusammenlegen!», rufe ich

hastig aus. Wie peinlich – jetzt denken die beiden, dass wir uns von ihnen einladen lassen wollen.

Zlatkos Miene verfinstert sich. «Fang du jetzt nicht auch noch damit an. Ich zahle – ist ja wohl Ehrensache! Und jetzt Ende der Diskussion.»

Das Gartencenter stellt sich als ein Laden heraus, der dem Onkel eines Freundes von Lado gehört. Wir fahren ein paar Straßen weiter. Lado will hinausspringen, aber Zlatko drückt ihn wieder in den Sitz zurück. An uns gewandt grinst er: «Ich könnte jetzt noch mal den Witz mit dem Axtmörder rausholen. Aber ihr wisst ja auch so Bescheid.»

Während Zlatko vor einer Tür steht und klingelt, holt Viktoria die Taschenlampe aus ihrer Handtasche, und wir breiten die Karte über unseren Knien aus. Zadar ist ein knapp dreihundert Kilometer weit entfernter Punkt. Das macht die Sache für mich einfach. Ich lehne mich zurück und freue mich auf meinen Schlaf.

Als ich erwache, liegt mein Kopf auf Viktorias Schulter. Draußen ist es schleierhell. Ein paar Minuten lang sehe ich zu, wie die Farben vor dem Fenster fortwehen, der Himmel auf einmal hellblau wird und die Möwen ihre Kreise darüber ziehen. In diesem Moment dreht Zlatko sich zu mir um und lächelt. «Du bist wach, das ist gut», sagt er. «Wollte dich gerade wecken – schau mal, wie schön es draußen ist!»

Ich stupse Viktoria an, damit sie ebenfalls die Augen öffnet, doch sie scheint tief und fest zu schlafen. Einen kurzen Moment überlege ich, sie zu schütteln und sie zu ihrer guten Beziehung zu Morpheus zu beglückwünschen, aber ich will ja nicht rachsüchtig sein. Auch Lado hält noch die Augen geschlossen. Umso besser, denn eigentlich gefällt mir der Gedanke, mit Zlatko allein reden zu können.

«Bist du eigentlich in Zadar aufgewachsen?», frage ich und beuge mich zu ihm vor. Ich weiß über den Mann, mit dem ich die letzten zwölf Stunden überwiegend auf engstem Raum verbracht habe, so gut wie gar nichts.

«Ja, das bin ich», entgegnet er stolz. «In dem schönsten Städtchen der Welt!»

Das Wort passt nicht zu ihm, denke ich, wie überhaupt kein verniedlichender Begriff. Nicht zu diesem ausgewachsenen, ausgesprochen stattlichen Mann.

«Woher kannst du eigentlich so gut Deutsch?»

«Ich habe mal eine Weile in Deutschland gelebt.»

«Wo denn in Deutschland?»

Zlatko wirft mir einen amüsierten Blick über den Rückspiegel zu. «Müssen wir uns denn schon gleich am Anfang all unsere Geheimnisse verraten?»

«Nein», versuche ich in ebenso scherzhaftem Ton zurückzugeben. «Ein paar Geheimnisse können wir uns noch bis zum Ende bewahren. Wenn wir uns verabschieden. Also in einer halben Stunde oder so.»

«Ich habe nicht vor, mich schon in einer halben Stunde von dir zu verabschieden.»

«Und ich habe nicht vor, noch eine halbe Stunde zu warten, bis du mir verrätst, ob du schon mal in meiner Heimatstadt warst!»

«Welche ist denn deine Heimatstadt, schöne Isabel?»

Ich versuche, meine Haare zu entknoten. Kein leichtes Unterfangen. Auf dem Hinterkopf haben sie sich über Nacht zu einem dichten Knäuel verfilzt. «Hamburg.»

«Hamburg, die graue Perle des Nordens, nein, die kenne ich noch nicht.» Wieder lächelt er mir über den Rückspiegel zu. «Aber das lässt sich sehr leicht ändern. Wenn du mir deine Nummer gibst!»

Ich spüre, wie ich rot werde. «Ich glaube, das ist, äh ... keine so gute Idee.»

«Und warum nicht?»

«Weil ich erst einmal gar nicht in Hamburg sein werde. Ich meine, du kannst gern dorthin fahren. Nur werde ich nicht dort sein.»

«Was machst du so im Leben, Isabel?»

«Jetzt schon? Sämtliche Geheimnisse?»

Zlatko lacht. «Bitte, Isabel. Es interessiert mich wirklich.»

Da ist es wieder. Dieses schwerelose Gefühl beim Reisen. Menschen treffen, sich neu erfinden. Möglichkeiten abwägen und vielleicht sogar neue Wege gehen. Nur wenn ich reise, wird mir bewusst, wie viele Entscheidungen ich jeden Tag aufs Neue treffe, über wie viele Kreuzungen ich jeden Tag gehe, wo ich überall abbiegen könnte. Und dass erst die Gesamtheit meiner Entscheidungen mein Leben bestimmt.

«Ich bin Schauspielerin.»

«Das klingt aufregend! Berühmt?»

«Berühmt für meine Erfolglosigkeit. Und jetzt dein Geheimnis. Was hast du in Deutschland gemacht?»

«Informatik studiert. Aber ich bin noch nicht fertig.»

«Mit dem Ausplaudern von Geheimnissen? Oder mit dem Studium?»

Jetzt lacht Zlatko wieder. «Du bist witzig, Isabel. Warum eigentlich? Musstest du das werden? Warst du hässlich als Kind?»

Mir wird sehr heiß. «Danke für das, äh ... Und ... du bist also in Zadar zur Schule gegangen, und dann ... Deutschland ... geheimnisvolle Stadt ... und jetzt Prag, oder was?»

Ich sehe ihn lächeln. «Ich mag es, wenn du verwirrt bist. Dann bist du sehr hübsch.»

«Oh, äh, noch mal ... Und deinen Job im Prager Fünf-Sterne-Hotel? Warum bist du ...?»

«Um Erfahrungen zu sammeln. Männer brauchen Erfahrungen, oder? Viele Arten von Erfahrungen, finde ich.»

Er strahlt mich wieder über den Rückspiegel an. Ich beschließe, den Flirt-Turbo einen Gang herunterzuschalten, und deute auf die vorüberflitzende Landschaft draußen. «Wann kommt eigentlich das Meer?»

«Das wirst du gleich sehen. Zadar, vor allem der historische Stadtkern, ist vom Wasser eingefasst.»

Etwas an der Art, wie er *eingefasst* sagt, jagt mir erneut einen Hitzeschauer über den Rücken.

«Du wirst es lieben», prophezeit mir Zlatko. «Alles, was es da gibt.»

Okay, es hat einfach keinen Zweck. Dieser Mann hat die Gabe, jedes Gespräch auf den Pfad der Untugend zurückzuführen. Ich darf auf keinen Fall mit ihm allein sein, solange ich mir nicht genau überlegt habe, wie es mit Carsten und mir weitergehen soll. Aber dazu werde ich wohl auch gar keine Gelegenheit haben. Immerhin sind wir gleich da, und dann fahren Viktoria und ich weiter, und Zlatko und ich sagen uns Adieu.

«Ich habe überlegt, ob es dir vielleicht Freude machen würde, mit uns mitzufeiern», lässt sich Zlatko plötzlich vernehmen.

«Auf der Hochzeit? Aber da sind doch all eure Verwandten, ich meine, das ist doch eine Familienfeier, da kannst du doch nicht so einfach ...»

«Ich sage einfach, dass ihr Freundinnen seid. Meine Familie freut sich. Je mehr wir sind, desto lebhafter das Fest!»

Es ist in der Tat eine reizvolle Idee, allerdings eine, von der ich noch nicht weiß, wie ich sie Viktoria schmackhaft machen soll. Jeder Tag, den wir nicht reisen, lässt uns später in Istanbul ankommen. Andererseits haben wir jetzt schon mehr Strecke hinter uns gebracht, als wir es mit dem Landrover in der Zeit geschafft hätten, und das ist ja auch etwas wert.

«Es ist in Ordnung», brummt Viktoria, ohne die Augen zu öffnen. «Ich habe alles mit angehört.»

«Alles?!»

«Ja, sämtliche amourösen Annäherungen. Stell dir vor, dass ich auch Lust habe zu feiern, Isabel. Das Leben ist verdammt kurz.»

Wir parken an einer Uferpromenade. Lado schläft immer noch. Ich recke mich dem wolkenlosen Himmel entgegen und atme tief ein. «Bist du gar nicht müde?», frage ich Zlatko, der über das Meer und die vorgelagerte Halbinsel hinausblickt und dabei den Rauch einer Zigarette inhaliert.

«Doch.» Er dreht sich um und mustert mich von Kopf bis Fuß. «Aber bei deinem Anblick kann ich ohnehin nicht schlafen, schöne Isabel.»

Ich frage mich, ob das so eine Art Automatismus ist bei Zlatko, ob er vielleicht mit allem flirtet, was weiblich ist und nicht vollkommen entstellt. Und doch kann ich mich dem Charme seiner Komplimente nicht entziehen. Carsten jedenfalls hat mir schon lang nichts mehr gesagt, was auf gesteigertes Interesse hindeuten könnte, und auf mein manchmal plumpes Nachfragen hin, ob wohl dieses Kleid oder jene Frisur meine Schönheit zur Geltung brächte, antwortet er meistens: «Ich habe von diesen Dingen keine Ahnung, Isi, aber ich nehme an, dass es dir steht.»

«Es ist wunderschön hier, Zlatko, Sie haben recht gehabt, uns diesen Flecken Erde ans Herz zu legen.» Viktoria tritt neben uns. Sie sieht müde aus – kein Wunder, schließlich hat sie die Nacht im Sitzen verbracht. Ihr weißes, sonst so gepflegtes Haar sieht verstrubbelt aus. «Meinen Sie, wir finden eine Gelegenheit, uns umzuziehen und uns etwas frisch zu machen, bevor wir zu dieser Hochzeit gehen?», fragt sie.

«Natürlich», antwortet Zlatko. «Ich schlage vor, wir trinken da drüben jetzt einen Kaffee und fahren dann zu meinen Eltern. Dort können Sie ein Bad nehmen, Viktoria.»

Lado reibt sich die Augen und strahlt uns an. Er sieht jetzt ganz anders aus, nun, da sein Mund nicht mehr betäubt ist, und er würde jetzt ganz und gar normal auf mich wirken, hätte er sich nicht soeben ein Bier bestellt. Es ist morgens halb acht. «Aaah», macht er und wischt sich den Schaum vom Mund.

Zlatko grinst in unsere Richtung. «Die neue Betäubung scheint ihm besser zu bekommen als die alte.»

«Hat er nicht gestern Abend auch schon reichlich getrunken?», erkundigt sich Viktoria. «Er muss aufpassen, dass das in seinem Alter nicht zur Gewohnheit wird!»

Zlatko dreht sich zu Lado um und sagt etwas auf Kroatisch, woraufhin Lado kurz etwas erwidert und die Schultern hebt.

«Was war das jetzt schon wieder für ein Dialog?», wendet sich Viktoria leise an mich.

Ich überlege kurz. «Zlatko hat gesagt: Weißt du, es gibt zwei Arten, einen Kater zu bekämpfen – Alkohol und Paracetamol. Und dann hat Lado erwidert: Die haben aber nur Ersteres hier.»

Viktoria klatscht begeistert in die Hände: «Du bist echt gut!»

«So», sagt Zlatko, knallt seine Espressotasse auf den Tisch und lächelt mich an. «Dann stelle ich dich jetzt meinen Eltern vor!»

8. KAPITEL

Zlatkos Eltern leben als Hausmeister in einem Palast in der Altstadt. Die Besitzer dieses extravaganten Prachtbaus sind Deutsche und kommen nur einmal im Jahr nach Zadar. In wenigen Wochen ist es wieder so weit. Nur so lässt es sich wohl erklären, dass es in dem theaterbühnengroßen Foyer des Gemäuers vor Geschäftigkeit flirrt. Volieren mit bunten, exotischen Vögeln hängen von der Decke, Perserteppiche liegen in einer Ecke aufgerollt, und an den unverputzten Wänden stehen golden gerahmte Spiegel aufgereiht.

Wir blicken uns um, während Zlatko sich auf die Suche nach seiner Mutter begibt. «Mama!», höre ich ihn rufen, während er hinter einer Palme in den Nebensaal verschwindet. «Mama!»

Seine Stimme kommt als schwaches Echo zurück. Ich mustere mich in einem der Spiegel und erschrecke, denn plötzlich sehe ich mich von allen Seiten gleichzeitig. Der Spiegel spiegelt die anderen Spiegel, es ist wie in einem dieser gläsernen Labyrinthe auf dem Hamburger Dom, nun gibt es kein Entkommen mehr, ich bin umzingelt von mir selbst.

Viktoria hat sich in einen Rattansessel fallen lassen. Sie hat die Augen geschlossen und dreht eine Pfauenfeder in der Hand. Und dann höre ich aufgeregte Stimmen. Lado hebt den Finger und lächelt. Irgendwo in den weiten Gemächern dieses herrschaftlichen Hauses wird der heimgekehrte Sohn begrüßt.

Die Badezimmer richten Zlatkos Eltern immer als Letztes her, und so ist es mein Privileg und allergrößtes Vergnügen, zum zweiten Mal in meinem Leben in einem Messingzuber baden zu dürfen, der auf Löwenpranken thront. Das erste Mal war für Filmaufnahmen. Ich erinnere mich nur ungern daran, denn es war eine Produktion, bei der sehr viel Idealismus mitspielte und sehr wenig Geld. So lag ich die meiste Zeit im kalten Wasser, weil es zu teuer gewesen wäre, heißes nachzugießen, und dabei musste ich ungeheuer verwöhnt aussehen.

Jetzt aber dräuen weder Erkältungstod noch Arbeit. Das Einzige, was ich befürchte, ist, dass ich nie wieder von hier fortwill. Ich habe eigentlich nur meine Bestimmung verfehlt, denke ich, während ich einen duftenden Schaumberg von hier nach dort befördere. Ich hätte als Prinzessin geboren werden müssen, goldbehangen, in Seide gekleidet und verehrt.

Aber dann kribbelt es mir in den Fingern, und ich habe Lust nachzusehen, was Zlatko und Viktoria so treiben, und mir wird klar, dass mir das Prinzessinsein auf Dauer wahrscheinlich doch zu langweilig ist.

Sie sitzen im Innenhof, in dem auch eine Fontäne plätschert, und Zlatkos Mama, ein kleines kugelförmiges Wesen, kommt auf mich zugeschossen und nimmt mich in den Arm. Ich drücke sie kräftig zurück. Was sie sagt, kann ich nicht verstehen, aber ich fühle mich auf jeden Fall willkommen geheißen, und dafür bedanke ich mich.

Auf dem Tisch steht ein ausladendes Frühstück. Zlatkos Augen blitzen bewundernd auf, als ich mich auf meinen Platz setze, und ich gebe zu, dass ich auf diese Reaktion ein bisschen spekuliert habe, denn ich habe mir Mühe mit meinem Äußeren gegeben und mich sorgfältig geschminkt.

Viktoria sieht ebenfalls gut aus, auch sie konnte ein Prinzessinnenbad genießen. Weil es ja gleich zur Hochzeit geht, hat sie sich schon umgezogen und trägt jetzt wieder ihr schwarzes Abendkleid, dazu schwarz geschminkte Augen und einen leuchtend roten Lippenstift. «Man weiß ja nie, wem man so begegnet auf Hochzeiten», lächelt sie mich an.

Zlatko beugt sich vor. «Ich habe meiner Mutter erzählt, dass ihr Mutter und Tochter seid», erklärt er leise. «Die andere Geschichte wäre ihr wahrscheinlich zu seltsam vorgekommen.»

Viktoria und ich nicken artig.

«Wobei mir einfällt, dass ich die andere Geschichte ja noch gar nicht kenne!», fährt Zlatko streng fort, dann lächelt er mich an. «Aber vielleicht erzählst du sie mir ja heute Nacht!»

«Ich pflege nicht im Schlaf zu reden», antworte ich.

Zlatkos Lächeln wird tiefer. «Ich meine ja auch davor.»

Ich sehe, wie Viktoria die Augen verdreht.

Mein Blick wandert über die zahlreichen Teller und Schalen auf dem Tisch. Es gibt Früchte, Schafskäse, Olivenpaste, Würstchen, Tintenfischsalat mit Zwiebeln und Petersilie, flache weiße, knusprig aussehende Brote, Orangen- und Beerenmarmelade. Jetzt erst spüre ich, wie hungrig ich bin.

«Wonderful!», rufe ich zu Zlatkos Mama hinüber und deute auf die Schätze auf dem Tisch.

Die Mama reagiert nicht. Eifrig summend wie eine kleine Biene flattert sie wieder in den Palast zurück. «Ich habe ein ganz schlechtes Gewissen», sage ich. «Deine Mutter hat so viel zu tun, und jetzt kommen auch noch wir!»

«Meine Mama freut sich, wenn sie ihrem Sohn und seinen Freunden etwas Gutes auftischen kann.» Er hebt eine Augenbraue. «Sie will, dass ich noch größer und stärker werde – wenngleich das kaum möglich ist!»

Unglaublich. Ich werde schon wieder rot.

«Sie sagten, die Braut, die heute zum Altar geführt wird, war im Kloster?» Viktoria nippt an ihrer Teetasse.

«Wann habe ich das gesagt?» Zlatko ist ehrlich verblüfft.

«Gestern Abend, kurz vor Graz.»

Ich habe Zlatko bis dahin nicht so fassungslos erlebt. «Sie haben ein hervorragendes Gedächtnis, Viktoria.»

Viktoria lächelt. «Mein ganzer Stolz.»

«Was haben Sie beruflich gemacht?» Jetzt ist Zlatko plötzlich wieder ein vollendeter Gentleman. «Verzeihung, ich gehe einfach davon aus, dass Ihre Berufstätigkeit beendet ist, jetzt, da Sie Ihre Zeit mit Reisen verbringen.»

«Ganz recht, mein Berufsleben ist schon seit geraumer Zeit beendet. Ich war Professorin, zuletzt an der Hamburger Universität.»

Zlatko steht auf, um Viktoria Tee aus einer silbernen Kanne nachzuschenken. «Ich bin beeindruckt.»

Das bin ich auch. Dieser Mann ist das personifizierte Konversations-Chamäleon. Mit mir spricht er, als habe er mich auf der Tanzfläche eines Clubs kennengelernt, während sein Gespräch mit Viktoria dem Knigge entspringen könnte.

«Danke.» Viktoria nimmt ihre Tasse entgegen. «Habe ich recht verstanden, dass Sie selbst Akademiker sind – auch wenn Sie Ihre Abendstunden zuweilen mit dem Mixen von Cocktails verbringen?»

Lado blickt jetzt ebenso verblüfft wie ich zwischen den beiden hin und her. Es ist wie bei einem Tennismatch. Unsere Köpfe rucken nach links. Und rechts. Links. Und rechts.

«Ja, ich schreibe derzeit an meiner Dissertation.»

«Welche Fachrichtung?»

«Informatik. Und Sie?»

«Turkologie.»

«Ausgezeichnet, das Türkische ist eine klangvolle Sprache.»

«Danke, dass Kroatische ist auch charmant.»

«Wenngleich ich als Kroate sagen muss, dass ich den Türken zwiegespalten gegenüberstehe. Das Osmanische Reich hat unser Land viele Jahrhunderte lang angegriffen.»

«Zum Glück ist diese Zeit ja vorbei. Bekömmlich, Ihr Tee.»

Lado wendet sich wild gestikulierend an mich. «I don't understand a thing!»

«Well, *he* said», ich imitiere Zlatkos tiefe Stimme: «Hello Viktoria, shall we pretend to be bloody nineteenth century upper class Londoners who meet for a nice cup of tea?»

Lado sieht mich an, als wäre ich verrückt geworden. «Wait! And then she said: Oh yes, that would be awfully nice!», fahre ich fort.

Viktoria dreht sich zu Lado um, sieht seine fassungslose Miene, und ich kann sehen, wie sie mit dem Lachen kämpft. Ihre Professorinnenfassade bröckelt. «Ich glaube, jetzt hast du ihn noch mehr verwirrt!»

Auch Zlatko wird plötzlich wieder Zlatko, denn er kneift ein Auge zu und lächelt mich schelmisch an. «Männer zu verwirren ist Isabels Spezialität!»

Die Hochzeit findet auf einer schmalen Halbinsel statt, und wir gehen alle zu Fuß hinüber, denn die Kirche ist nicht weit weg. Die Sonne steht mittlerweile schon ziemlich hoch, aber es ist nicht zu heiß. Vom Meer weht eine angenehme Brise herüber. Wir sind ein Zug von ungefähr hundert Personen, alle festlich gekleidet, und ich finde, wir machen einiges her, wie wir so über das helle Marmorpflaster in den Gassen gehen. Von überall läuten Kirchenglocken, helle und dunkle, es ist ein wahres Glockenkonzert. Ich gehe neben Viktoria, die wirklich toll und festlich aussehen würde, hätte sie da nicht diese riesige, ausgebeulte und ganz offensichtlich schwere Handtasche am Arm.

«Warum hast du die nicht bei Zlatkos Eltern im Palast gelassen?», frage ich und deute auf ihr Gepäckstück.

«Weil sie vielleicht nicht dasselbe Schicksal ereilen soll wie mein armer Landrover?», gibt Viktoria zurück.

Die Prozession biegt um eine Ecke auf einen Platz wie aus einem anderen Jahrhundert und dann in eine schmale Gasse, in die nur ein Streifen Licht hineinfällt.

Die Kirche ist steinalt und so winzig, dass ich mich frage, wie wir alle in die Bänke passen sollen. Wir Nordeuropäer brauchen ja immer sehr viel Platz. Zlatko, Zlatkos Eltern und Lado verabschieden sich von uns und ziehen nach vorn in eine der ersten Reihen. Viktoria und ich bleiben hinten bei den entfernten Verwandten oder – wer weiß – vielleicht auch ehemaligen Klosterfreunden der Braut. Ich sitze eingekeilt zwischen einem etwa fünfzehnjährigen Jungen, der sich regelmäßig zu meinen Brüsten umdreht, und Viktoria. Die Orgel braust auf, und alle wenden unwillkürlich ihre Köpfe. Die Braut ist da, eine zarte und madonnenhafte Gestalt.

Und plötzlich denke ich an meine eigene Hochzeit. Ich war im fünften Monat schwanger, und wir dachten uns, hey, warum eigentlich nicht. Ob wir überhaupt etwas dachten, kann ich im Nachhinein nicht mehr sagen, denn wir waren zu diesem Zeitpunkt erst etwas über ein Jahr zusammen, und unsere Hormone spielten immer noch verrückt. Carsten war damals gerade Lehrer geworden, und wenn es eines gab, was ich immer völlig unsexy gefunden hatte, so waren das Physiklehrer, und auch in diesem Punkt gab Heinrich mir wie immer recht. Doch Carsten hatte so eine Art, mir die physikalischen Gesetze des Magnetismus nahezubringen. Wir heirateten standesamtlich. Am Tag unserer Hochzeit regnete es. Zu unserer Trauung fuhren wir mit den Fahrrädern. Wir hatten eine Schnur aus Büchsen hinten ans Schutzblech gebunden.

Mein weißes Sommerkleid flatterte im Wind, bis es nachher zu nass zum Flattern war.

Und dann war da meine Mutter, mit Heinrich, meinem Trauzeugen, am Arm. Ich sehe Mama genau vor mir, wie sie lachte, als sie uns auf unseren Rädern vor dem Rathaus ankommen sah. Ich weiß auch noch, wie sie mich in ihre Arme schloss, und wenn ich jetzt daran denke, spüre ich ihren Geruch. Das war lange vor ihrer Krankheit. Mama war damals noch jung, denn sie hat mich jung bekommen, und wir dachten beide, sie hätte noch ihr halbes Leben vor sich.

Eine Hand legt sich auf meinen Arm, und ich höre Viktorias sanfte Stimme: «Isabel ...» Die Tränen strömen mir über das Gesicht.

«Ich vermisse mein altes Leben.»

Viktoria nimmt meine Hand in ihre Hände. «Willst du dann nicht lieber umkehren?»

Ich schüttele den Kopf. Denn das alte Leben gibt es nicht mehr.

Zur anschließenden Feier fahren wir mit einem Boot. Zlatko hat uns zwar nichts davon gesagt, aber ich nehme an, dass das Fest auf einer der Inseln stattfindet. Kellnerinnen im Piratenkostüm spazieren mit Tabletts übers Deck, auf denen Champagnerkelche stehen. Auch Viktoria und ich bekommen ein Glas gereicht. Zlatko und Lado scheinen auf einem anderen Boot gelandet zu sein, denn ich kann sie nirgendwo an Bord finden. Überhaupt scheint mir, dass ich keinen der Bootsgäste in der Kirche oder auf dem Weg dorthin gesehen hätte, aber das ist ja auch ganz gleichgültig, bestimmt lernen wir auch so schnell nette Leute kennen.

Ich hole mein Handy heraus, das ich während des Frühstücks aufgeladen habe, und tippe eine Nachricht an Carsten:

«Bin gerade auf einer Hochzeit in Kroatien und denke an dich.» Dann lehne ich mich mit meinem Champagnerglas in der Hand an die Reling und genieße das schimmernd blaue Meer.

Nicht einmal eine Minute später klingelt die Antwort: «Was zum Teufel machst du auf einer Hochzeit in Kroatien???»

«Männer», sage ich zu Viktoria. «Wollen, dass man ihnen total verfällt, können aber kein bisschen romantisch sein!»

«Im Gegensatz zu dem Mann, der heute eine ehemalige Nonne geheiratet hat – der hat ein echtes Kontrastprogramm aufgebaut!» Viktoria blickt bewundernd um sich. «Sogar an männliche Stripper hat er gedacht!»

In der Tat tritt in diesem Augenblick, begleitet von einer Rhythmusmaschine, die kroatische Antwort auf die California Dream Boys auf den Plan. Sechs muskelbepackte Männer tanzen auf dem Hauptdeck eine perfekt einstudierte Choreographie, in die auch eine Art Liegestützwettbewerb eingebaut ist. Viktoria und mir bleibt der Mund offen stehen.

«Weißt du, das müsste man auch mal bei uns einführen», sage ich.

«Ja, also», sagt Viktoria, «so eine Hochzeit hätte ich mir damals auch gewünscht!»

Wir sehen uns an und müssen lachen. Ich glaube, der Alkohol in der Mittagssonne steigt uns etwas zu Kopf.

Die Stimmung ist auf dem Siedepunkt, als wir auf der Insel ankommen. Alle Frauen auf dem Boot sind angetrunken, mindestens.

«Eigentlich komisch, dass es kein einziger Mann auf dieses Boot geschafft hat», überlegt Viktoria.

«Das war die Arche Noah», kichere ich. «Nur die Auserwählten durften dadrauf.»

«Also, wenn das die Auserwählten sein sollen», sagt Viktoria und betrachtet stirnrunzelnd ein Mädchen, das seinen BH wie ein Lasso schwingt.

«Jetzt hast du es endlich!», sage ich. «Dein Altachtundsechziger-Traum! Gleich verbrennen die Mädels ihre BHs!»

«Isabel», Viktoria fasst mich am Ärmel. «Wir sind auf der falschen Party gelandet!»

«Bitte was?»

«Die Frauen hier! Keine davon war in der Kirche! Und guck mal, wie die angezogen sind!»

Eine etwa Zwanzigjährige in knallengen Jeansshorts rennt johlend an uns vorbei.

«Oh. Jetzt, wo du es sagst, fällt es mir auch auf!»

«Wie kommen wir denn jetzt zur richtigen Insel? Wir wissen noch nicht einmal, wie die heißt!»

«Ich weiß nicht, Viktoria. Mein Ortssinn gehört nicht zu den Sinnen, auf die ich mich gerne verlasse.»

«Könnte er noch schlechter als dein Sinn für Männer sein?»

«Jetzt mal ernsthaft! Wie kommen wir wieder zurück?»

Eine Gruppe von Frauen reißt uns in Richtung Gangway, sodass uns nichts anderes übrigbleibt, als von Bord zu gehen.

«Entschuldige bitte. Also, ich habe im Palast nichts liegen lassen. Seit Prag bin ich ein bisschen vorsichtiger als sonst.»

«Aber ich habe da noch meine Jeans, mein T-Shirt, meine Zahnbürste ...»

«Alles Dinge, die du nicht sonderlich brauchst.»

Im Grunde hat Viktoria natürlich recht. Eigentlich ist es erschreckend, wie wenig der Mensch benötigt, wenn es drauf ankommt. «Also müssten wir nur irgendwie wieder aufs Festland kommen und von dort aus weitertrampen. Nur dass ...»

«Nur dass es wirklich alles andere als nett gegenüber Zlatko wäre», führt Viktoria meinen Gedanken aus.

«Danke. Ich bin froh, dass *du* das jetzt gesagt hast!»

«In den Siebzigern war ich übrigens mal in Goa», erklärt Viktoria, während uns eine Piratin zwei Wodkagläser reicht. «Da hatten wir auch keine Zahnbürsten. Also haben wir uns die Zähne mit Sand geputzt.»

«Viktoria, du erzählst manchmal fürchterliche Geschichten!»

Sie lacht schallend. «Ich weiß.»

Ein Mädchen in pinkfarbenem Stretchmini tritt auf uns zu. Um ihren linken Oberarm hat sie eine Rosengirlande tätowiert, und auf ihrem Kopf türmt sich eine schwarz gefärbte Bienenkorbfrisur. Sie blickt mich drohend an, dann sagt sie auf Englisch mit starkem russischem Akzent: «Kennst du Svetlana?»

«Ich?», frage ich, um Zeit zu gewinnen, denn mir ist noch nicht klar, ob es von Vorteil ist, Svetlana zu kennen.

«Ja, du!»

«Hmm ... Nein, tut mir leid. Du, Viktoria, kennst du eine Svetlana?»

«Bedaure, ich auch nicht.»

«Dies ist Svetlanas Junggesellinnen-Abschiedsparty!», bellt Miss Sixty.

«Ja, Kompliment, eine großartige Party ...», erwidere ich lahm.

«Wenn du Svetlana überhaupt nicht kennst, was machst du dann mit der Babuschka hier?»

Viktoria tritt einen Schritt vor. «Haben wir hier ein Problem?» Sie sagt es mit Klasse, und es verfehlt nicht seine Wirkung. Miss Sixty weicht einen winzigen Schritt zurück. Dann hebt sie die Hand und schnippt mit den Fingern, woraufhin einer der kroatischen California Dream Boys zu uns gelaufen kommt. Miss Sixty sagt etwas, und es klingt wie «provokacija». Jetzt werden auch andere Gäste aufmerksam. Drei der Piratinnen kommen mit wiegenden Schritten auf uns zu. Die liegestützgestählten Oberarme des nichtkalifornischen Traummannes zucken. Ich sehe zu Viktoria hinüber, die ihre Handtasche enger an sich presst.

«Hör zu, wir haben uns geirrt», sage ich hastig. «Wir dachten, das hier wäre die Hochzeitsfeier.»

«Die Hochzeitsfeier?», wiederholt Miss Sixty belustigt. «Von wem denn?»

O Himmel, das weiß ich ja selbst nicht. Hätte ich doch nur Zlatko gefragt!

«Von ... einer Nonne, also einem Mädchen, das ...»

«Von einer Nonne?!» Miss Sixty reißt die schwarz ummalten Augen auf. «He! Hört mal alle her! Die Rothaarige und die Babuschka glauben, dass das hier die Hochzeitsfeier von einer Nonne ist!» Dann packt sie mich an einem Stück meines Kleides. «Du willst mich verarschen, Rothaarige!»

«Aber nein!»

«Gut, ich habe mich jetzt genug über euch geärgert!» Miss Sixty stößt mich wieder von sich. «Ihr verschwindet jetzt!»

«Fährt denn das Boot wieder zurück zum Festland?», frage ich.

Miss Sixty legt den Kopf in den Nacken und reißt beim Lachen so weit den Schlund auf, dass ich ihre Mandeln sehe. «Sie denkt, dies sei ein Shuttle-Service!» Dann greift sie nach einer der Piratinnen. «Könnt ihr die beiden Ladies wieder an Land bringen?», fragt sie, und die Augen der Piratin leuchten auf.

Mir ist klar, dass das nichts Gutes verheißt. Unter dem Gejohle der Frauen betreten wir erneut den Fischkutter. Eine der

Piratinnen macht die Leinen los, und dann brausen wir mit Karacho über die Adria zurück. Schon kann ich Zadar als die Ansammlung von Zuckerbäckerträumen erkennen, da spüre ich auf einmal einen Schlag in meinem Rücken. Ich kippe über die Reling. Das Letzte, was ich sehe, ist Viktoria, die mit aller Macht die Hände in ihre Tasche krallt.

9. KAPITEL

Panisch kämpfe ich mich nach oben. Ich strampele und trete mit den Beinen. Mit den Armen kann ich nicht viel ausrichten, denn damit halte ich meine Handtasche fest. Doch sosehr ich mich auch bemühe, ich komme einfach nicht nach oben, der Weg ist zu lang, meine Schuhe haben sich mit Wasser vollgesogen, und ich bin einfach viel zu schwer.

Plötzlich habe ich wieder diese außerkörperliche Erfahrung. Ich sehe mir selbst zu, eine Art umgekehrte Nixe, die zum Schwimmen zwei Beine hat, aber keine Arme. Die Haare legen sich mir über die Augen und die Nase und den Mund, ich will sie wegnehmen, aber ich habe keine Hand frei. Es ist so still hier unten. Das Wasser dehnt die Zeit. So lange kann doch kein Mensch aushalten, ohne zu atmen, denke ich und sehe mir dabei zu, wie ich weiter nach oben will.

Und dann wird es plötzlich hell und laut. Eine Welle brandet mir gegen das Ohr, ich höre ein sich entfernendes Motorengeräusch. Ich bin wieder da.

Türkisblaues Wasser, wohin ich nur blicke. In der Ferne die Küste. Von Viktoria keine Spur. Ich hole tief Luft, dann tauche ich erneut unter. Diesmal versuche ich, unter Wasser die Augen offen zu lassen, aber außer etwa einer Million Bläschen kann ich nichts sehen. Ich drehe mich um mich selbst, und da entdecke ich sie, wie sie mit ihrer riesigen Tasche kämpft. Ich bekomme sie am Arm zu fassen und ziehe sie empor.

«Schnell!», ruft sie, als sie endlich Luft bekommt. «Wir müssen an Land! Meine Handtasche ist ... ich kann nicht mehr!» Sie schwimmt, aber nur mit einem Arm.

Ich bin fassungslos. Viktoria mit ihrem Ungetüm von einer Tasche – ich kann kaum glauben, dass es nicht mit untergegangen ist.

«Viktoria, ich weiß nicht, ob ich das schaffe», keuche ich. «Guck doch mal, die Küste, wie weit weg die noch ist!»

Viktoria mit dem zweifellos ungeheuren Gewicht am linken Arm schwimmt unbeirrt weiter. «Natürlich wirst du das schaffen!», ruft sie nach hinten. Und dann noch etwas, das ich nicht verstehe, aber das bestimmt so etwas wie eine Aufmunterung ist. Ich mache ein kleines Brainstorming: «Ich schaffe diese Strecke, weil ...» Aber mir fällt nichts ein. Vielleicht: «Weil ich schon ganz andere Sachen in meinem Leben geschafft habe.» Ein Satz, den Menschen in meinem Alter ja immer wieder gerne sagen. Nur: Was genau soll das in meinem Fall sein? Die Aufnahmeprüfung an der Schauspielschule fällt mir ein. Ja, das war in der Tat ein Brocken. Und hat mich wirklich weit im Leben gebracht.

Das Motorengeräusch hinter mir erschreckt mich so, dass ich Salzwasser schlucke. Ich bete, dass es nicht schon wieder die irren Russinnen sind. Der Motor wird gedrosselt, und während das Schiff seitwärts an uns heranknattert, erkenne ich, dass es ein Fischkutter ist. Diesmal ein echter, mit wahrhaftigen Fischern darauf. Das nehme ich zumindest an, denn es sind Männer, deren Gesichter zerfurcht von der Sonne aussehen. Einer von ihnen beugt sich über die Reling und wirft Viktoria eine Leine zu.

Eine halbe Stunde später hocken wir erschöpft auf zwei Holzkisten vor einem Schuppen in der Sonne. Die Männer haben uns Handtücher und Wolldecken gegeben, aber Viktoria hat sich kaum die Mühe gemacht, sich abzutrocknen. Stattdessen hat sie ihr Fotoalbum auf den Knien aufgeschlagen und wendet die Seiten. Sämtliche Beschriftungen sind zerlaufen, und die Fotos wirken wellig und verkrustet. Viktoria sieht aus, als ob sie weinen möchte, aber sie reißt sich zusammen. Der Fischer, der uns gerettet hat, bringt uns starken, süßen Kaffee. Wir können ihn nicht verstehen, denn er spricht nur Kroatisch. Er deutet auf seinen Kutter und die anderen Männer und dann wieder aufs Meer hinaus. Ich verstehe, dass er wieder losmuss. «Danke», sage ich immer wieder. «Vielen, vielen Dank!»

Und dann sitze ich allein vor dem Schuppen mit Viktoria und meiner Tasse Kaffee. Um uns herum sind Netze ausgebreitet. Ein paar Meter weiter, vor einem anderen Schuppen, repariert ein Mann sein Boot. Von irgendwoher dringt ein gleichmäßiges Hämmern, das ich erst nach einer Weile als Musik einordnen kann. Viktoria sagt noch immer keinen Ton. In ihrer Hand hält sie ein kleines Porträt in Schwarz und Weiß, das sich aus einer der Seiten gelöst hat. Sie versucht, es auf eine Seite zu legen, doch es rutscht immer wieder ab.

«Viktoria», sage ich leise.

Sie hebt nicht einmal den Kopf.

Ich stehe auf und gehe zu ihr hinüber. Dann hocke ich mich neben sie hin. Lege vorsichtig den Arm um sie, so wie sie es noch vor kurzem bei mir getan hat. Und streichele ihr übers Haar.

Eine dicke Träne rollt über ihre Wange.

«Ist das dein Vater?», frage ich leise.

Viktoria nickt.

Ich blicke auf das Bild und erkenne einen Mann in Uniform, der den Fotografen anlächelt. «Er sieht freundlich und energisch aus.»

«Ich weiß nicht, wie er war», antwortet Viktoria. «Ich habe ihn nicht gekannt.»

«Ist er im Krieg gestorben?»

«Er ist im Krieg verletzt worden. Dann haben sie ihn nach Hause geschickt. Er hatte noch zwei Kinder aus erster Ehe, weißt du. Meine Mutter hat sich um alle fünf gekümmert. Es muss nicht leicht gewesen sein während der Bombenangriffe, uns fünf mitten in der Nacht zusammenzupacken und dann mit Kinderwagen und Koffern in den Luftschutzbunker zu ziehen.»

«Da war es für sie bestimmt eine Erleichterung, dass dein Vater wieder da war.»

«Mein Vater hatte Angst vor Bomben. Wenn der Alarm losging, ist er immer als Erster in den Luftschutzbunker gerannt.»

Ich starre sie an. «Ohne seine Familie?»

Viktoria blickt weiterhin auf das Porträt in ihren Händen. «Das zumindest hat meine Mutter erzählt.»

«Und», ich versuche, die richtigen Worte zu finden. «Wie ist er dann gestorben?»

«Auf dem Weg zum Bunker hat ihn eine Bombe erfasst. Er ist an Ort und Stelle verbrannt.»

Ich weiß nicht, was ich sagen soll. Vom Meer dringen die Stimmen der Fischer an mein Ohr.

«Guck mal», durchbricht Viktoria das Schweigen. «Und das ist meine Mutter!»

Ich sehe eine junge Frau, mit halblangen, welligen Haaren, die in die Kamera strahlt.

«Hübsch», sage ich.

«Ja, das war sie», lächelt Viktoria. «Richtig hübsch.»

«Was ist aus ihr geworden?»

«Sie war immer Hausfrau. Hat noch einmal geheiratet, einen Choleriker. Und das bin ich mit meinen sieben Geschwistern!»

«Sieben Geschwister», staune ich.

«Ja, meine Mutter hat mit dem neuen Mann noch mal zwei Kinder gekriegt.»

«Man erkennt dich auf dem Bild!»

«Oh, aber das bin ich gar nicht. Ich bin dieses schüchterne, etwas griesgrämige Mädchen hier.»

Ich lache. «Dann hast du dich aber ganz schön verändert!»

«Ja, das habe ich.» Viktoria sieht mich an. Ihre Wimperntusche ist verlaufen, und ihre Augen leuchten. «Das war auch meine Absicht.» Sie sagt es so, als wäre es ganz leicht, sich zu verändern, ein winziger, kleiner Willensakt.

«Es war deine Absicht ...»

«Ja, siehst du, ich wollte auf keinen Fall wie meine Mutter enden. Nicht als Hausfrau und nicht mit dem falschen Mann. Am Ende habe ich aber doch den falschen geheiratet, und damit ist es mir wie meinem Vater ergangen. Man will vor etwas fliehen, vor dem man Angst hat, und am Ende holt einen genau das ein.»

Ich blicke über das Meer, auf dem noch immer die Wellen schäumen, und denke über Viktorias Worte nach. Man kann sich ändern, wenn man es möchte, aber am Ende holt einen das Schicksal ein. In meinem Kopf dreht sich alles. Mir ist schon wieder ein bisschen schlecht.

«Und das hier ist Can?» Ich betrachte die Schwarzweißaufnahme eines orientalisch aussehenden Mannes.

Viktorias Schweigen nehme ich als Zustimmung.

«Und das hier – bist du?»

Can hält eine strahlende junge Frau im Arm. Sie sehen so hübsch aus, die beiden, wie ein Paar aus einem Film. Viktoria trägt ihre dunklen Haare kurz geschnitten, so wie Audrey Hepburn in «Sabrina», ihre großen dunklen Augen blicken neugierig in die Kamera. Can hingegen hat nur Augen für sie. Es ist ein Bild, das mir den Hals zuschnürt, Viktoria sieht so jung aus, sie hat noch alle Möglichkeiten, bloß entscheiden muss sie sich noch.

«Er wird sich erschrecken, wenn ich ihm gegenüberstehe», sagt Viktoria leise. «Dieser Unterschied zwischen mir früher und heute – manchmal ertrage ich ihn selber nicht.»

Ich will ihr etwas Tröstendes sagen, aber mir fällt nichts ein. Dass sie für eine Zweiundsiebzigjährige immer noch attraktiv ist, will sie jetzt bestimmt nicht hören. Überhaupt ist dieser Zusatz «für dein Alter» nicht besonders schmeichelhaft. Ich könnte ihr aber auch sagen – und das ist ja die Wahrheit –, dass sie immer noch eine besondere Frau ist, eine, die im wahrsten Sinne des Wortes ihren Weg geht, und dass Can das bestimmt schon immer an ihr geliebt hat, warum hätte er sie sonst heiraten wollen? Aber ich kenne diesen Can ja gar nicht, und vielleicht gehört er ja auch zu jenen Männern, die eine Frau heiraten wollen, damit sie *nicht* mehr ihren eigenen Weg geht, sondern den ihres Mannes oder auch einen gemeinsamen.

«Isabel, es wäre ganz hilfreich, wenn du jetzt weiterblättern könntest, sonst verkleben die Fotos in dem Album nämlich, und ich muss auch noch die anderen Sachen in meiner Tasche zum Trocknen bringen.» Ein metallisches

Klicken lässt mich aufblicken. Sie hält einen Revolver in der Hand.

Ich springe auf. «Was um Himmels willen ist das denn?!»

«Ganz ruhig, wir wollen doch kein Aufsehen erregen», versucht mich Viktoria zu beruhigen. «Das ist eine Kleinkaliberpistole, und ich muss sie jetzt auseinandernehmen, säubern und trocknen, sonst greift das Salzwasser sie an.»

Ich kann mich nicht einfach so beruhigen. «Hattest du die etwa während unserer ganzen Reise dabei?»

«Nein, ich habe sie gekauft, während du dir Sachertorte bestellt hast. Dummkopf, natürlich hatte ich sie die ganze Zeit dabei.»

«Viktoria, um Gottes willen!» Ich bin vollkommen erschüttert. Mit einem Mal wird mir das ganze Ausmaß der Gefahr bewusst. Ich bin in einen Wagen gestiegen, dessen Fahrerin eine geladene Waffe besitzt! Ich habe neben dieser Waffe geschlafen! Ich hätte hundertmal umkommen können! «Was, wenn die jetzt einfach so losgegangen wäre?»

«Isabel, setz dich bitte wieder hin! Diese Waffe kann nicht einfach so losgehen. Dazu müsste ich sie erst entsichern. Siehst du, so!»

Ich mache einen Satz nach hinten und reiße die Hände über den Kopf.

«Du willst unbedingt, dass alle sehen, dass wir eine Waffe haben, oder?», zischt Viktoria. «Setz dich jetzt endlich wieder hin! Meinst du, ich trete in meinem Alter allein eine Reise über Land nach Istanbul an und treffe keine Vorkehrungen?»

«Nein», sage ich zitternd und lasse mich langsam wieder auf meine Holzkiste sinken. «Aber ...»

«Siehst du, deshalb habe ich einen Waffenschein gemacht.»

«Du sagst das so, als wäre es das Selbstverständlichste der

Welt!», sage ich anklagend. «Und wenn uns jetzt einer angegriffen hätte? Hättest du ihn dann erschossen? Und dann? Hättest du dann genauso geredet? *Siehst du, und da habe ich ihn totgemacht.*»

«Nein, Isabel, so hätte ich das anschließend nicht zu Protokoll gegeben, wofür hältst du mich eigentlich?»

Ja, wofür halte ich sie?

«Was sollen wir denn jetzt machen?», frage ich.

«Hast du alles aus deiner Handtasche retten können?», fragt sie zurück. «Portemonnaie und Ausweis, alles noch da?»

Ich nicke. «Das Handy kann ich jetzt wohl vergessen. Aber der Rest ist vorhanden und intakt. Und wie ist es bei dir? Hast du die sieben Adressen noch, oder sind die verwischt?»

«Ich habe mit Kugelschreiber geschrieben», sagt sie. «Da verwischt nichts so schnell. Und jetzt komm, wir machen uns wieder auf den Weg.»

Ich muss an einen Spruch denken, den Lisa eine Zeitlang über ihrem Schreibtisch hängen hatte: Aufstehen, Krone wieder aufsetzen, weitergehen. Lisa und Viktoria würden sich mögen. Ich wünschte, sie könnten sich einmal kennenlernen.

In Zadar gelingt es uns, den Palast wiederzufinden. Nur leider ist niemand da, als wir klingeln. Logisch eigentlich, die Hochzeitsfeier ist ja noch in vollem Gang. «Ach, hätte ich Zlatko doch nur nach seiner Nummer gefragt!», klage ich. «Dann würde ich ihn jetzt anrufen!»

«Du könntest ihm auch einen Zettel schreiben. So haben wir das im zwanzigsten Jahrhundert getan.» Sie lächelt. «Die Methode hat sich bewährt.»

Ich habe keinen Zettel dabei, aber Viktoria opfert ein Stück ihres Kalenders. «Hey Zlatko», schreibe ich, «lange

Geschichte: Wir sind auf dem falschen Boot gelandet und wurden über Bord geworfen. Jetzt müssen wir weiterfahren – Istanbul wartet. Es war wirklich nett, dich kennenzulernen. Sag deiner Mutter danke für das gute Essen. Danke auch, dass du uns mitgenommen hast. Viktoria und Isabel.»

Ich hänge das Ladekabel, das ich noch in der Handtasche habe und das Lado gehört, an die Türklinke des Palastes. «Tschüs, Lado-Kabel», sage ich.

Es kommt mir merkwürdig vor, Zadar zu verlassen, ohne Zlatko noch einmal gesehen zu haben. Auf eine merkwürdige, ganz und gar nicht ehefrauliche Weise vermisse ich ihn.

Um etwas Zeit herauszuschinden, schlage ich vor, dass wir vorher noch irgendwo einkehren. Es ist ein vernünftiger Vorschlag, finde ich, wir sind entkräftet nach den Anstrengungen des Tages, und man sollte nie entkräftet auf eine Reise gehen.

Während des Essens betrachten wir unsere Landkarte und stellen fest, dass uns der Weg von hier nach Istanbul durch Albanien führt.

«Albanien!», freue ich mich. «Das ist ja schon wieder ein Abenteuer! Damals, als ich in den Achtzigern per Anhalter unterwegs war, wollte ich durch Albanien reisen, aber das hat nicht geklappt.»

Die albanischen Grenzbeamten waren ungeheuer streng gewesen, erinnere ich mich. Um sich die lästigen Mehreinnahmen durch Urlauber vom Hals zu halten, ließen sie einfach keine Nichtalbaner rein. Wer als Bundesrepublikanerin den kühnen Plan gefasst hatte, länger als dreißig Tage in Albanien zu verbringen, musste sich beim dortigen Migrationsamt melden. Nur Menschen, die zutiefst vom Kommunismus albanischer Prägung überzeugt waren, nahmen diese Prozedur auf sich. Ich gehörte nicht dazu.

«Ich glaube, man kann heute noch nicht in Albanien einreisen», sagt Viktoria.

«Du glaubst?», spotte ich. «Das heißt, es gibt ein europäisches Land, über das du nicht alles weißt? Viktoria, Viktoria», ich schüttele in gespieltem Entsetzen den Kopf. «Wir sind gerade auf dem Weg nach Albanien. Ist es da zu viel verlangt, wenn du dir mal ein paar Gedanken über dieses Land machst?»

Ich sehe, wie Viktoria sich auf die Lippen beißt. Sie versucht, nicht zu lachen, und darum gucke ich sie noch etwas länger böse an.

«Du bist wirklich hart, Isabel», sagt sie schließlich. «Hat dir das schon mal jemand gesagt?»

Ich mache meine Stimme tief und rauchig. «Baby», wispere ich. «Du willst es doch auch!»

Wir fragen den Kellner, ob es möglich ist, einfach so in Albanien einzureisen, aber auch er wiegt unschlüssig den Kopf.

«Die Sache wird immer mysteriöser», stelle ich fest. «Nun gibt es nur noch eine Möglichkeit, das herauszufinden! Wir müssen in ein Internetcafé!»

Es dämmert bereits, als wir endlich einen Internetshop finden. Meine Haut fühlt sich trocken an und juckt von all dem Salz. Ich wünschte, ich hätte vorhin mein Kleid ausgespült.

Im Schein einer Neonlampe rufe ich ein paar Seiten auf. Deutsche Staatsangehörige brauchen für die Einreise kein Visum, lese ich. Und dass in Albanien immer noch das Gesetz der Blutrache herrscht. «Das heißt, wenn du jemanden erschießt, muss ich um mein Leben fürchten. Viktoria, tu das besser nicht!»

Auf der Seite des Auswärtigen Amtes finde ich unter «Reisen über Land/Straßenverkehr» folgenden Eintrag: «Der

Zustand eines Großteils der Straßen in Albanien ist unbefriedigend. Beschilderung über Land fehlt häufig, und es besteht Gefahr, sich zu verfahren. Es wird angeraten, in ländlichen Gebieten möglichst in Begleitung eines zweiten Fahrzeugs sowie eines sprach- und ortskundigen Führers zu reisen.»

Ich strahle Viktoria an: «Was habe ich gesagt? Abenteuer!»

«Ich will kein Abenteuer», antwortet Viktoria.

«Willst du mich veralbern? Ich habe noch nie eine so abenteuerlustige Frau getroffen wie dich!»

Nun lächelt Viktoria doch. «Ist das wahr?»

«Natürlich ist das wahr.» Ich wende mich wieder zum Monitor, um zu gucken, was sonst noch so in der Welt los ist. Da fällt mir ein Gesicht ins Auge, das mich die letzten Jahre fast täglich begleitet hat. «Judy Durham», lese ich da. «Nach neun Jahren das Serien-Aus.»

Judy selbst sieht nachdenklich aus – soweit man mit einem engen T-Shirt und Körbchengröße Doppel-D überhaupt so aussehen kann, als wäre man des Nachdenkens fähig und nicht nur von seinen eigenen Brüsten überwältigt. Dann steht da noch etwas von Judys Wunsch, sich in Indien finden zu wollen. «Viel Glück bei der Suche!», sage ich höhnisch. «Wird schon schiefgehen – die zwei Hinweisschilder da vorne sind ja nicht zu übersehen!»

«Ist das die Frau, deren Stimme du synchronisiert hast?», will Viktoria wissen.

«Ja, leider. Zwölf verdammte Staffeln lang.»

«Ich dachte, es hätte dir Spaß gemacht?»

Ich überlege kurz. Spaß – das ist in diesem Zusammenhang ein großes Wort. Es war ein Job. Einer, der praktisch ist, wenn man Künstlerin ist und ein Schulkind hat. Einer, der Geld bringt. Doch die Vorstellung, dass ich die vergangenen neun Jahre meines Lebens mit etwas so Nutzlosem wie dem Sprechen einer Arztserie verbracht habe, deprimiert mich.

«Willst du noch deine E-Mails abrufen?», frage ich Viktoria.

Sie schüttelt den Kopf. «Nein. Du?»

Als wir hinaustreten, ist es dunkel. Ich drehe mich um, weil ich meine, Schritte hinter uns zu hören. Doch als ich die Straße hinunterspähe, ist da niemand zu sehen.

«Deine Pistole», frage ich. «Die hat doch vorhin in Salzwasser gebadet. Ist die denn immer noch zu etwas zu gebrauchen? Zum ... du weißt schon, was?»

«Zum Erschießen von Menschen, die uns umbringen wollen? Ja, natürlich. Es ist ja kein Schwarzpulver darin.»

«Sondern ...?» Ich habe keine Ahnung vom Schießen.

«Kugeln. Denen macht Nässe nichts aus.»

«Und du hast das richtig gelernt?»

Viktoria lächelt. «Ich war im Schützenverein.»

Wir gehen weiter. Ich genieße die Abendluft. Salzig riecht es, nach Meer und großer, weiter Ferne. Jetzt auf einem Schiff sein. Auf dem Weg nach irgendwo.

«Hast *du* denn eigentlich nie gelernt, dich selbst zu verteidigen?», fragt Viktoria plötzlich.

«Ich kreuze gern verbal die Klingen. Zumindest mit meinem Mann.»

«Klingt, als sei er dir nie egal geworden.»

«Ja. Mag sein. Ach, übrigens, ich kann fechten. Habe ich in der Schauspielschule gelernt!» Ich gehe in die Ausgangsposition und hebe einen imaginären Degen. «En garde!»

Viktoria lächelt. «Vielleicht können wir damit unterwegs ein bisschen Geld machen. Du als weiblicher Musketier.»

«Könnte sein, dass wir das tatsächlich müssen. Ich bin

nicht sicher, ob mein Geld noch bis zum Monatsende reicht. Übrigens finde ich es unsinnig, uns heute Abend noch an die Straße zu stellen. Wollen wir uns nicht eine Herberge suchen?»

«Gute Idee.»

Wir wandern die Straße hinunter und biegen um eine Ecke. Ich habe keine Ahnung, wo wir sind, lasse mir aber nichts anmerken, denn ich habe keine Lust, ratlos herumzustehen. Manchmal ist es besser, so zu tun, als habe man Ahnung. Vor allem dann, wenn man vollkommen aufgeschmissen ist.

Und dann stehen wir plötzlich wieder am Hafen. Dort, wo wir noch vor wenigen Stunden gesessen haben, um uns nach unserem Seeabenteuer auszuruhen. Aus einem der Schuppen dringt immer noch Musik, jetzt aber viel lauter. Eine Gruppe junger Männer in weißen Hemden und schwarzen Hosen steht vor der Tür und raucht. Und plötzlich denke ich, ich habe eine Vision.

«Da steht Zlatko!», rufe ich und dann fange ich schon an zu laufen. «Zlatko! Hey!»

Einer der Männer dreht sich zu mir um, und im Schein einer Fackel, die vor dem Schuppen aufgestellt ist, sehe ich, wie sich sein Gesicht zu einem breiten Lachen verzieht. Er hält die Arme ausgestreckt, und ich laufe darauf zu.

«Isabel!», ruft Zlatko. «Wo bist du denn so lange gewesen?»

Ich fühle seine Arme, die sich fest um mich schließen. «Das ist eine lange Geschichte», murmele ich in seinen warmen Hals.

Falls Viktoria mit unserem erneuten Zusammentreffen unzufrieden ist, so zeigt sie es nicht. Sie begrüßt Zlatko wie einen guten Bekannten. Weil sie müde ist, bringt Zlatko sie zu einem Raum, in dem die Kinder der Familie schlafen. Es sind noch ein paar Betten frei. Auch ich bin unwahrscheinlich erschöpft, aber das wage ich nicht zu sagen. Stattdessen bestelle ich einen Cuba Libre, das perfekte Getränk, wenn man wach werden und gleichzeitig betrunken sein will. Zlatko weicht nicht von meiner Seite und besteht darauf, dass ich ihm erkläre, wohin wir den halben Tag entschwunden sind. Als ich ihm die Geschichte von der falschen Insel erzähle, lacht er schallend. «Wieso eigentlich falsche Insel? Wir sind doch auf gar keine Insel gefahren!»

«Dann habt ihr die ganze Zeit hier gefeiert?»

Zlatko nimmt mein Kinn in seine Hand. Ich hasse es, wenn Carsten das tut, aber bei Zlatko finde ich das irgendwie sexy. «Isabel», sagt Zlatko. «Ich habe dich wirklich vermisst.»

Ich sehe ihm in die Augen. «Ich dich auch.»

Er zieht mich enger an sich und streicht über meinen Rücken und meinen Po. «Ich möchte heute die Nacht mit dir verbringen», flüstert er.

Ein Schauer überläuft mich. «Das möchte ich auch.»

10. KAPITEL

Die Lichter an der Decke drehen sich funkelnd um mich herum. Vielleicht drehe ich mich auch um die Lichter, so genau lässt sich das nicht sagen. Es macht wahnsinnig Spaß, sich zu drehen. Hin und wieder, nur wenige Sekunden lang, hört das Gekreisel auf, dann wird es kurz langweilig, aber schon ist Zlatko zur Stelle und stößt das Karussell wieder an.

Ich kann mich nicht erinnern, wann ich zuletzt so glücklich gewesen bin. Um mich herum überall Damenfrisuren in Auflösung, gelockerte Männerkrawatten, und alle singen mit. Ich singe ebenfalls, auch wenn die Lieder auf Kroatisch sind, aber im Nachahmen unbekannter Sprachen bin ich gut. Ah, endlich wieder ein Lied, dessen Text ich verstehe! «I never can say good-bye, boy», singe ich, während Zlatko und ich uns an den Händen festhalten und dabei wie irre im Kreis drehen. Ich muss lachen, denn der Raum verwandelt sich in eine Vision aus ineinandergelaufenen Farben. Nur Zlatkos Gesicht ist ganz klar. Dann lösen sich unsere Hände voneinander, und Zlatko nimmt mich in den Arm. Wir drehen uns ganz langsam. Drehen sich Körper langsamer, wenn sie einander nahe sind? Hat das etwas mit Magnetismus zu tun?

Aus den Augenwinkeln bemerke ich, wie ein Mann Lado auf die Schulter tippt, der ebenfalls eng umschlungen mit einer Frau tanzt. Sie trägt ein weißes Kleid. Vielleicht ist es die Braut.

«I can say good-bye, boy», ruft der Mann, der hinter Lado steht, zweifellos in dem Versuch, die Musik zu übertönen.

«*Never* can say good-bye», ruft Lado zurück. Er hat keine Gelegenheit mehr, sein Textverständnis darzulegen, denn der Mann schlägt ihm mit voller Kraft seine Faust ins Gesicht.

Der Tumult, der um uns herum entsteht, ist so laut, dass er die Musik übertönt. Zlatko lässt mich augenblicklich los. Schreie ertönen, irgendwo zerschellen Gläser. Die weiß gekleidete Frau stürzt sich auf den Angreifer und legt ihm ihre Arme um den Hals. Doch das kann die Schlägerei, die jetzt ausbricht, nicht stoppen.

Lado stützt sich mit einer Hand an einer Tischkante auf, mit der anderen hält er sein Gesicht. Blut rinnt ihm zwischen den Fingern hervor. Ein irrer Gedanke springt mir in den

Kopf: Hauptsache, der Schläger hat nicht den Zahn getroffen, den Lado gerade erst hat machen lassen, sonst wäre ja alles für die Katz.

Zlatko beschimpft den Schläger, der daraufhin lautstark zurückpöbelt. Dann packt Zlatko meinen Arm: «Komm, Isabel, ich soll Lado von hier wegbringen! Wir müssen fahren!»

Damit habe ich nicht gerechnet. «Aber Viktoria! Sie schläft noch dahinten bei den Kindern im Zimmer! Wir können sie doch da nicht einfach so liegen lassen!»

Zlatko stößt so etwas wie einen Fluch hervor. «In drei Minuten draußen!», sagt er. «Ich gehe mit Lado schon mal vor!»

Viktoria versteht nicht, was ich ihr sagen will, was daran liegen kann, dass ich selbst Mühe habe, es zu verstehen.

«Ich mag mir gar nicht vorstellen, welche Mittel dieser Mann eingesetzt hätte, um *mich* zum Schweigen zu bringen», sagt sie, während ich sie vor mir herschiebe. «Ich kann ja nun überhaupt nicht singen!»

Zlatko und Lado stehen vor der Tür. Lado sieht fürchterlich aus, sein Gesicht ist voller Blut, aber ganz genau kann ich den Schaden nicht erkennen, denn Lado bedeckt die lädierte Gesichtshälfte mit der Hand.

«Ich weiß gar nicht, wie Mirko sich das vorstellt», schimpft Zlatko. «Ich kann doch in diesem Zustand nicht mehr fahren!»

«Können wir vielleicht bei deinen Eltern unterkommen?», will ich wissen.

Zlatko schüttelt bedauernd den Kopf. «Das geht leider nicht, die Deutschen kommen morgen. Und in der Hausmeisterwohnung ist nicht genügend Platz!»

«Und wenn wir in die Jugendherberge gehen?», fragt Viktoria.

Zlatko schüttelt den Kopf. «Jugendherbergen gibt es nicht in Zadar.» Dann leuchtet sein Gesicht auf. «Ich weiß was! Mein alter Kumpel Darko! Seine Eltern haben ein Haus hier ein Stück weiter die Küste runter, in Biograd! Dort können wir übernachten!»

«Ich weiß nicht, Zlatko», wende ich zaghaft ein. «Meinst du denn, das geht für die Eltern in Ordnung, wenn da mitten in der Nacht Partyvolk an die Tür klopft und Einlass begehrt?» Ich kann mir die Situation nur allzu gut vorstellen. Carsten und ich haben exakt dasselbe einmal mit Freunden von Lisa erlebt.

Doch Zlatko winkt ab. «Da unterschätzt du aber die kroatische Gastfreundschaft!»

Das gibt mir zu denken. Zlatko hat natürlich recht. Man sollte eigentlich allen Leuten eine Chance geben – auch wenn sie einem die eigene Tochter betrunken nach Hause bringen und einen Nasenring von der Größe eines Türklopfers tragen. Ja, warum haben Carsten und ich damals eigentlich so unwirsch reagiert? Ein «Klar doch, ihr könnt alle auf dem ausziehbaren Sofa im Wohnzimmer schlafen, und morgen reden wir über die Sache bei einer guten Tasse Tee» hätte es vielleicht auch getan. Dass wir stattdessen gedroht haben, die Polizei zu rufen, sollte unsere minderjährige Tochter jemals wieder abgefüllt werden, hält Lisa uns bis heute vor.

Ich nehme mir vor, meinen Mitmenschen gegenüber toleranter zu werden und mich jetzt einfach mal zu entspannen.

Wir überqueren die Brücke, um zurück in den Teil von Zadar zu gelangen, der auf dem Festland liegt. Zlatko hat meine Hand genommen und berichtet mir von den Höhepunkten des Tages. Ich kann kaum gehen vor Lachen. Immer wieder müssen wir stehen bleiben, weil ich mir vor Gelächter die Seiten halte. Ich fühle mich wie ein Teenager-Mädchen, das von seinem Freund nach Hause gebracht wird.

Endlich finden wir Zlatkos alten Mercedes. Zlatko hält die Beifahrertür auf. «Immer nur hereinspaziert! Staunen Sie über den einäugigen Lado! Unseren Familien-Zyklopen!»

Ich kann kaum sprechen vor Lachen, aber ich versuche es trotzdem. «Kennst du den, Zlatko? Geht ein Zyklop zum Auge-Arzt?»

Zlatko küsst mich auf den Mund.

«Ich hoffe, das da vorne endet jetzt nicht mit Ausziehen», lässt sich Viktoria von hinten vernehmen.

Zlatko startet den Motor. «Das kann man bei Isabel nicht so recht wissen», lacht er.

«O Mann, bin ich glücklich», sage ich, während ich mich zurücklehne. «Heute habe ich aber wirklich alles erlebt!»

«Frühstück in einem Palast», sagt Viktoria von hinten.

«Eine Hochzeit!»

«Eine Junggesellinnen-Abschiedsparty mit Wodka und halbnackten Männern!»

«Schwimmen im offenen Meer! Und dass meine Freundin immer einen ...»

Viktoria stößt mich von hinten an.

«Was denn? Zlatko und Lado sind doch Freunde, die dürfen das wissen!»

«Was denn wissen?», fragt Zlatko.

«Dass Isabel in jeder Stadt einen anderen Mann hat», antwortet Viktoria.

«Ist das wahr?» Zlatko sieht ehrlich gekränkt aus. «Isabel, sag mir die Wahrheit! Betrügst du mich schon morgen mit einem anderen?»

«Aber nein, Zlatko!», lache ich. «Dir bleibe ich ewig treu! O Mann, bin ich glücklich! Ich *liebe* das Leben!»

«Ich liebe das Leben auch! Ich ... oh! Diese Straße schlängelt sich aber stark!»

«Unsinn.» Ich blicke angestrengt nach vorne. «Die Straße ist doch total gerade, Mann!»

«Nein, das sind alles Kurven. Wie an deinem Körper, Isabel! Alles Kurven ... sexy Kurven. Warte, ich mach mal das Radio an!»

Gloria Gaynors Stimme erfüllt das Wageninnere. «Zlatko!», rufe ich. «Die spielen unser Lied!»

Zlatko schmettert laut mit. «At first I was afraid, I was petrified ...»

Ich falle mit ein. «Kept thinking I could never live without you by my side.»

«Gut, dass jetzt nicht dieser Mann dabei ist, der auf falsche Töne mit Prügel reagiert», ruft Viktoria von hinten. «Ihr hättet sonst schon so eine Faust im Gesicht!»

Ich muss so schrecklich lachen, dass ich aus dem Takt gerate, und es dauert fast eine Strophe, bis mein Anfall vorüber ist. Doch dann singen Zlatko und ich wieder im Chor: «Oh no, not I! I will survive! As long as I know how to love, I know I will stay alive. I've got all my life to live ...»

«Scheiße», unterbricht Zlatko. «Ich glaube, ich habe eine Spinne in meinem Hosenbein!» Er beugt sich vor, wodurch der Wagen ins Schlingern gerät. «Also zumindest hoffe ich, dass es eine Spinne ist und kein Skorpion. And I'll survive ...»

Der Knall ist so ohrenbetäubend laut, dass ich aufschreie. Durch den Aufprall schieße ich nach vorn. Die Frontscheibe zerbirst, und ich versuche mich irgendwie abzustützen, was mir aber nicht so recht gelingt, weil das Auto plötzlich ganz anders aussieht von innen. Das Armaturenbrett ist hochgerutscht, und es regnet Glassplitter in mein Haar.

Und dann ist alles ruhig im Wagen. So ruhig, dass ich nur meinen Herzschlag höre. Zlatko liegt vornübergebeugt mit dem Kopf auf dem Lenkrad. Ich wage es nicht, mich nach hinten umzudrehen.

In diesem Moment wird die Fahrertür aufgerissen, und da steht ein alter, sehr wütend aussehender Mann. Er brüllt, woraufhin Zlatko endlich den Kopf hebt und zurückbrüllt. Auch Lado brüllt jetzt von hinten. Ich drehe mich um. Viktoria liegt in einer Ecke des Wagens und sieht aus, als ob sie schliefe. Sie hält die Augen geschlossen, und ihr Mund steht offen. Ich rufe ihren Namen, doch in dem ganzen Gebrüll kann sie ihn vielleicht nicht hören. Ich rufe lauter und immer lauter.

Viktoria regt sich nicht.

Der alte Mann packt Zlatko am Kragen seines Hemdes und zerrt ihn nach draußen. Hinten knallt eine Autotür. «Nicht!», schreie ich, und dann stürze ich mich nach draußen, gerade rechtzeitig, um Lado davon abzuhalten, dem alten Mann eine reinzuhauen. Dann erst sehe ich, was passiert ist: Die Wagen sind zusammengestoßen. Die Motorhaube von Zlatkos Mercedes ist vollkommen zerbeult. Aber auch das Auto des alten Mannes sieht schlimm aus.

Ich will das Handy aus meiner Tasche holen, um die Polizei zu rufen. Doch dann fällt mir ein, dass mein Handy heute im Meer schwimmen war und zum Telefonieren nicht mehr taugt.

Viktoria liegt immer noch regungslos da.

In der Notaufnahme herrscht Hochbetrieb. Pfleger schieben Betten im Eiltempo über den Flur, ein am ganzen Körper bandagierter Mann humpelt auf Krücken vor uns her, Wehklagen dringt aus einem Raum. Im Vergleich zu diesem ganzen Elend sehen wir vier vermutlich noch am unversehrtesten aus, was wohl auch der Grund ist, warum wir hier schon seit einer Stunde sitzen und warten.

Allein Viktoria macht mir Sorgen. Sie ist leichenblass, und die Lippen hält sie so fest zusammengepresst, als wolle sie weinen. Ich glaube, sie steht unter Schock.

Ich selbst empfinde überhaupt keine Schmerzen, obwohl ich weiß, dass ich mir die Stirn an einem Stück Glas aufgeschnitten habe. Das habe ich im Spiegel der Krankenhaustoilette gesehen. Auch Zlatko hat ein paar Glassplitter abbekommen. Außerdem schmerzt ihn die rechte Schulter, sagt er. Nur Lado hält sich immer noch die Gesichtshälfte, in die dieser Mirko ihn geschlagen hat.

Zlatko hat sein Handy herausgeholt und macht ein paar Anrufe. Ich verstehe kein Wort von dem, was er sagt, aber es klingt wütend und gestresst. Es ist ein Albtraum, das alles, der kaputte Mercedes, dass Zlatko einen Alkoholtest machen musste, nachdem der andere Fahrer die Polizei gerufen hatte, dass wir nicht wissen, welche Verletzungen wir erlitten haben oder wie es dem anderen Fahrer geht.

Außerdem hasse ich Krankenhäuser. Habe sie schon immer gehasst. Nicht erst seit Mamas Krankheit. Allein dieses grelle, entsetzliche Neonoberlicht, das das Siechtum beschleunigt. Der Schlaf wird einem entzogen, denn immer, wenn man gerade wohlig wegdämmert, weckt einen jemand, der einen waschen oder zum Essen zwingen will. Um einen herum nichts als Kranksein und Sterben. Carsten hasst Krankenhäuser auch.

Eine große Sehnsucht überkommt mich plötzlich. Ja, ich sehne mich nach meinem Mann. Ich will Carstens Stimme hören, seine trockene, leicht spöttische Physiklehrerart. Ich möchte seine Haut spüren, meinen Kopf auf seine Schulter legen, seine Arme um mich fühlen. Stattdessen befinde ich mich in einem bösen Traum.

Auf einmal fahre ich hoch. Ja, was mache ich denn überhaupt hier? Warum bin ich nicht zu Hause? Was zum Teufel ist eigentlich in mich gefahren? Was habe ich mir dabei gedacht, einfach so auszureißen? Es bringt doch gar nichts wegzufahren, die Zeit kann ich damit nicht aufhalten, auch nicht mein Alter oder die Entscheidungen, die ich treffen muss.

«Viktoria, ich muss mal eben telefonieren!», flüstere ich. «Kann ich dich einen Augenblick hier allein lassen? Ich bin auch gleich wieder da!»

Viktoria nickt. Sie sieht mich nicht dabei an.

Am Ende des Ganges finde ich eine Telefonkabine. Allerdings brauche ich eine kroatische Telefonkarte, die ich natürlich nicht habe. Ich laufe noch einmal zurück und frage Lado unter Einsatz meiner ausgefeilten mimischen Fähigkeiten, ob er mir seine leihen kann, was er netterweise tut. Zlatko telefoniert immer noch.

Carsten meldet sich wieder erst nach dem zehnten Klingeln. «Hallo, Carsten? Hier ist Isabel.»

«Isabel?!»

«Ja, die Frau, die du geheiratet hast, die Mutter deiner Tochter, Schauspielerin, rothaarig, in guten wie in schlechten Zeiten...»

«Schon gut, Isabel, willst du mich veralbern? Ich weiß schon noch, wer du bist!»

«... dies sind gerade schlechte Zeiten.»

Ich höre, wie eine Decke raschelt und kann Carsten förmlich vor mir sehen, wie er sich im Bett aufsetzt, mit kleingeschlafenen Augen und zerzaustem Haar. «Liebling», sagt er leise. «Ist etwas passiert?»

Ich zögere mit der Antwort. Zum einen, weil so viel passiert ist, dass ich nicht weiß, wo ich anfangen soll, und zu erzählen, dass ich an diesem Abend einen anderen Mann geküsst habe, scheint mir ein denkbar schlechter Anfang. Zum anderen weil ich jetzt zwar gern sein Mitgefühl und auch einen Ratschlag von ihm hätte, ihn gleichzeitig aber auch nicht beunruhigen will.

«Viktoria und ich waren heute auf einer Hochzeit», sage ich. «Da habe ich an dich gedacht. An uns.»

«Ja, das hast du mir schon in einer SMS geschrieben.»

«Entschuldige bitte, wenn ich dich langweile, dann will ich ohne Umschweife zu den nächsten Punkten kommen: Nach der Hochzeit sind wir auf das falsche Boot gestiegen, haben einen Männerstrip gesehen, wurden danach über Bord geworfen, sind dann auf der richtigen Party gelandet, hatten eine Schlägerei und danach einen Autounfall.»

«Isabel, bist du betrunken?»

«Ja, das vergaß ich noch zu erwähnen.»

Die Stille am anderen Ende ist vollkommen. Selbst die Bettdecke raschelt nicht mehr.

Endlich höre ich ihn seufzen. Carsten kann das auf zehn verschiedene Arten, und ich kenne all seine Seufzer auswendig, kann sie zuordnen wie Zeichen einer exotischen Schrift. Dieser hier ist der Seufzer, den er bei besonders schwierigen Schülern seufzt.

«Isabel, kannst du mir mal bitte erklären, was mit dir los ist? Weil ich nämlich langsam am Ende mit meinem Latein bin. Ich meine, was ist eigentlich in dich gefahren?»

«Das fragst du auch noch? Carsten, ich habe meinen Job verloren! Einen Job, den ich noch nicht mal mochte! Und statt dass ich sage: Job, ich mag dich überhaupt nicht, geh weg, hat der Job sich von mir verabschiedet! Und meine Tochter ebenso! Und du hältst mich für ...» Hier breche ich ab, weil es mir die Kehle zuschnürt. «Du liebst mich überhaupt nicht mehr! Du hältst mich für etwas Langweiliges, Altes, etwas, das kaputte Knie hat und nicht mal mehr einen Text lernen kann!»

«Das habe ich doch überhaupt nie gesagt!»

«O doch, das hast du, und jetzt hör auf, mich wie eine Demenzkranke darzustellen, die kein Erinnerungsvermögen mehr hat!»

«Isabel, ich habe nie ... Und ich weiß ja auch, dass du mal aus der Tretmühle rausmusst, aber statt diesen ganzen Unsinn zu veranstalten, wie wäre es denn mal mit einer anständigen Kur?»

«Einer anständigen ... Kur?» Ich schüttele den Telefonhörer. Vielleicht habe ich mich verhört.

«Ja. Ich weiß, dass das Müttergenesungswerk eine anbietet, die soll ganz toll sein, meine Kollegin Andrea hat vor kurzem eine gemacht.»

Ich weiß nicht, wo ich mit meiner Entrüstung anfangen soll. Kur und Müttergenesungswerk – bin ich sechzig, oder was? «Hör mal, Carsten, es geht mir nicht darum, mal auszuspannen, aber danke, dass du dich so um mich sorgst!»

«Worum geht es dir dann?»

Auf der Suche nach einer Antwort blicke ich über den Krankenhausflur. Am Ende des Ganges sitzt ein alter Mann. Er sieht nicht verzweifelt oder wirklich leidend aus, sondern einfach nur alt. Vielleicht wartet er auf jemanden, der sich gerade untersuchen lässt. «Ich möchte nicht, dass mein Leben verrinnt. Ich möchte mich, wenn ich alt bin, nicht fragen: Was, das soll es schon gewesen sein? Ich will ein Leben haben, das jeden Tag wieder neu und spannend und aufregend ist. Denn wir leben ja nur einmal. Unsere Lebenszeit ist begrenzt.»

«Und das, was du da gerade tust, ist spannend und aufregend?», fragt Carsten vorsichtig nach. «Ich meine, es klingt so, nach allem, was du erzählst.»

«Ja. Aber du fehlst mir, Carsten.» Das Gefühl überrascht mich selbst.

«Du fehlst mir auch.»

Wir schweigen eine Weile. Der alte Mann erhebt sich umständlich. Dann bleibt er unschlüssig stehen.

«Und – wann kommst du jetzt nach Hause?»

«Erst mal gar nicht. Ich begleite Viktoria nach Istanbul.»

«Isabel ...» Ich höre, wie Carsten zögert.

«Ja?»

«Wie gut kennst du die Frau eigentlich, mit der du da unterwegs bist?»

«Na, mittlerweile ziemlich gut!», sage ich und versuche, ihn mein Zögern nicht spüren zu lassen. Mir geht auf, wie wenig ich tatsächlich über Viktoria weiß. Habe ich eigentlich irgendeinen Hinweis darauf, dass sie mir die Wahrheit erzählt hat? Dass sie tatsächlich Professorin ist und auf der Suche nach ihrem alten Studentenliebchen? Immerhin fährt sie mit einem geladenen Revolver herum. «Warum fragst du?»

«Na, warum wohl? Weil ich mir Sorgen um dich mache! Ich meine, ein bisschen merkwürdig klingt die ganze Geschichte ja schon. Eine zweiundsiebzigjährige Dame, die sich allein auf den Weg in die Türkei macht und dann auch noch in ... in was für einem Wagen fahrt ihr eigentlich?»

«Wir waren in einem Landrover unterwegs.»

«Ihr wart? Was soll das heißen?»

Mir geht auf, dass ich Carsten nichts davon erzählt habe, dass Viktoria der Wagen gestohlen wurde.

«Jetzt fahren wir Mercedes», sage ich und hoffe, dass Carsten sich mit dieser Antwort zufriedengibt.

«Darf man fragen, wie es zu dem Tausch gekommen ist?»

«Ja, aber das ist eine etwas längere Geschichte, und ich weiß nicht, ob das Geld auf meiner Telefonkarte so lange reicht.»

«Könntest du vielleicht jenen Teil der Geschichte, kurz wiedergeben, der mich beruhigt?»

«Der Wagen hat uns wunderbar von Wien nach Zadar gebracht.» Völlig überflüssig zu erwähnen, dass besagter Wagen jetzt beschädigt an einem Straßenrand steht – das gehört ja nicht zum beruhigenden Teil der Geschichte.

«Und du willst jetzt wirklich nicht nach Hause kommen?»

Ich lasse die Frage in meinem Hirn einwirken. Nein, das will ich nicht. Oder? Ich weiß es nicht. Und genau das ist der springende Punkt.

«Isabel? Liebling? Bist du noch da?»

«Ja, ich bin noch da. Und ...» Ich schlucke. «Ich will hierbleiben. Das heißt, auf dieser Reise will ich bleiben. Ich will mit Viktoria nach Istanbul fahren.»

«Na gut.» Carsten atmet einmal durch. «Wenn du anschließend weniger unzufrieden wiederkommst, dann erlaube ich dir das.»

«Dann *erlaubst* du mir das?!»

«Ja.»

«Carsten, ich bin nicht eine deiner Schülerinnen!»

«Nein, du bist meine Frau.»

«Und das gibt dir nicht das Recht, mit mir zu reden, als wäre ich unmündig! Was ich tue oder auch unterlasse, erlaube ich mir immer noch selbst!»

«Ja, dann fahr doch zum Teufel, Isabel!»

«Wie bitte?»

«Du hast mich ganz richtig verstanden. Lass uns dieses Gespräch jetzt beenden. Ich brauche meinen Schlaf, denn ich arbeite morgen früh wieder. Einer von uns beiden muss ja. Gute Nacht.»

Ein langgezogenes Tuten dringt aus dem Hörer. Ich stehe da und bin einfach nur fassungslos. Dann hänge ich ein. Der alte Mann ist verschwunden. Ich fühle mich unfassbar allein.

Viktoria und Zlatko müssen zur Untersuchung dableiben. Lado darf wieder gehen, was ihn etwas unglücklich macht, weil er nicht weiß, wo er übernachten soll. Ich habe mich als Viktorias Schwiegertochter ausgegeben und darf sie mit auf ihr Krankenzimmer begleiten. Der Arzt fragt mich, ob meine Schwiegermutter in letzter Zeit größere Aufregungen erlitten habe, sie solle das meiden, für ihr Herz sei das nicht gut. Außerdem soll ich darauf achten, dass sie während ihres Urlaubs ihre Medikamente regelmäßig einnimmt. Ich nicke verständnisinnig und tue so, als wüsste ich alles über das Problem.

Im Krankenzimmer nehme ich auf einem Besucherstuhl Platz, wo ich augenblicklich vor Erschöpfung einschlafe.

Als ich wieder erwache, ist es hell im Zimmer. Eine Krankenschwester hantiert im Zimmer herum. Viktoria ist auch schon wach und wirkt wieder ganz fröhlich. «Die haben ein gutes Frühstück hier», sagt sie, nachdem die Schwester wieder gegangen ist. «Hier, ich habe die Hälfte für dich aufbewahrt! Ach, und dann hat Zlatko noch vorbeigeschaut. Er musste gehen, weil er tausend Dinge zu erledigen hat, und du warst einfach nicht wach zu kriegen, aber das kennt man ja schon von dir.» Sie lächelt mich an. «Er hat dir einen kleinen Brief dagelassen. Hier, bitte.» Sie reicht mir einen Zettel, den ich schlaftrunken entgegennehme. «Isabel?»

«Ja?»

«Danke, dass du heute Nacht bei mir gewacht hast.»

«Gern geschehen», lächele ich zurück. «Aber *gewacht* ist vermutlich das falsche Wort.»

Ich falte den Zettel auseinander. Zlatko hat seine Handynummer draufgeschrieben. Und dann noch diese Sätze: «Schöne Isabel, ich bin am 6. Juni in Istanbul. Lass uns dort abends im Seven Hills Restaurant treffen. Ich will dich unbedingt wiedersehen.»

11. KAPITEL

«Und was sind das jetzt für Herzprobleme?», will ich wissen, während wir wieder an der Straße stehen und den Daumen raushalten. «Der Arzt meinte, dass du dich jetzt nicht mehr so aufregen darfst! In diesem Zusammenhang hoffe ich übrigens, dass er uns von seinem Fenster aus nicht sehen kann, denn wir stehen nicht weit vom Krankenhaus entfernt.»

«Die können mich alle mal gernhaben!» Viktoria runzelt die Stirn. «Hätte ich in den Sechzigern gewusst, wie phantastisch einen die Ärzte abzocken, hätte ich damals Medizin studiert!»

«Und du meinst, das hätte dir langfristig finanziell geholfen?»

«Nein, du hast recht.» Ein vorüberbrausender Kleinlastwagen hüllt uns in eine Staubwolke. «Wohl nicht.»

«Okay, kommen wir zurück zu den Herzproblemen. Du musst Medikamente nehmen, wenn ich das recht verstanden habe. Was haben die für einen Sinn?»

«Gar keinen Sinn!», bellt Viktoria. «Abgesehen davon,

dass sie die Pharmaindustrie bereichern! Ich nehme die nur, damit sich mein Arzt in Kiel besser fühlt. Und jetzt eben auch der in Zadar.»

«Verstehe. Aber schon komisch, dass zwei Ärzte in unterschiedlichen Ländern zu demselben Urteil gelangen.»

«Kannst mal sehen, wie phantasielos die alle sind.»

Ich muss ein Lachen unterdrücken. Viktoria ist schlimmer als ein pubertierendes Kind. «Also, was soll ich jetzt beachten? Wie oft am Tag musst du deine Tabletten nehmen?»

«So oft, wie wir heute mitgenommen werden.»

Ein Lastwagen, an dessen Scheibe ein Schild mit der Aufschrift SYLVIA prangt, blinkt und fährt auf die Haltebucht hinter uns. Der Wagen gibt ein gewaltiges Schnauben von sich und bleibt stehen. «Also mindestens einmal am Tag!», lache ich, schwinge meine Handtasche über die Schulter und laufe auf das Fahrerhäuschen zu.

Ich habe mit einem grauhaarigen, rauschebärtigen Fahrer gerechnet oder mit einem jovialen Typ in Karohemd und Lederweste. Entsprechend erstaunt bin ich, als ich die Treppe zur Beifahrertür erklimme und eine junge Frau hinter dem Steuer erblicke. Sie ist vielleicht Mitte zwanzig, trägt kurze blonde Locken und ein strahlendes Lächeln im Gesicht. «Fährst du zufällig nach Albanien?», frage ich sie auf Englisch.

Sie nickt und bedeutet mir mit einem Winken, dass ich mich beeilen soll. Ich strecke die Hand nach Viktoria aus, um ihr hinaufzuhelfen, aber sie ist schon fast drin. Dann startet die Blonde den Lastwagen, und wir fahren los.

«Wow!», sage ich und meine damit so ungefähr alles: wie gemütlich das Fahrerhäuschen aussieht, wie beeindruckend dieses engelsgleiche Wesen am Steuer dieses riesigen Trucks wirkt und dass wir tatsächlich mal wieder mitgenommen worden sind.

«Selber wow!», entgegnet die Fahrerin auf Englisch und deutet auf uns beide. «Mutter und Tochter?»

«Freundinnen», antworte ich und sehe aus den Augenwinkeln, wie Viktorias Gesicht bei diesem Wort aufleuchtet.

«Macht ihr zusammen Urlaub?»

«So in etwa. Eine lange Geschichte.»

«Dann erzähl sie mir. Bis Albanien haben wir noch den ganzen Tag Zeit.»

Tatsächlich würde ich lieber die Geschichte unserer Fahrerin hören, aber ich kann natürlich verstehen, dass sie gern unterhalten werden möchte. Bis zur Autobahnauffahrt erzähle ich Sylvia – denn das ist wohl ihr Name – von dem Tag, an dem sich Viktorias und mein Weg kreuzten, bis Lozovac erkläre ich ihr die Hintergründe unserer Reise, und als wir zwei Stunden später die Abfahrt nach Split passieren, weiß unsere Fahrerin ziemlich genau über unsere Erlebnisse in Prag, Wien und Zadar Bescheid. Ich bemühe mich bei meiner Erzählung, alle Stimmen derer, denen wir begegnet sind, aufs genaueste nachzuahmen, um die Unterhaltsamkeit der Geschichte zu steigern. Endlich, irgendwo zwischen Split und Makarska, schweige ich erschöpft.

«Wow», sagt Sylvia noch einmal und lächelt mich erneut strahlend an. «Hast du eine Phantasie!»

«Phantasie?» Ich bin ein bisschen beleidigt. «Das haben wir wirklich erlebt, Sylvia!»

Da legt Sylvia den Kopf in den Nacken und lacht. Sie lacht so lange und so ausdauernd, dass der LKW anfängt zu schlingern. «Hast du mich Sylvia genannt?» Unsere Fahrerin wischt sich die Lachtränen vom Gesicht.

«Na, ich kann doch wohl lesen!» Ich deute auf das Schild, auf dem zwar von innen gesehen in Spiegelschrift, aber doch unverkennbar SYLVIA steht.

«Und wenn ich jetzt ein Mann gewesen wäre, hättest du mich dann auch Sylvia genannt?», lacht sie weiter.

«Öhm, nein, dann wohl eher nicht.»

«Sylvia ist der Name meiner Frau», lacht Sylvia. «Eine Menge Truckerfahrer haben die Namen ihrer Liebsten an der Scheibe hängen. Das bringt Glück.»

«Deine Frau ...»

«Ja», sagt sie und deutet stolz auf das Bild einer wirklich hübschen Brünetten mit einem kleinen Kind im Arm, das neben dem Lenkrad klebt. «Meine Frau.»

«Okay, dann hätte ich jetzt gern *deine* Geschichte!»

«Meinetwegen», lächelt sie. «Sie ist vielleicht nicht so crazy wie deine. Aber sie hat den Vorzug, dass sie stimmt!»

«Meine stimmt auch!», protestiere ich noch einmal. «Viktoria kann das bezeugen! Hey, Viktoria!» Aber Viktoria ist eingeschlafen. Kein Wunder, sie ist ja auch schon um sechs Uhr morgens geweckt worden. Ich sage es ja, Krankenhäuser machen einen krank.

Unsere Fahrerin heißt Fine und ist Holländerin. Sylvia, erzählt sie, habe sie schon in der Grundschule kennengelernt. Richtige *childhood sweethearts* seien sie, und an dem Leuchten ihrer Augen sehe ich, wie glücklich sie darüber ist. Ich kann kaum hinsehen. Von Partnerglück erzählt zu bekommen ist mehr, als ich gerade ertragen kann.

«In der dritten Klasse haben wir beschlossen zu heiraten», erzählt sie weiter. «Unsere Lehrerin hat uns damals gesagt, dass das nicht geht. Zum Glück gab es dann 2000 diese Gesetzesänderung. Seitdem dürfen in den Niederlanden homosexuelle Paare heiraten. Auch Kinder adoptieren dürfen wir.»

Ich bin noch mal versucht, wow zu sagen, unterdrücke es aber diesmal. Als ich Mitte zwanzig war, war ich vor allem unsicher. Ich habe so ziemlich mit jeder Entscheidung gehadert und jeden noch so kleinen Lebensschritt hinterfragt. «Und du hast nie überlegt», werfe ich zaghaft sein, «ob das für dich alles so stimmt?»

Fine guckt mich an, als wäre ich vollkommen verrückt. «Was gibt's da zu überlegen? Ich habe meine Seelenverwandte getroffen, und ich wollte eine Familie mit ihr. Eine muss sich um die Kinder kümmern, und eine muss das Geld verdienen. Sylvia ist viel fürsorglicher als ich, es war immer klar, dass sie diejenige sein sollte, die zu Hause bleibt. Ich hingegen interessiere mich für Fahrzeuge, und ich mag Reisen. Und so habe ich mich als Lastwagenfahrerin beworben und den Job auch gekriegt.»

Die Einfachheit dieses Vorgehens verblüfft mich ohne Ende. Bei Carsten und mir ist es nicht im Ansatz so leicht gewesen, nie. Von Anfang an haben wir darüber diskutiert, wer welche Rolle ausfüllt und wer mit Lisa zu Hause bleibt. Am Ende fiel die Rolle des Ernährers auf Carsten, denn als Beamter mit sicherem Gehalt und sämtlichen Bezügen wäre er ja wahnsinnig gewesen, alles hinzuschmeißen, um meinem Dasein als Künstlerin ausgeliefert zu sein. Und doch haben wir gehadert. Nächtelang haben wir miteinander gestritten, wer was übernimmt, auch später noch, als Lisa schon längst in der Schule war. Leute mit geradegezogenen Lebensentwürfen haben wir belächelt. Und jetzt sitze ich hier mit dieser jungen Lastwagenfahrerin, die ein Leben abseits vom breiten Strom führt, die alles andere als dumm wirkt und die so klare Vorstellungen von ihrem Leben hat. Habe ich mein Leben einfach nur grundlos verkompliziert? Hätte ich in Wahrheit schöner, klarer und entschlossener leben können? Und wieder einmal die Frage: Ist es zu spät, das jetzt noch zu ändern? Ich beiße mir auf die Lippen und sehe nach draußen, wo die

Welt an mir vorüberfliegt. Was gäbe ich dafür, noch einmal neu anzufangen!

«Wir sind gleich in Dubrovnik», sagt Fine. «Kennst du die Stadt?»

Ich verneine.

«Dubrovnik ist klasse! Seid ihr sicher, dass ihr da nicht abgesetzt werden wollt?»

«Nein, vielen Dank, aber wir müssen so schnell wie möglich nach Istanbul weiter.»

«Den alten Freund finden?» Fine setzt *alter Freund* mit Mittel- und Zeigefinger in Anführungszeichen.

Ich lächele resigniert. «Genau den.»

«Wo sind wir?» Viktoria reibt sich neben mir die Augen.

«Fast Dubrovnik.»

«Oh, das soll eine schöne Stadt sein!»

«Ja», sagt Fine. «Ich habe deiner Freundin angeboten, euch da abzusetzen, damit ihr euch die Stadt ansehen könnt.»

«Vielen Dank», sagt Viktoria. «Aber wir müssen so schnell wie möglich nach Istanbul weiter. Ich suche einen alten Freund.»

«Oh», macht Fine überrascht. «Geht klar.»

Wir schweigen eine Weile. Ich blicke an Viktoria vorbei nach rechts aus dem Fenster. Unendlich blau erstreckt sich dort das Meer. Die Straße schlängelt sich einen Berg hinauf. Fine wechselt den Gang, und doch kommen wir nur langsam voran. Olivenwälder wechseln mit zerklüfteten Felsen. In einen der Steinblöcke hat jemand ein Haus geschlagen, vielleicht ist es auch ein Kloster oder ein Feenschloss, auf jeden Fall sieht es aus, als sitze es schon seit Jahrhunderten im Fels.

Istanbul, denke ich und mein Herz klopft ein bisschen schneller. Dann sehe ich Zlatko wieder. In Istanbul werde ich eine Entscheidung treffen müssen. Spätestens dann muss ich wissen, wie es mit meinem Leben weitergeht. Auch Viktorias Leben wird sich in Istanbul von Grund auf ändern, je nachdem, ob sie Can wiederfindet und wie ihr Wiedersehen verlaufen wird. In Istanbul endet die Reise, in mehrerlei Hinsicht.

Ich bin froh, dass wir noch nicht in Istanbul sind.

Mir wird sehr heiß auf einmal – ein verstörender Aggregatzustand, nun, da es auch draußen so warm ist. Echt lästig, dieses Klimakterium. Aber im Winter ziehe ich hoffentlich Nutzen daraus.

«Ich müsste vor dem Grenzübergang tanken und würde bei der Gelegenheit auch gern eine Pause machen wollen», sagt Fine.

«An einer Raststätte vielleicht?», frage ich freudig. «Die eventuell sogar eine Dusche hat?» Mein Haar ist immer noch salzverklebt, und auch das Kleid fühlt sich unangenehm salzig an auf meiner wechseljahresheißen Haut.

«An einer Raststätte», nickt Fine.

Ich möchte endlich mit Lisa telefonieren. Ich habe riesige Sehnsucht nach ihr.

Nur Hunger habe ich merkwürdigerweise keinen. Mir ist schon wieder schlecht.

An der Kasse decke ich mich mit allem ein, was ich brauche: Telefonkarte und Chip für den Sanitärbereich. Ich kann in Euro zahlen, was ich seltsam finde, denn meines Erachtens ist Montenegro nicht in der EU, aber um diesen Zusammenhang zu begreifen, müsste ich Viktoria um ein paar Informationen bitten, und diese Blöße gebe ich mir nicht. Stattdessen flitze ich durch die pralle Nachmittagssonne in Richtung Dusche. Zwanzig Minuten später fühle ich mich wie ein neuer Mensch.

Das macchiatofarbene Kleid klebt mir klitschnass am Körper, als ich an der Telefonsäule stehe. Ich habe es unter der Dusche gleich mitgewaschen.

Und dann höre ich die Stimme meiner Tochter, und Liebe flutet mein Herz.

«Lisa, hier ist Mama.»

«Mama!» Täusche ich mich oder schwingt Erleichterung in ihrer Stimme? «Wo bist du denn?»

«Oh, Lisa.» Da sind sie auf einmal, die Tränen, die ich in all den Tagen zurückgedrängt habe. Was mache ich denn hier, denke ich. Wieso bin ich nicht zu Hause bei meinem Kind? «Ich stehe auf einem Rastplatz kurz vor der albanischen Grenze.»

«Aha. Und was machst du da genau?» Jetzt klingt sie wieder patzig. Verfluchte Pubertätshormone. Jede Sekunde ein anderes Gefühl.

«Ich begleite eine sehr nette ältere Dame nach Istanbul.»

«Ja, so was in der Art meinte Papa, aber ich habe es nicht genau verstanden. Ist das ein neuer Job? Bist du so was wie ihre Gesellschafterin?»

«Nein, nicht wirklich, wir sind Freundinnen. Aber du kennst sie nicht, ich habe sie erst unterwegs kennengelernt.»

Ich mache eine kunstvolle Pause. Jetzt ist der Moment, in dem Lisa beispielsweise sagen könnte: Du meinst, nachdem ich dich eine Stunde lang beleidigt und dir dann die Tür vor der Nase zugeschlagen habe, zum Dank dafür, dass du mich zu einem Fußballspiel gefahren hast? Ja, das tut mir im Übrigen echt leid. Stattdessen sagt sie: «Mama, ich hab jetzt eigentlich keine Zeit zum Reden. Charlotte skypt mich schon die ganze Zeit an.»

«Charlotte kannst du doch jeden Tag sehen.»

Ich höre sie seufzen. «Okay, was willst du mit mir besprechen?»

«Ich will einfach nur reden, Lisa.»

«Das ist noch nie gutgegangen.»

«Lisa, das ist eine ganze Reihe von Jahren gutgegangen, sehr gut sogar. Ein Großteil deines Lebens. Nur jetzt ... sind wir scheinbar in einer schwierigen Zeit.»

«DU bist in einer schwierigen Zeit, Mama.»

Ich fühle, wie eine Welle der Wut in mir emporsteigt.

«Nein, ICH nicht, Lisa. DU. Du bist nämlich fünfzehn, und das ist die ZAHL für schwierig. Dreizehn, vierzehn, schwierig, sechzehn ... Ich mache dir auch gar keinen Vorwurf deswegen, das ist die Natur. Die ganzen Sex-Phantasien, das viele Internet, der Hass auf die Vorfahren ...»

«Ich habe keinen Hass auf die Vorfahren, nur auf Erwachsene, die mit mir über Sex reden wollen.»

«Ich will mit dir gar nicht über Sex reden!»

«Hast du doch eben getan!»

«Verdammt, Lisa, das war ein Beispiel! Eigentlich wollte ich mit dir über meine Gründe reden, warum ich weggefahren bin, und außerdem wollte ich von dir hören, was dich so bewegt!»

«Mich interessiert nur, warum du weggefahren bist. Aber Mama, lass uns bitte ein anderes Mal darüber sprechen, Charlotte klopft schon wieder an!»

«Ja, gut, dann ...» Ich spüre, wie mir schon wieder die Tränen kommen. «Dann rufe ich vielleicht morgen noch mal an. Ich hab dich lieb, mein Schatz!»

«Bis morgen, Mama», sagt Lisa und hängt auf.

Ich brauche einen Moment, bis ich mich so weit in der Gewalt habe, dass ich zum LKW zurückkehren kann. Mir ist die Kehle zugeschnürt. In den Toiletten spüle ich mir kaltes Wasser über das Gesicht. Doch ich kann einfach nicht aufhören zu heulen. Im Gegenteil. Ich habe das Gefühl, dass es immer schlimmer wird.

«Kann ich irgendetwas für dich tun?» Viktoria steht hinter mir und legt mir eine Hand auf die Schulter. Ich habe sie nicht kommen gehört.

«Das wird schon wieder, da bin ich ganz sicher», sagt sie mit ihrer tiefen, beruhigenden Stimme. «Gib dir und deiner Familie einfach noch ein bisschen Zeit.»

«Nein», schluchze ich und werfe mich ihr um den Hals. «Das wird nicht mehr!»

«Wollen wir wetten?»

«Ja.»

«Worum?»

«Wenn du verlierst», sage ich mit zitternder Stimme, «musst du immer deine Tabletten nehmen!»

«Ah, ich sehe, dein alter Witz kehrt zurück! Wette angenommen!»

Wir lösen uns wieder voneinander, ich habe Viktoria ganz nass gemacht, und sie sieht mich ernst an. «Isabel, ich möchte nicht, dass du dich zu irgendetwas gezwungen fühlst. Du begleitest mich doch nicht etwa aus Pflichtgefühl nach Istanbul, weil ich damals an dieser norddeutschen Landstraße nett zu dir war?»

«Damals!», lache ich. «Viktoria, das ist jetzt gerade mal fünf Tage her!»

«Fünf Tage», staunt sie. «Ja, du hast recht. Meine Güte, ich habe das Gefühl, dass wir schon seit Ewigkeiten zusammen durch die Lande ziehen...»

«Geht mir genauso», lächele ich.

«Hast du eigentlich gar keinen Hunger? Fine und ich haben eben so einen komischen Auflauf gegessen. Wenn du willst, hole ich dir auch noch schnell was. Du müsstest mir allerdings Geld leihen. Aber du weißt ja, du kriegst am Ersten alles zurück!»

«Kein Problem, ich habe sowieso keinen Hunger.» Ich erzähle ihr nichts von meiner Übelkeit. Schließlich möchte ich nicht, dass sie sich noch mehr Sorgen um mich macht.

Von der Raststätte aus fahren wir ins Landesinnere, um dort die Grenze nach Albanien zu passieren. Die Straße schlängelt sich durch die Berge, und bald gelangen wir in eine Schlucht, die so eng ist, dass ich mich frage, ob wir sie mit dem Truck überhaupt passieren können. Der LKW nimmt fast beide Fahrspuren ein. Als wir eine Haarnadelkurve erreichen, hört Fine auf zu sprechen. Sie lenkt, fährt, bleibt stehen, lenkt wieder, und das alles hochkonzentriert. Links ragt eine Bergwand in die Höhe. Zu unserer Rechten fällt das Gelände mindestens zehn Meter tief ab. Viktoria knetet ihre Hände und beißt sich auf die Lippen. Sie ist kreidebleich im Gesicht.

Außer uns ist kein anderes Fahrzeug auf der Straße. Wir sind vollkommen allein in dieser Gebirgswildnis. «Der perfekte Ort, um vom Großstadtstress runterzukommen», sage ich aufmunternd zu Viktoria. «Aber sollten wir in die Schlucht stürzen und nicht sofort tot sein, wäre es bestimmt auch ziemlich langweilig.»

Viktoria ringt sich ein kleines Lächeln ab. «Ja, ich würde mir dann sicher auch wünschen, ich hätte etwas zu lesen mitgebracht.»

Ich beobachte Fine, wie sie den Lastwagen um die Bergwand herumlenkt. Sie verströmt eine Seelenruhe, um die ich sie beneide.

Auf einmal denke ich an Heinrich. Wie gern auch er geheiratet hätte. Wie er mich in die Arme nahm, damals bei meiner Hochzeit. Mein regennasses Kleid. Meine nassen Haare. Wie er eine Strähne davon um zwei Finger wickelte und sagte: «Ich gönne es dir von Herzen. Aber eines Tages ... will ich auch.» Wo du jetzt wohl bist, Heinrich, denke ich. Und mit wem?

Als wir uns endlich dem Grenzübergang bei Muriqan nähern, staunen wir nicht schlecht. Auf zwei Spuren stehen hier die Fahrzeuge an. Wo kommen die plötzlich alle her? Ich sehe Kennzeichen aus ganz Europa. Es dauert eine Stunde, bis wir endlich dran sind. Die Hitze im Lastwagen ist unerträglich, und so steige ich aus und versuche, irgendwo Schatten zu finden, aber den einzigen Schatten hier wirft das Grenzhäuschen, und zwar rüber nach Albanien.

Endlich sind wir an der Reihe. Nacheinander reichen wir dem Grenzbeamten unsere Ausweise. Wenn der Mann erstaunt ist, dass im LKW drei Frauen sitzen, so zeigt er es nicht. Lange versenkt er sich in Fines Reisepass, vergleicht das Foto in ihrem Ausweis mit dem realen Bild. Auch Viktorias Pass studiert er so eingehend, als handle es sich um ein Buch mit seltenen Drucken, jeder Stempel eine eigene Welt.

«Scheint, als wärst du mit diesem Pass schon gut herumgekommen», sage ich, während ich dem Beamten beim Blättern zusehe.

Viktoria lächelt stolz. «Das bin ich auch.»

Erst als er meinen Ausweis zur Hand nimmt, scheint sein Interesse zu erlöschen. Entschlossen schüttelt er den Kopf.

Mir wird schlagartig noch heißer. Ist mein Personalausweis etwa abgelaufen? Das hätte mir der Polizist in Prag doch gesagt!

«No good», sagt er und bedeutet mir auszusteigen.

Fine wirft einen Blick auf den Ausweis und dreht sich zu mir um. «Damit kannst du doch gar nicht einreisen!», erklärt sie. «Für Albanien brauchst du einen Reisepass!»

«Einen Reisepass?», wiederhole ich erschrocken.

«Ja, einen Reisepass. Das tut mir leid. Du musst oben über den Kosovo rum, wenn du weiter durch Griechenland willst.»

Der Grenzbeamte deutet auf meinen Ausweis und wackelt

mit dem Zeigefinger. «No Albania, no Kosovo! Macedonia yes.»

«Oh», macht Fine. «Noch schlimmer. Du musst den Bogen über Mazedonien fahren.»

«Komm, Isabel», sagt Viktoria und greift nach ihrer Handtasche. «Da nützt alles Diskutieren nichts. Lass uns gehen.»

«Nein, warte.» Ich greife nach ihrem Handgelenk. «Fahr du weiter, Viktoria! Mit Fine kommst du heute noch nach Tirana. Lass dich von mir nicht aufhalten! Ich will nicht, dass du Zeit verlierst!»

«Bist du wahnsinnig?» Viktoria reißt die Augen auf. «Ich fahre doch jetzt nicht mehr ohne dich weiter! Jetzt komm!»

«Aber wir müssen einen Umweg von Hunderten von Kilometern trampen! Bist du sicher, dass du das kannst und willst?»

«Ändere, was zu ändern ist, und lerne, das Unabänderliche zu akzeptieren!»

«Deine Weisheiten begeistern mich jeden Tag aufs Neue!»

Fine räuspert sich vernehmlich. «Sorry, Ladies, aber ich muss jetzt weiter.»

«Ja, sorry.» Ich ergreife Fines Hand und schüttele sie kräftig. «Danke fürs Mitnehmen! Es hat mich echt gefreut, dich kennenzulernen!»

So ist das beim Trampen: Man ist allein mit einem anderen Menschen und erzählt ihm sein intimes Leben. Und dann soll man ihn plötzlich niemals wiedersehen.

Der Mann gibt uns unsere Ausweise wieder, und wir gehen langsam auf der Straße nach Montenegro zurück.

Sportliches Denken kann beim Trampen nicht schaden – wer glaubt, dass er sein Ziel sowieso nicht erreicht, braucht mit der Sache gar nicht erst anzufangen. Entsprechend wichtig ist es, das Durchhaltevermögen zu trainieren und eine Haltung zu entwickeln, die einen nicht von vornherein wie einen Verlierer aussehen lässt. Doch nach drei Stunden am Grenzübergang von Albanien nach Montenegro gebe ich mich geschlagen. Hunderte von Autos sind an uns vorübergefahren, Autos in allen Farben und Größen, mit allen erdenklichen Kennzeichen, saubere und schmutzige Autos, alte und neue, darin Fahrer beiderlei Geschlechts und jeglicher Couleur.

«Und da heißt es doch immer, dass die Menschen aus dem Mittelmeerraum nicht gern allein sind», sage ich, als die Sonne untergegangen ist und ein Fiat mit italienischem Kennzeichen und nur einem Insassen an uns vorüberfährt.

Viktoria reckt stoisch ihren Daumen. «Kannst mal sehen», sagt sie. «Alles Klischee.»

«Nein, vertrau mir, diese Info habe ich aus erster Hand. Ein französischer Regisseur, mit dem ich mal gearbeitet habe, meinte mal, ein Auto mit vier freien Sitzplätzen sei in seiner Gegend gleichbedeutend mit Isolationsfolter. Die sammeln alles ein, was reden kann, Hauptsache, es ergibt sich ein Kontakt.»

«Du lässt aber auch keine Gelegenheit aus, um anzugeben», lächelt Viktoria. «Französischer Regisseur!»

«Ja, aber jetzt mal Spaß beiseite, was haben die hier alle gegen uns?»

«Ich glaube, die denken, wir seien Flüchtlinge aus Albanien.»

«Je länger wir hier stehen, desto mehr sehen wir auch so aus. Viktoria, was machen wir, wenn wir heute Nacht noch hier stehen?»

Viktoria sieht mich nachdenklich an, dann wandert ihr Blick über die glatt asphaltierte Straße und das Nichts dahinter. «Du hast recht. Dann haben wir wirklich ein Problem.»

Ich beiße mir auf die Lippen. «Es tut mir so leid, ehrlich. Wegen dieses Reisepasses ...»

«Hör auf, du konntest doch damals nicht wissen, dass du einen Reisepass brauchen würdest!»

«Man sollte immer einen Reisepass einstecken, weil man nie weiß, was bei der Arbeit passiert!»

«Schreckliche Dinge manchmal, aber das rechtfertigt doch in den seltensten Fällen eine sofortige Ausreise nach Albanien.»

Ich packe entschlossen meine Handtasche. «Hier sind wir einfach zu dicht am Grenzposten.»

Auf einmal ist es dunkel geworden. Die Autos haben ihre Scheinwerfer eingeschaltet. Eines nach dem anderen rauscht an uns vorbei, während wir auf dem Seitenstreifen die Straße entlangwandern. Ich hoffe, dass wir auf dem Weg eine Unterkunft finden, gern auch etwas zu essen. Mir wird auf einmal bewusst, dass ich seit dem Frühstück im Krankenhaus noch nichts zu mir genommen habe und dass ich außerdem todmüde bin. Das Gespräch mit Lisa geht mir im Kopf herum, während ich so gehe, und dann denke ich auch an Carsten, und irgendwie schleicht sich auch Zlatko dazwischen. Aber dann kehren meine Gedanken zu Lisa zurück und wieder weiter zu Carsten, dazwischen denke ich über Fine und Sylvia nach, über Viktoria und Can, ein buntes, verrücktes Gedankenkarussell.

Und dann höre ich neben mir einen kleinen Laut. «Isabel», sagt Viktoria und hält sich die Seiten. «Entschuldige bitte, ich kann nicht mehr.»

«O Gott, hast du ... du hast nicht etwa schon wieder Schmerzen? Ist es dein Herz?»

«Lass mich mit dieser Herzsache in Ruhe, ich bin einfach nur erschöpft. Total am Ende, wie ihr jungen Leute sagt.»

Ich versuche, in der Umgebung etwas zu erkennen, aber abgesehen von der Straße und den Scheinwerfern finde ich keinen Orientierungspunkt. Um uns herum herrscht schwärzeste Nacht.

«In Ordnung, lass uns ein Stück von der Straße weggehen», sage ich und nehme Viktorias Arm. «Wir suchen uns jetzt einen Platz zum Schlafen. Wir haben unsere Klamotten, mit denen wir uns zudecken können. Und morgen ist ein neuer Tag.»

«Es tut mir so leid», sagt Viktoria schwach.

«Nichts da. Mir muss es leidtun. Ohne mich wärst du heute Nacht in einem schönen Hotel in Tirana.»

«Eher unwahrscheinlich.» In ihrer Stimme schwingt ein Lächeln. «Ich habe doch kein Geld.»

«Ist das der Grund, warum du mit mir zusammen bist?», imitiere ich die deutsche Stimme von Richard Gere. «Ist es mein Geld?»

Jetzt höre ich Viktoria lachen. Immerhin.

Wir finden einen Parkplatz mit einer Toilettenbaracke, die aber leider abgeschlossen ist. Hinter der Baracke steht eine Gruppe von Bäumen, dort schlagen wir unser Lager auf. Viktoria schlüpft schweigend in ihre Hose und das langärmelige Shirt. Ich wünschte, ich hätte noch meine Jeans, aber die liegt jetzt im Palast in Zadar. Es ist schlagartig kalt geworden, und ich mache mich so klein wie möglich, schlinge die Arme um meine Beine, und so bleibe ich sitzen, in der Hoffnung darauf, dass ich vielleicht zumindest ein paar Stunden schlafen kann. Hitzewallungen – wenn man sie braucht, sind sie nicht da. Aber noch etwas anderes fühle ich, als ich mich da zu einer Kugel zusammenrolle: Ich habe, seit ich auf dieser Reise bin, zugenommen. Das kann eigentlich nicht sein, so wenig, wie ich esse. Und doch spüre ich bislang nicht gekannte Rundungen an meinem Bauch und sogar an meinen Brüsten. Na toll. Das Einzige, was ich auf dieser Reise bislang gewonnen habe, ist Körperfett.

An Schlaf ist nicht zu denken bei dieser Kälte. Außerdem ist es aufregend, hier draußen zu sein. Der Himmel ist mit funkelnden Lichtern übersät.

Auf einmal denke ich an Carstens und meine Flitterwochen, die wir auf einem Zeltplatz in Frankreich verbracht haben, an der größten Düne der Welt. Alles war das Größte damals, unsere Liebe füreinander, meine Zukunft als Schauspielerin, das Baby in meinem Bauch. Ich erinnere mich daran, wie wir damals vor unserem Zelt saßen und in den sternenglänzenden Himmel gesehen haben, stundenlang.

Vorsichtig, um Viktoria nicht zu aufzuschrecken, stehe ich auf und wandere umher. Ich bin fort, und meine Familie vermisst mich überhaupt nicht. Vermutlich geht es ihnen sogar viel besser ohne mich. Auf einmal kommt mir eine entsetzliche Erkenntnis: Nicht mein Mann und meine Tochter sind schuld daran, dass es so weit gekommen ist, sondern ich selbst. Wann habe ich eigentlich das letzte Mal Carsten danach gefragt, wie es ihm geht oder was in seinem Job so los ist? Wann habe ich in den letzten Jahren eigentlich irgendetwas Liebevolles für ihn getan? Und Lisa – wann habe ich mir in den vergangenen Monaten wirklich Zeit für sie genommen? Na gut, ja, als ich sie zu ihrem Fußballspiel nach Kiel gefahren habe – aber davon einmal abgesehen? Eigentlich habe ich sie doch nur noch angetrieben. Sie sollte ihre Hausaufgaben machen, ihr Zimmer aufräumen, sich beeilen. Fast als wäre sie nicht meine Tochter, sondern eine Maschine.

Ich sinke auf dem Boden zusammen und schlage die Hände vors Gesicht. Was um Himmels willen habe ich mit meinem Leben getan?

Die Nacht will nicht enden. Mir ist kalt, und es ist so unendlich dunkel. Aber irgendwann muss ich doch eingeschlafen sein, denn ich werde davon wach, dass Viktoria meinen Arm schüttelt. Ich schlage die Augen auf und blicke in ihr strahlendes Gesicht. «Isabel, du ahnst nicht, was passiert ist!», sprudelt sie. «Der Landrover ist wieder da!»

12. KAPITEL

Die Diebe haben sich nicht einmal die Mühe gemacht, den Wagen umzuspritzen. Er ist immer noch militärisch olivgrün. Auch die Plane ist noch auf dem Dach befestigt. Nur das Nummernschild haben sie ausgetauscht.

«Ein albanisches Kennzeichen», schnaubt Viktoria verächtlich. «Und wieso wundert mich das jetzt nicht?»

«Also wirklich, Viktoria!», empöre ich mich ordnungsgemäß. «Es schockiert mich, dass du das sagst! Das ist so rassistisch! Als ob alle Albaner Autodiebe wären!»

«Na, aber die hier sind es ja wohl, den Beweis haben wir direkt vor Augen! Verfluchte Bande – denen werde ich eine Lehre erteilen!» Entschlossen marschiert sie auf den Landrover zu.

«Viktoria!» Ich springe ihr hinterher. «Ich weiß nicht, ob das so eine gute Idee ist! Die könnten Waffen haben, und was machen wir dann?»

«Ich habe selbst eine Waffe!»

«Bitte, Viktoria», ich versuche, sie am Arm festzuhalten. «Lass uns erst einmal nachdenken!»

Sie macht sich los. «Ich habe mein ganzes Leben mit Nachdenken verbracht. Und wohin hat mich das geführt? Auf einen Parkplatz in Montenegro, ohne Auto und ohne Geld!»

Ich würde gern einwenden, dass ihre Tätigkeit als Universitätsprofessorin in keinerlei Zusammenhang mit dieser Parkplatzsituation steht, aber es ist sicher nicht der rechte Zeitpunkt. Mittlerweile sind wir bei dem Wagen angelangt und stellen fest, dass keiner darin sitzt. Viktoria drückt den Griff zur Fahrertür herunter. Die Tür geht auf. Sie dreht sich mit einem triumphierenden Lächeln auf den Lippen zu mir um. «Also, wenn das kein Wink des Schicksals ist!»

Panik erfasst mich. «Viktoria, was hast du vor?!»

«Den Wagen zurückstehlen, was denn sonst?» Sie setzt ihren Fuß auf das Trittbrett und schwingt sich empor. «Guck mal, ob die Beifahrertür offen ist, sonst mach ich dir auf!»

«Um Gottes willen, Viktoria! Die Leute könnten jeden Moment zurückkommen! Wenn die sehen, dass wir uns an ihrem Auto zu schaffen machen, drehen die doch durch!»

«Es ist nicht IHR Auto, sondern MEINES. Und jetzt steig ein, sonst dreh ICH durch!»

Tausend Gedanken schießen mir gleichzeitig durch den Kopf. Es ist nicht richtig, was wir hier tun. Aber wir sind leider dazu gezwungen, schließlich haben DIE angefangen. Andererseits ist Viktoria vollkommen verrückt. Ich habe Angst. DIE kommen bestimmt gleich raus und schießen auf uns. Dann schießt Viktoria zurück. Und dann, wegen dieser Blutrachesache, erschießen die MICH.

«Viktoria, ich kann das nicht! Wir müssen zur Polizei gehen und das klären. Wir notieren das Kennzeichen und dann ...»

«Bist du endlich fertig?», zischt Viktoria. «Uns bleibt nämlich bestimmt nicht mehr viel Zeit. Rein mit dir und los!»

Mit zitternden Knien steige ich ein.

«Bäh», Viktoria verzieht angeekelt das Gesicht. «Die Schweine haben hier drinnen geraucht! In meinem Landrover herrscht Rauchverbot!» Sie greift zum Schlüssel am Zündschloss, nur um festzustellen, dass da kein Schlüssel hängt.

In diesem Moment höre ich laute Rufe hinter uns. Im Rückspiegel sehe ich zwei schwarzhaarige Männer, die auf uns zugelaufen kommen. Viktoria stößt einen Fluch aus. Ich kneife die Augen zu.

Als ich sie wieder öffne, sehe ich, dass Viktoria sich vorgebeugt hat und unter dem Lenkrad herumfummelt. «Verriegel die Tür!», ruft sie mir zu.

Mein Herz rast. Ich schiebe den Metallriegel vor. Nicht eine Sekunde zu spät, denn in diesem Moment taucht einer der Männer an meinem Fenster auf. Ich sehe ihn heftig gestikulieren.

«Was machst du da?» Ich quieke vor Entsetzen.

«Ich führe einen Kurzschluss herbei.» Viktoria hantiert mit zwei Drähten. «Warte, gleich habe ich es geschafft!»

Lautes Hämmern erschüttert den Wagen. Die Männer schlagen mit irgendeinem Gegenstand gegen die Karosserie und schreien.

«Meine Handtasche, Isabel!» Jetzt sieht auch Viktoria panisch aus. Sie ist hochrot im Gesicht, Schweiß perlt ihr von der Stirn.

«Du hast einen Ersatzschlüssel?»

«Nein, schön wär's. Hol meinen Revolver raus!»

«Viktoria, nein!!»

In diesem Moment heult der Motor auf. Nie hat ein Geräusch in meinen Ohren so lieblich geklungen. Doch dann sehe ich, dass der Mann neben meinem Fenster eine Eisenstange in der Hand hält. Er holt aus. Und trifft nicht ins Fenster, sondern auf Metall, denn Viktoria drückt aufs Gaspedal, und der Wagen macht einen Satz nach vorn.

«Du musst rückwärts raus!», schreie ich. «Viktoria, du fährst direkt in die Toiletten!»

«Der Rückwärtsgang funktioniert nicht!», schreit sie zurück. «Den haben diese Arschlöcher kaputt gemacht!»

Auf dem Parkplatz ist die Hölle los. Menschen laufen uns in den Weg, winken mit den Armen, alle schreien wie verrückt. Viktoria fährt Slalom, um niemanden umzumähen. Und dann sind wir plötzlich auf der Landstraße. Viktoria schaltet, und der Wagen beschleunigt.

Ich bin einer Ohnmacht nahe. Mein Herz rast so sehr, dass ich nicht sprechen kann. Mir ist übel vor Angst. Jetzt schießen sie uns bestimmt in die Reifen, und wir müssen stehen bleiben. Jetzt. Der Wagen beschleunigt. Ich kann hören, wie Viktoria in den nächsten Gang schaltet. Immer noch keine Schüsse. Ich öffne die Augen wieder.

«Und?», fragt Viktoria und dreht sich strahlend zu mir um. «Wie habe ich das gemacht?»

Die Diebe haben alles im Auto verändert. Die Matratze, die auf der Ladefläche lag, ist fort. Die goldene Perlenkette baumelt nicht mehr am Rückspiegel, und auch die kleinen Bilder sind nicht mehr da. Stattdessen liegt auf der Ladefläche ein großer Haufen Wäscheleine.

«Man hätte meinen können, dass sie zumindest das Minarett auf dem Armaturenbrett stehen lassen», bemerkt Viktoria. Sie hat das Fenster geöffnet, weil die Scheiben von innen beschlagen sind, und links zischen Autos pfeilschnell an uns vorbei. «Ich gehe doch davon aus, dass diese albanischen Räuber muslimischen Glaubens sind.»

«Und wieder muss eine Klischeevorstellung sterben.» Meine Stimme zittert immer noch.

Viktoria presst die Lippen zusammen. «Um ein Haar wäre noch was ganz anderes gestorben.»

«Ja, nämlich wir.» Ich halte mein Gesicht aus dem Fenster und spüre den Fahrtwind. Wir fahren an einem Landstraßenschild vorüber, aber ich mache mir nicht die Mühe, es zu entziffern.

«Ich würde übrigens gern mal einen Blick in unsere Karte werfen», sagt Viktoria. Wenn ich diesen Grenzbeamten richtig verstanden habe, müssen wir jetzt erst einmal ein ganzes Stück in Richtung Norden fahren.»

«Laut Karte müssen wir einen See überqueren. Mann, der sieht aber groß aus! Skadar Lake – ist noch ein ganzes Stück bis dahin. Schieb doch mal eine Kassette rein. Was hörst du eigentlich so für Musik?»

Die Suche ist schnell beendet. Nicht nur dass sämtliche Kassetten verschwunden sind, auch den Rekorder haben die Männer offenbar ausgebaut.

«Wenn sie den Rekorder wenigstens durch etwas Modernes ersetzt hätten», klagt Viktoria. «Es gibt doch jetzt diese Geräte, da steckt man nur ein Kabel ein, und das verbindet man dann mit seinem Ei.»

Ich lache. «Diese Diebe haben vermutlich keine Eier. Sonst hätten wir ihnen ja den Wagen nicht so mühelos wieder abgejagt!»

Viktorias Gesicht legt sich in tausend Falten vor Lachen. «O Gott, wie die geguckt haben, als die auf uns zugelaufen kamen!» Sie beugt sich vor Gelächter vornüber, und der Wagen schlingert leicht.

Ich schlage mir auf die Schenkel, und die Lachtränen laufen mir über die Wangen. «Und wie du dann beinahe in dieses

Toilettenhaus reingefahren wärst!», kichere ich. «Stell dir DIE Gesichter vor!»

Wir lachen noch, als wir die Abfahrt in Richtung Nordosten nehmen, die uns zum See führt. Wir lachen, als wir uns vorstellen, was die Diebe in diesem Augenblick wohl tun. Zur Polizei gehen die wahrscheinlich nicht.

«Als Tramper», lacht Viktoria, «kommen die bestimmt noch schlechter weg als wir.»

Irgendwann fällt Viktoria auf, dass die Rückspiegel gegen noch ältere Modelle ausgetauscht wurden. «Albaner stehen offenbar auf Retro», kichert sie. «Die hätten sicher nicht gedacht, dass die rechtmäßige Besitzerin noch mehr retro ist als der Wagen selbst.»

Wir lachen darüber, dass selbst der Blinker und der Knüppel für die Gangschaltung ausgetauscht wurden. «Wozu bitte schön haben diese Ganoven meinen Blinker ersetzt?», wundert sich Viktoria. «Mit dem Blinker war alles in Ordnung. Und was den Knüppel anbelangt ...», sie schaltet einen Gang herunter, denn jetzt fahren wir bergauf, «... so war der alte eindeutig geschmeidiger. Wieso haben sie den gegen ein schlechteres Modell getauscht?»

Die Erkenntnis kommt uns beiden gleichzeitig.

«Jessasmariaundjosef», stößt Viktoria hervor. Sie wird plötzlich leichenblass.

Mir wird heiß. «Sag, dass das nicht wahr ist», flüstere ich.

Ohne eine Miene zu verziehen, aber immer noch weiß wie der Mittelstreifen steuert sie den Wagen weiter, bis wir die Bergkuppe erreicht haben. Dann fährt sie rechts ran.

In das leise Brummen des Motors mischt sich Vogelgezwitscher. In der Ferne jault ein Hund. Ich wage es nicht, Viktoria anzusehen. Minutenlang spricht keine von uns ein Wort.

«Wir haben zwei ehrlichen, hartarbeitenden Albanern ihren Wagen gestohlen», sage ich irgendwann.

«Ich kann dir jetzt nicht mit Worten beschreiben, wie sehr ich mich schäme, Isabel.»

«Okay, bevor wir in der Asche versinken, die wir uns auf unser Haupt streuen, sollten wir den Wagen genauestens untersuchen!», bestimme ich. Alles ist besser, als hier sitzen zu bleiben und vor Hitze, Angst und Scham zu vergehen.

«Du hast recht», sagt Viktoria und öffnet die Wagentür. «Wir gehen der Sache jetzt wissenschaftlich auf den Grund.»

Ich versuche, mich so gut wie möglich im Schatten des Wagens zu halten, während Viktoria sich über die geöffnete Motorhaube beugt. Es ist schätzungsweise später Vormittag, und die Sonne sengt mir Löcher in die Haut. Das wird böse enden, ahne ich. Im Vergleich zu mir ist eine schwedische Blondine quasi zentralafrikanisch pigmentiert.

«Vor meiner Abreise habe ich den Benzinfilter erneuern lassen», erläutert Viktoria und inspiziert die dampfenden und ölig glänzenden Leitungen und Behältnisse. «Es ist ein ganz besonderer Benzinfilter, den erkenne ich wieder. Schließlich gibt es nicht mehr viele Werkstätten in Deutschland, die wissen, wie man einen Landrover von 1976 repariert.»

«Und du meinst also, Sherlock, dass du diesen Benzinfilter auch nach schätzungsweise tausend Kilometern Fahrt wiedererkennst?»

«Verdammt, Watson, du hast recht!» Viktoria fährt sich mit beiden Händen durch die Haare und hinterlässt eine ölig-schwarze Spur dabei.

«Jetzt hast du schwarze Strähnen», bemerke ich. «Übrigens, bei der Identifizierung von Toten achtet man ja auf das Gebiss oder auf Narben.» Das habe ich in Dr. Eppinghams

Praxis gelernt. «Dir hat nicht zufällig mal jemand die Karosserie verbeult?»

«Das ist es!» Viktorias Miene hellt sich auf. «Mir ist tatsächlich mal einer hinten raufgefahren! Einer dieser modernen Geschwindigkeitsfanatiker!» Sie schüttelt eine Faust gen Himmel. «Wirklich, Isabel, diese Welt ist voll von rücksichtslosen Menschen! Manchmal kann ich nicht fassen, wie schlecht ...»

«Die Menschen sind? Ja, da muss man nur uns beide ansehen. Wir haben liebenswerten Albanern ihren Wagen gestohlen!»

«Ja, aber vielleicht ...», Viktoria geht zum hinteren Teil des Wagens, «... vielleicht ja auch nicht. Wir werden das gleich sehen, wenn wir diese Unfallstelle begutachtet haben.» Sie beugt sich vor, um den Lack näher in Augenschein zu nehmen. «Verflixt, ich bräuchte meine Lesebrille! Kannst du was erkennen, Isabel?» Sie deutet auf eine Stelle unterhalb der Klappe.

«Ich kann leider überhaupt nichts erkennen.»

«Oh. Dann brauchst du wohl auch schon eine Lesebrille.»

«Nein. Ich brauche keine Lesebrille. Hier ist nur einfach nichts.»

«Nichts? Gar nichts? Keine Delle im Lack? Nicht mal eine winzig kleine?»

«Gar nichts.» Ich richte mich wieder auf. Viktoria und ich sehen uns an. «Verdammter Mist», sagen wir gleichzeitig.

«Die armen, armen Albaner», fügt Viktoria hinzu.

Ich nicke.

«Ja, und was machen wir jetzt?»

«Also, wir können jetzt auf keinen Fall mit diesem Wagen weiterfahren. Die haben den Diebstahl bestimmt schon der Polizei gemeldet. Stell dir bloß mal vor, die halten uns an!»

Ich schaudere. Wenn die Polizisten uns durchsuchen, werden sie auch Viktorias Revolver finden. Bewaffneter Überfall, das würden sie uns dann anlasten, und zwar zu Recht. Viktorias Worte von heute Morgen klingen mir noch im Ohr. «Mein Revolver, Isabel!» Ob wir in einen albanischen oder einen montenegrinischen Knast kämen? Die sind sicher weder hier noch dort besonders schön.

«Du hast wahrscheinlich recht ...» Viktoria fährt sich durch das Gesicht. Jetzt ist auch ihre Wange schwarz. Sie sieht aus wie eine Indianerin mit Kriegsbemalung – eine sehr ratlose Indianerin. «Aber wenn wir den Wagen hier stehen lassen und uns zum Trampen danebenstellen und es fährt ein Polizeiauto vorbei, bringen die uns mit dem Diebstahl doch in Verbindung, oder nicht?»

«Möglich.»

Sie seufzt. «Hilf mir mal denken, Isabel. Ich kann gerade nicht, ich habe Hunger, und mein Kopf ist wie leergefegt!»

Mir geht es nicht viel besser. Obendrein klebt mir die Zunge am Gaumen. Es ist heiß, und ich bin so durstig, dass ich aus einer Pfütze trinken würde, aber zum Glück gibt es die hier nicht. «Es hilft alles nichts», sage ich. «Wir müssen noch ein Stück weiterfahren mit dem Wagen, zumindest so lange, bis wir was zu trinken und zu essen finden. Dann sind wir vielleicht wieder klar.»

Viktoria muss die Drähte erneut kurzschließen, um den Wagen zu starten. Als der Motor wieder brummt, dreht sie sich zu mir um. «Was glaubst du, was das für Menschen waren, denen wir den Wagen gestohlen haben?»

Ich denke daran, dass sie mich um ein Haar durchs Fenster erwischt hätten. «Na ja, dass sie Eisenstangen hatten, sagt vermutlich nichts über ihren Charakter aus ...»

«Nein», pflichtet Viktoria mir bei.

Wir rollen den Berg herunter. «Kannst du irgendetwas sehen?», fragt sie und kneift die Augen zusammen. «Einen Gasthof, ein Café oder eine Tankstelle?»

«Alles öde vor uns. Ich sehe nur die Straße und … ganz hinten ein Auto.»

«Würde man so gar nicht vermuten auf einer Straße.» Sie hat etwas Wildes mit ihren ölig-schwarzen Haarsträhnen und den verschmierten Wangen. «Kann es sein, dass das ganz schön rast?»

Ich fasse Viktoria am Arm. «Stopp mal, das ist ein Polizeiauto!»

«Ich kann nicht anhalten!» Viktoria macht pumpende Bewegungen mit ihrem rechten Fuß, aber es scheint nichts zu nützen. Der Wagen hat Fahrt aufgenommen. Immer schneller geht es jetzt den Berg hinab.

«Die Handbremse!», quietsche ich.

Viktoria greift nach rechts, aber da ist nichts. Zumindest nicht das, was da sein sollte. Ich entferne Viktorias Hand von meinem Knie und reibe mir die schmerzende Stelle. «Also, das war sie schon mal nicht! Guck mal, Viktoria, hier rechts ist ein Waldweg! Fahr da mal rein!» Der Weg führt ein Stück bergauf. Wenn der Wagen dort nicht zum Stehen kommt, dann weiß ich auch nicht. Es ist so sicher wie das Amen in der Kirche, dass die Polizei uns anhalten wird. Mit einem albanischen Kennzeichen und erhöhter Geschwindigkeit in einem gestohlenen Wagen! Und dann ist da noch … der Revolver! Wie um Himmels willen will Viktoria den erklären?

«Was machst du da?», fragt Viktoria nervös, als sie sieht, wie ich die Waffe aus ihrer Handtasche ziehe. «Das Ding ist geladen, pass auf!»

Ich spüre, wir mir der Schweiß ausbricht. «Ich muss die Fingerabdrücke vom Kolben entfernen! Sonst hängen die uns neben Autodiebstahl auch noch bewaffneten Überfall an. Wir dürfen nicht mit diesem Revolver in Zusammenhang gebracht werden! Ich schmeiß den jetzt weg.» Mit einem Zipfel meines Kleides reibe ich wie manisch an dem Griff herum.

«Du wirst nichts dergleichen tun!» Viktoria reißt das Lenkrad herum. Ein umgestürzter Baum versperrt uns den Weg. Jetzt holpern wir durch das Dickicht. Zweige peitschen über die Scheiben. «Es ist meine Waffe. Ich bestimme, was damit passiert!»

In diesem Augenblick sehe ich im Rückspiegel das Polizeiauto. Auf seinem Dach steht jetzt ein Blaulicht. Es taucht die Bäume um uns herum in zuckendes Blau. Nun wird ein Lautsprecher eingeschaltet. Eine Stimme dröhnt durch den Wald.

Ich schließe die Augen und umklammere den Revolver. Das war's jetzt. Endstation. Reise zu Ende. Viktoria wird ihren Liebsten nicht mehr wiedersehen. Wie viele Jahre werden wir im Gefängnis sitzen? Was wird Carsten dazu sagen? Wie wird Lisa es aufnehmen?

Mit einem heftigen Ruck kommt der Wagen zum Stehen. Ich öffne die Augen.

«Gib mir meinen Revolver», sagt Viktoria ruhig.

Mit zitternden Fingern reiche ich ihn ihr. «Was hast du vor?», flüstere ich.

«Was auch immer gleich passiert, versprich mir zu tun, was ich dir sage.» Sie nimmt mir die Waffe aus der Hand und schiebt sie sich in den Ausschnitt. In diesem Moment klopft es an die Tür. Es ist ein blonder Mann in dunkelblauer Uniform. Wie in Trance sehe ich zu, wie Viktoria die Tür öffnet und sich von ihrem Sitz gleiten lässt. Der Blonde sagt etwas, das ich nicht verstehe, aber seinen Gesten entnehme ich, dass ich ebenfalls aussteigen soll.

«Documents», sagt er auf Englisch.

Viktoria kramt in ihrer Handtasche. Mein Herz klopft so heftig, dass ich kaum Luft bekomme. Ich versuche, den Blonden freundlich anzulächeln, was spektakulär misslingt.

Viktoria kramt immer noch. Der Polizist deutet mit dem Kinn auf mich. «You too.»

Zitternd klappe ich mein Portemonnaie auf.

«You speak German? Or Turkish?», fragt Viktoria.

Der Mann schüttelt den Kopf. Plötzlich zuckt er am ganzen Körper, zieht den Kopf ein und rudert mit den Armen. Drei oder vier Wespen umschwirren ihn.

«Shame.» Viktoria macht einen entschlossenen Schritt auf ihn zu.

Auf einmal beginnt sich der Wald zu drehen. Plötzlich sind Viktoria, der Polizist und die Wespen ganz weit weg. Im nächsten Augenblick sind sie wieder riesig, um gleich wieder zu schrumpfen. Groß, klein, nah, fern. Die Welt pumpt mir Bilder auf die Netzhaut, und ich kann nichts dagegen tun.

Und dann muss ich wohl tatsächlich kurz ohnmächtig geworden sein, denn als ich wieder zu mir komme, liege ich auf dem Waldboden neben dem Landrover und höre einen Vogel rufen.

Ich richte mich auf, und genau in diesem Moment setzt mein Herz fast aus. Viktoria und der blonde Polizist stehen immer noch an der gleichen Stelle, aber etwas Grundlegendes hat sich geändert: Sie hält den Lauf ihres Revolvers an seine Stirn gepresst.

13. KAPITEL

«Du wirst jetzt deine Waffe auf den Boden legen», befiehlt sie mit ihrer tiefen, dunklen Stimme. «Your pistol», wiederholt sie. «Down!»

Der Blonde zieht seine Waffe aus dem Halfter. Den Bruchteil eines Vogelrufs lang denke ich, dass er Viktoria jetzt erschießen wird, und sie scheint das auch zu denken, denn ich höre ein Klicken und sehe, wie sie mit ihrer linken Hand den Revolver entsichert.

Der Polizist lässt seine Waffe fallen.

«Isabel, hol die Wäscheleine! Deine vorgetäuschte Ohnmacht eben hat übrigens völlig echt gewirkt. Man sieht eben, ob jemand Talent hat oder nicht.»

«Ich ... das war nicht vorgetäuscht! Und welche Wäscheleine?», stammele ich.

«Na, die auf der Ladefläche unseres Landrovers liegt.»

«Aber ...»

«Mach schon! Wir haben ja nicht den ganzen Tag Zeit!»

«Was ... was hast du denn damit vor?»

«Jetzt tu es einfach!»

Der Polizist zuckt zusammen.

«Du hast versprochen, dass du nicht widersprechen wirst!»

«Nein», sage ich und schüttele den Kopf. «Das stimmt nicht! Ich habe gar nichts versprochen! Und selbst wenn ... du kannst ihn doch nicht einfach fesseln!»

«Natürlich nicht. Ich halte ihn in Schach, das Fesseln übernimmst du!»

Wie von selbst setzen sich meine Füße in Bewegung. Wohin gehen sie? Aha, zum Auto. Verstehe, ich hole die Leine von der Ladefläche. Ein ganz schön schwerer Packen, damit könnte man eine Seekuh fesseln. Für den Polizisten reicht das allemal.

Der arme Mann. Er wirkt ganz krank vor Angst. Schweißperlen haben sich auf seiner Stirn gebildet. Und mittendrin ein roter Punkt, der sekündlich weiter anzuschwellen scheint.

«Es tut mir ehrlich leid», sage ich auf Englisch zu ihm, nehme seine Hände und binde sie hinter seinem Rücken zusammen. «Ein Wespenstich tut fürchterlich weh. Und ich kann ihn noch nicht mal kühlen, denn wir haben überhaupt kein Wasser dabei. O Mann, und wenn ich jetzt noch daran denke, was Sie sonst noch alles Schreckliches erlebt haben mit dem Krieg in Ihrer Region und so.»

Der Polizist stammelt etwas, das ich nicht verstehe.

«Du, Viktoria, könnten wir vielleicht etwas Kühlwasser nehmen, um seinen Stich zu lindern?» Ich mache einen Doppelknoten an seinen Handgelenken und ziehe das Seil fest, so gut ich kann.

«Dein goldenes Herz in allen Ehren, aber dieser Mann würde uns, ohne mit der Wimper zu zucken, verhaften, wenn er wüsste, was wir getan haben. Das mit der Wespe tut mir auch leid, aber sie hat uns einen Riesengefallen getan! Ich weiß nicht, ob ich einen jungen Polizisten auf der Höhe seiner Kraft sonst so einfach hätte entwaffnen können!»»

Kaum sind wir mit dem Wagen wieder auf der Straße, bricht Viktoria über dem Lenkrad zusammen und schluchzt. Die Tränen strömen ihr nur so über die Wangen. «Okay, rutsch rüber», sage ich und klettere über die Rücklehne nach hinten.

«Was machst du da?», schluchzt sie.

«Ich mach dir Platz, damit du leichter auf den Beifahrersitz kommst.»

«Und du?»

«Ich übernehme jetzt.»

Viktoria tut, was ich ihr sage. Sie ist vollkommen aufgelöst.

«Was macht dir denn jetzt am meisten Sorgen?», frage ich und drücke aufs Gaspedal. Dieser alte Landrover fährt sich anders als alles, was ich in meinem Leben an Autos kennengelernt habe. Hier ist eher eine gröbere Herangehensweise gefordert. Um in den nächsten Gang zu schalten, brauche ich brachiale Gewalt.

«Ich muss immer an den armen Polizisten denken», sagt Viktoria kläglich. «Ich habe ihm bestimmt eine Riesenangst eingejagt! Und du hast recht, er hat in seinem Leben bestimmt schon so viel Schreckliches erlebt, den Kosovokrieg und alles. Das ist so traurig! Um ein Haar hätte ich vor ihm geweint.»

«Immerhin hast du dein Mitleid ganz gut verborgen. An dir ist auch eine Schauspielerin verloren gegangen.»

Ihr Gesicht und die Haare sind ölverschmiert, und die braunen Augen stehen voller Tränen. «Weißt du, was das Schlimmste war?» Sie sieht mich direkt an, und plötzlich sieht sie alt aus. «Ich hatte die ganze Zeit das Gefühl, neben mir zu stehen. Das war überhaupt nicht ich. Und als ich den Revolver zog, da habe ich richtig Angst vor mir bekommen!»

«Das Gefühl kenne ich», flüstere ich, aber der Wagen ist so laut, dass Viktoria mich nicht hört.

Wir sehen uns an, und ich spüre etwas, das ich schon seit Jahren nicht mehr empfunden habe. Seit Mamas Krankheit nicht mehr. Das Gefühl, beschützt zu werden. Eine Freundin zu haben, die älter und stärker ist als ich. Auf Viktorias Gesicht schleicht sich ein Lächeln. Aber gleich darauf fällt es wieder in sich zusammen. Sie bedeckt ihr Gesicht mit beiden

Händen und stöhnt: «Der arme, arme Polizist! Und die armen albanischen Autobesitzer!»

«Viktoria, wir müssen jetzt mal nachdenken!», sage ich. «Mir tun die netten Leute auch von Herzen leid, und wäre es nach mir gegangen, hätten wir den Letzten nicht in die Nähe einer Todeserfahrung gebracht. Aber es ging nicht anders – du hast es ja selbst gesagt. Der arme Polizist wird sich in absehbarer Zeit befreien oder befreit werden, und dann wird er Himmel und Hölle in Bewegung setzen, um uns zu finden. Was tun wir also jetzt?»

Viktoria überlegt einen Augenblick. «Zuerst sollten wir das Auto loswerden. Und dann müssen wir uns verkleiden.»

«Ja, und dann sollten wir so schnell wie möglich etwas Abstand zwischen uns und den Wagen bringen. Wie stellen wir das an?»

«Wir müssen wohl den Zug nehmen. Was gibt denn dein Konto noch so her, Isabel? Du weißt ja, du kriegst am Ersten alles zurück!»

«Mein Konto», überlege ich. Den Gedanken daran habe ich in den vergangenen Tagen erfolgreich verdrängt. «Nicht mehr viel.»

«Kann uns dein Mann nicht Geld leihen?»

«Ich weiß nicht.» Der Gedanke, Carsten anzurufen und ihn um Geld zu bitten, behagt mir überhaupt nicht. Außerdem würden wir unnötig viel Zeit verlieren. Eine Auslandsüberweisung dauert ein paar Tage, das weiß ich aus einer Eppingham-Folge, in der just diese Zeitverzögerung zu einer amourösen Verwicklung geführt hat – nicht, dass ich zum gegenwärtigen Zeitpunkt noch mit so etwas rechne, aber ...

«Was meinst du, ja oder nein?»

«Wie lange dauert es noch bis zum Ersten?» Ich habe jegliches Zeitgefühl verloren.

«Noch elf Tage.»

«Gut, die sollten wir auch ohne fremde Hilfe überstehen. Wie viel Geld brauchen wir, was schätzt du?»

«Je nachdem, was zwei Bahnfahrkarten in einen sichereren Teil von Europa kosten. Dazu zwei neue Outfits und eine neue Haarfarbe.»

«Eine neue Haarfarbe?» Ich nehme beide Hände zu Hilfe, um in den dritten Gang zu schalten. «Was denn sonst noch? Eine Maniküre vielleicht?»

«Du magst es noch nie gehört haben, Isabel, aber deine Haarfarbe ist ziemlich auffällig. Die brauchen nur nach einer Alten und einer Rothaarigen zu fahnden. Zack, dann haben die uns.»

«Na gut, da magst du recht haben. Ich spiele schon länger mit dem Gedanken, meine Haare blond zu färben. Blondinen bekommen viel mehr Rollenangebote. Und blond macht ja auch jung.»

«Oh, ich fürchte, blond wird nicht gehen», sagt Viktoria bedauernd. «Ich habe jetzt nämlich einen Plan.»

Bar ist ein Küstenort in Montenegro, in dem man unter anderen Umständen sicherlich Erholung fände. Es gibt einen Strand, einen Seehafen, ein paar Palmen, Kirchen und Paläste und das Wichtigste von allem: einen Bahnhof, von wo aus Züge nach Belgrad fahren.

«Belgrad ist perfekt», sagt Viktoria begeistert, während ich die Farbe auf meinem Haar einwirken lasse. «Es ist anonym, weil riesig, und es gehört zu einem Land, das nicht gerade zu den besten Freunden von Montenegro zählt.»

«Weißt du das, oder hoffst du das?» Ich muss mich zusammenreißen, um mir nicht die Kopfhaut zu kratzen. Die Farbmischung juckt und brennt.

«Na, hör mal, das weiß ich. Die Montenegriner haben 2006 entschieden, dass sie nichts mehr mit Serbien am Hut haben wollen ... Dein politisches Wissen ist aber auch wirklich rudimentär, Isabel.»

Wir sind in einem Hotel in Hafennähe. Ich für meinen Teil würde hier auch gern schlafen, aber Viktoria hat natürlich recht, wenn sie sagt, dass wir uns so schnell wie möglich davonmachen sollten. Den Landrover haben wir in einer versteckt liegenden Seitenstraße geparkt. Der Plan ist, dass wir so undeutsch wie möglich aussehen müssen – immerhin hat uns der Polizist Deutsch reden gehört. Darum färbe ich mir jetzt die Haare schwarz und werde ein bodenlanges buntes Kleid anziehen, das Viktoria in einer Boutique besorgt hat. Sie selbst trägt ein schwarzes Kopftuch und noch immer ihr schwarzes Kleid. Coco Chanel hatte schon recht damit, man kann ein schwarzes Kleid wirklich zu allen Anlässen tragen: an der Hotelbar, zu Familienfeiern, bei Autodiebstählen, und als Roma- oder Sintifrau geht man auch noch durch.

Viktoria geht Bahntickets kaufen. Ich gebe ihr meine EC-Karte und nenne ihr die PIN.

Als sie nach zwei Stunden noch nicht wieder zurück ist, werde ich nachdenklich. Es gibt jetzt genau drei Möglichkeiten. Erstens: Es ist ihr etwas zugestoßen. Wenn ich mich recht entsinne, hat sie seit gestern Morgen, als wir das Krankenhaus bei Zadar verlassen haben, ihre Herztabletten nicht genommen. Zweitens: Man hat sie erkannt und verhaftet. Und drittens: Sie ist mit meinem Geld abgehauen.

Ich lasse mich auf die weiche Matratze sinken und massiere meine Schläfen. Gut nachdenken, Isabel ... Aber mir will nichts einfallen. Ich bin entsetzlich müde, habe wahnsinnigen Hunger und kann mich einfach nicht konzentrieren.

Was für ein Tag!

Plötzlich muss ich an Carstens Worte denken: Wie gut kennst du die Frau eigentlich, mit der du da unterwegs bist?

Ja, wie gut kenne ich Viktoria eigentlich? Habe ich irgendeinen Beweis dafür, dass sie tatsächlich die ist, die sie vorgibt zu sein? Dass ihre Geschichte mit dem ehemaligen Liebsten in Istanbul stimmt? Woher weiß eine hochdekorierte Akademikerin, wie man ein Auto kurzschließt? Warum hat sie eine Waffe?

Ich durchwandere das Zimmer, um meine Nerven zu beruhigen. Im Badezimmer erschrecke ich bei meinem Anblick. Die Haare sind mittlerweile getrocknet, ich erkenne mich kaum wieder. Was so eine veränderte Haarfarbe mit einem Gesicht anstellen kann! Ich sehe aus wie Schneewittchen, die Haut weiß wie Schnee, die Haare schwarz wie Ebenholz. Ich trete einen Schritt zurück, um mich im Spiegel ganz ansehen zu können. Kein Zweifel, ich habe echte Rundungen bekommen. Wie ist das möglich?, frage ich mich. Noch weniger essen als im Moment, und ich muss bald zwangsernährt werden. Meine Brüste dagegen sind so groß und prall, wie ich sie schon lange nicht mehr gesehen habe. Ob das mit den Wechseljahren zusammenhängt? Nach dem, was man so hört, nehmen viele Frauen dann zu.

Draußen geht die Sonne unter. Es wird schummrig im Zimmer, aber ich habe keine Lust, das Licht anzuschalten. Mutlos lasse ich mich auf das Bett fallen. Was, wenn Viktoria nicht mehr wiederkommt? Ich könnte nicht einmal die Hotelrechnung bezahlen. Auf einmal wird mir die Kehle eng. Wie habe ich mich nur so in ihr täuschen können? Wie habe ich mich so in meinem Leben täuschen können? Ich habe neun Jahre lang den falschen Beruf ausgeübt, ich habe eine Tochter, die mich nicht ausstehen kann, vermutlich habe ich den falschen Mann geheiratet, und jetzt habe ich auch noch die falsche Frau kennengelernt. Freundin, denke ich und heule haltlos. Ich habe sie für eine Freundin gehalten.

In diesem Moment klopft es. Ich öffne die Tür, und da steht sie. «Huch, ist das dunkel hier drinnen», sagt sie und reißt sich das Tuch vom Kopf. «Willst du nicht das Licht anmachen? Ich habe eine gute und eine schlechte Nachricht, und ich empfehle dir, die schlechte zuerst zu hören!»

«Kann es gar nicht erwarten.» Ich wische mir hastig die Tränen aus dem Gesicht.

«Die Bahn nach Belgrad fährt nur in den Sommermonaten. Genauer gesagt ab dem zehnten Juni. Das ist definitiv zu spät für uns.»

«Ja, und die gute?»

Viktoria hält zwei bedruckte Scheine in die Luft. «Ich habe Tickets für eine Seereise. War ganz billig, keine Sorge. Wir fahren nach Bari in Italien. Die Fähre legt in einer Stunde ab.»

«Übrigens habe ich noch eine gute und eine schlechte Nachricht für dich», sagt Viktoria kurze Zeit später, als wir auf dem Pier zu unserer Fähre gehen. In der Glasscheibe des Hafengebäudes kann ich unser Spiegelbild erkennen: zwei fremde Frauen mit Kopftüchern, eine schwarz und eine bunt. «Und auch diesmal würde ich dir empfehlen, zuerst die schlechte zu hören.»

«Schieß los», grinse ich. Meine Laune hat sich schlagartig gebessert, seit Viktoria zurückgekommen ist, und außerdem freue ich mich auf Italien und den riesigen Nudelteller, den ich heute Abend zu essen gedenke. «Aber nicht mit deinem Revolver, wenn es geht!»

«Witzig.» Viktoria verzieht das Gesicht. «Den Revolver habe ich vorhin im Meer versenkt.»

«Du hast was?» Vor Überraschung bleibe ich stehen.

«Na ja, ich kann wohl stark davon ausgehen, dass wir durchsucht werden. Montenegro gehört nicht zur EU, hier greift also Schengen. Zwei Zigeunerfrauen», Viktoria macht mit den Fingern Gänsefüßchen, «die mit einer Waffe in die EU einreisen, das gibt nur Ärger. Zumal ich davon ausgehe, dass die Fahndung nach uns bereits läuft.»

«Hm, da magst du recht haben. War das jetzt die schlechte oder die gute Nachricht?»

«Weder noch. Die Nachrichten betreffen unsere finanzielle Situation. Die schlechte wolltest du zuerst hören? Du hast jetzt kein Geld mehr auf deinem Konto. Weniger als null. Ich habe mir die Freiheit herausgenommen, deinen Kontostand zu überprüfen. Du bist so stark im Minus, dass es selbst mir wehtut.»

«Na, da bin ich aber jetzt auf die gute gespannt!»

«Siehst du? Ich wusste, dass es so herum besser funktioniert! Die gute ist, dass ich eine Idee habe, wie wir unser Budget bis zum Monatsende aufbessern können.»

Wir sind an der Gangway des Schiffes angelangt, und Viktoria reicht einer jungen Frau in Uniform mit hübschem Käppi unsere Tickets. «Wir sagen den Leuten ihre Zukunft voraus.»

«Fein, ich melde mich freiwillig als Erste. Mich interessiert das Thema ganz brennend!»

Ein Mann in Uniform verstellt uns den Weg. «Your passport, please!»

Ich reiche ihm meinen Personalausweis, und er studiert ihn sorgfältig.

Und plötzlich habe ich ein mulmiges Gefühl. Was, wenn es ein Phantombild von uns gibt? Ich schenke dem Mann mein strahlendstes Lächeln, woraufhin er mich noch grimmiger mustert. Schließlich gibt er mir meinen Ausweis zurück. Bei Viktoria dauert die Kontrolle sogar noch länger. Wie idiotisch von uns – wir hätten einzeln an Bord gehen sollen! Auch wenn ich nicht mehr rothaarig bin, aber eine mittelalte Frau zusammen mit einer alten, beide deutschsprachig oder mit deutschen Ausweisen – diese Kombination dürfte dafür sorgen, dass bei dem Beamten jetzt sämtliche Alarmglocken klingeln. Ich drehe mich zu Viktoria um und sehe, dass sie lächelt, aber es ist ein gezwungenes Lächeln, und auf einmal habe ich Angst.

Doch zum Glück dauert dieser Augenblick nicht lange. Nachdem der Mann unsere Ausweise praktisch auswendig gelernt hat, dürfen wir gehen.

Ich betrete die Gangway. «Also, wo waren wir stehengeblieben? Beim Weissagen! Fang schon mal mit heute Abend an! Wird es Spaghetti Scampi geben, oder werde ich die Carbonara nehmen?»

«Keines von beidem, fürchte ich. Wie gesagt, du hast kein Geld mehr auf deinem Konto. Weniger als keins. Wir können uns kein Abendessen leisten.»

«Aber du hast doch vorhin was abgehoben?»

«Ja, aber das ist für die Tickets und die Tarotkarten draufgegangen.»

«Du hast von dem Geld Tarotkarten gekauft?!» Ich schnaufe, halb vor Wut, halb vor Anstrengung. Die Gangway ist ziemlich steil, und ich kann vor Hunger kaum noch gehen.

«Ja, das habe ich, und du wirst sehen, das wird sich rentieren! Die meisten Leute sind sehr gespannt darauf, was ihnen die Zukunft bringt und entsprechend bereit, für Antworten zu zahlen!»

«Ja, aber wie können wir Ihnen dabei behilflich sein? Ich habe überhaupt keine Ahnung von Tarot!»

«Und da komme ich jetzt ins Spiel», lächelt Viktoria. «Ich habe mich in den Siebzigern mit Tarot beschäftigt. Ein bisschen was habe ich noch drauf.»

Die Vorstellung, dass ich schon wieder nichts essen kann, weil Viktoria mein letztes Geld für esoterischen Schnickschnack ausgegeben hat, beschleunigt meinen Puls. «Tarotkarten!», peste ich.

Mittlerweile sind wir oben an Deck angekommen. Ich bin echt wütend und kralle meine Hände um die Reling. Bizarrerweise wühlt mich die Tatsache, dass mein Magen heute Abend leer ausgehen wird, mehr auf als der Umstand, dass ich wahrscheinlich polizeilich gesucht werde. Ein Teil meines Verstandes versucht diese Absurdität zu verstehen, während der Rest einfach nur nach Essen schreit.

«Gut, das war vielleicht etwas voreilig», räumt Viktoria ein. «Ich hätte dich vorher fragen sollen. Aber es war so ein günstiges Angebot!»

«Schon in Ordnung», sage ich erschöpft. «Es ist nur so, dass ich den ganzen Tag noch nichts gegessen habe, und mir ist flau.»

«Ich habe hier zwei Bananen und ein Stück Brot», sagt Viktoria und kramt in ihrer Tasche.

«Was, und das sagst du jetzt erst? Und ich dachte, es gibt kein Abendbrot!»

«Ja, also es gibt keine Spaghetti Scampi. Aber du kannst natürlich das hier haben.»

«Und du? Was isst du?»

«Gar nichts. Für mich ist das schon okay.»

Hastig schäle ich eine der Bananen und schlinge sie hinunter, und dann esse ich auch die zweite Banane und dann das ganze trockene Brot.

«Besser?», lächelt Viktoria. «Mit den Spaghetti heute

Abend in Italien – das wäre sowieso nicht gegangen. Wir fahren die ganze Nacht.»

Das Schiff vibriert unter unseren Füßen. Vom Pier wirft ein Mann ein dickes Tau. Jetzt legen wir ab.

«Das wusste ich gar nicht.»

«Nein, woher auch. Ich habe dir das ja auch nicht gesagt. Nicht absichtlich, weißt du. Ich habe nur einfach nicht daran gedacht.»

Ich nehme Viktorias Hand. «Danke», sage ich. «Für die Bananen, das Brot. Und alles.»

Sie erwidert meinen Händedruck. «Keine Ursache», lächelt sie, und im Schein der Bordlichter glänzen ihre Augen. «Heute war wirklich ein anstrengender Tag.»

14. KAPITEL

Ich stehe an der Reling und bin glücklich. Keine Ahnung, woher dieses Gefühl kommt, aber es ist da. Die Fähre schäumt sich ihren Weg durchs Wasser, der Himmel glitzert, und es ist immer noch warm. Viktoria ist hineingegangen, um sich auszuruhen, aber ich könnte hier ewig so stehen bleiben, den Wind spüren und zusehen, wie sich die Küste entfernt. Ich muss nichts tun, gar nichts, nur die Pause genießen zwischen zwei Ländern, zwei Tagen, zwei Leben. Ich fühle mich unendlich leicht und frei.

Von irgendwoher dringt Musik und mischt sich mit Stimmen und dem Motorengeräusch. Die Lichter aus den Kabinen malen gelbe Kreise auf das Deck. Ich habe Lust zu tanzen, und weil ich mir sicher bin, dass keiner zusieht, tue ich das auch. Ich hebe mein langes Kleid an und tanze um die gelben Kreise, back step, triple step, kick it, kick it, eine lustige kleine Swingnummer, während mein geflochtener Zopf auf dem Rücken hüpft. Wie ich das vermisst habe, mal wieder allein zu sein!

In dieser Nacht träume ich so gut wie schon lange nicht mehr. In meinem Traum habe ich kein Alter und kein Zuhause, nichts, was ich tun muss, nicht einmal eine bestimmte Erscheinung. Ich bin nicht ich.

Aber dann erwache ich steif vor Kälte. Ein neuer Tag ist da. Der Himmel ist noch gelb und rötlich verschleiert, aber ganz unzweifelhaft hell.

«Guten Morgen, du kleine Schlafmütze.» Viktoria kniet neben mir und lächelt mich an. «Ich sehe, du hast im Freien geschlafen, ganz so, wie es sich für eine Vagabundin gehört!» Sie reicht mir einen dampfenden Becher. «Ich habe dir Kaffee mitgebracht!»

«Das ist aber mal eine schöne Überraschung!», lächele ich sie an und will nach dem Becher greifen, als etwas Merkwürdiges passiert. Der Kaffeegeruch dreht mir den Magen um.

«Alles in Ordnung?», fragt Viktoria. «Du bist ja totenbleich!»

Ich springe auf. «Entschuldige. Bin gleich wieder da!»

Die Übelkeit überkommt mich so plötzlich, dass ich nicht mal mehr Zeit habe, nach drinnen zu laufen. Also beuge ich mich über die Reling.

«Isabel.» Viktoria steht hinter mir und streicht mir über den Rücken. «Ist alles in Ordnung mit dir?»

Ich probiere ein kleines Lächeln. «Ist schon vorbei.»

Dann gehe ich zu den Toiletten und wasche mich.

Als ich wieder hinaustrete, kann ich den Hafen von Bari erkennen. Wir sind fast angekommen.

«Ich mache mir ein bisschen Sorgen um dich», sagt Viktoria, die an derselben Stelle wartet, an der ich sie zurückgelassen habe. «Musst du nicht», versuche ich sie zu beruhigen. «Ich habe irgendetwas Schlechtes gegessen. Jetzt geht es mir wieder gut.»

«Du hast so gut wie gar nichts gegessen gestern», korrigiert sie mich.

«Das sind sicher unsere merkwürdigen Ernährungsgewohnheiten. Manchmal gibt es tagelang gar nichts, und dann wieder alles auf einmal.» Ich stopfe mir die Haare unter das Tuch und lächele sie tapfer an. «Lass uns bitte nicht mehr darüber sprechen», füge ich hinzu. «Wie hast du denn geschlafen?»

«Mmh, geht so, war etwas ungewohnt im Sitzen. Ich bin ja schließlich keine siebzig mehr.»

«Dafür, dass wir aus dem Interrail-Alter raus sind, machen wir uns aber ganz gut.»

«Oh, wir machen uns phantastisch. Lass uns nachdenken, wie es jetzt weitergeht.»

Zeit, der Wirklichkeit ins schmutzige Angesicht zu sehen, denke ich, während wir über die Gangway hinuntergehen, auf die Passkontrolle zu. Meine Begeisterung von vergangener Nacht ist verflogen.

«Resümieren wir», sagt Viktoria eine halbe Stunde später, als wir mit dem Rücken an einen Schuppen gelehnt in der Sonne sitzen. «Auf der Plus-Seite können wir verzeichnen, dass wir dem Gefängnis entkommen sind.»

«Ja, und auf der Minus-Seite, dass wir noch weiter von Istanbul entfernt sind als zuvor, dass wir jetzt überhaupt kein Geld mehr haben, dass wir schon wieder nicht wissen, wo wir heute Nacht schlafen sollen, und dass es noch zehn Tage bis zum Ersten sind.» Ich verschweige, dass ich mir außerdem Sorgen um meine Gesundheit mache. Mit mir stimmt etwas nicht, das weiß ich jetzt. Dieser aufgeblähte Bauch und die ständige Übelkeit – wäre ich in Hamburg, ich hätte längst einen Arzt aufgesucht.

«Geld, immer dieses vermaledeite Geld!» Viktoria sieht ehrlich wütend aus. «Es ist wirklich zum Aus-der-Haut-Fahren! Eigentlich sollte ich mein Geld kontrollieren, stattdessen kontrolliert es mich!»

«Ich bin das Thema auch leid», murre ich und zupfe mein Kopftuch zurecht. «Geld, Geld, Geld, Geld!»

Ein mittelaltes Paar mit Rollkoffer zieht an uns vorüber und sieht uns missbilligend an. «Ich hab's dir doch gesagt, Bärchen», höre ich die Frau zu ihrem Mann sagen. «Immer mehr Zigeuner in Europa! Na, denen geben wir aber nichts! Die liefern das eh nur bei ihrem Stammeschef ab, damit der sich einen neuen Mercedes davon kauft.» Viktoria und ich sehen uns verblüfft an, dann lachen wir. Wir scheinen unseren Part ja wirklich überzeugend zu spielen. Viktoria streckt ihre Hand aus, dass der goldene Ring in der Sonne blitzt. «Wollen Sie kennen Zukunft, meine Dame!», ruft sie laut, aber die Frau zieht nur ihren Mann am Ärmel und beschleunigt ihren Schritt.

«Was hättest du gemacht, wenn sie eingewilligt hätte?», frage ich, als das Paar aus unserem Blickfeld verschwunden ist.

Viktoria öffnet ihre Handtasche. «Na, dann hätte ich die hier rausgeholt!» Sie holt triumphierend einen Packen Karten hervor.

«Ach ja, meine allerletzten Euros. Das hilft ja wohl enorm.»

«Spar dir deinen Sarkasmus und zieh lieber eine Karte.»

Viktoria beginnt eifrig zu mischen. «Dann sag ich dir deine Zukunft voraus.»

«Ich glaub nicht an so was, Viktoria.»

«Nun komm schon, hab dich nicht so!» Sie legt die Karten verdeckt und aufgefächert vor uns hin. «Nur eine Karte! Eine Karte, die zeigt, was du wirklich bist!»

«Also gut. Wenn es dir Freude bereitet.» Ich wähle eine Karte aus der Mitte aus und drehe sie um. «Oh. Ich bin eindeutig tot.»

«Nein, nein, das hat nichts zu sagen.»

«Was, platt auf dem Bauch zu liegen mit zehn Schwertern im Rücken? Sieht aber so aus!»

«Nein, die zehn Schwerter deuten eine missliche Lage an, aber eher so allgemein.»

«Na, jetzt bin ich froh, dass wir dieses Spiel dabeihaben. Das hätte ich ja sonst gar nicht gewusst!»

«Pass auf, wir machen das anders.» Viktoria mischt erneut die Karten. «Ich lege dir jetzt das Keltische Kreuz!»

«Erst muss ich was essen.»

«Oh, dann ist dir nicht mehr übel? Das ist ein gutes Zeichen! Ich muss dich allerdings daran erinnern, dass wir vorerst noch nichts essen und trinken können, weil wir gar kein Geld dafür haben. Aber das verdienen wir jetzt.» Viktoria legt erneut die Karten aus. «Muss mich nur wieder etwas vertraut damit machen. Zuletzt habe ich jemandem wohl ...», sie bewegt leise die Lippen, «... 1974 die Karten gelegt.»

«An das Jahr erinnere ich mich auch noch. Da hab ich einen neuen Teddy bekommen. Mann, ist mir flau! Ein Glück, dass wir den Revolver nicht mehr haben. Ich steh SO kurz davor, eine Bäckerei zu überfallen!»

«Wir dürfen jetzt nicht die Nerven verlieren. Zieh eine Karte!»

«Viktoria, ich bin wirklich nicht in der ...»

«Denk an das Geld!»

Ich greife erneut in die Mitte. Diesmal ist es ein hübsches Motiv: eine Frau und ein Mann in mittelalterlichen Kleidern stoßen mit riesigen Bechern an, über denen ein geflügelter Löwe hockt. «Na gut, wenn das die Zukunft ist, will ich gerne ...»

«Das ist die Vergangenheit.»

«Was?»

«Diese Karte steht für das, was in deiner Vergangenheit war.»

«Oh.»

«Und jetzt bitte noch eine. Diesmal zeigt die Karte deine Gegenwart.»

Ich ziehe erneut und fluche. «Tarot ist für Spieler ab 18, nehme ich an? Wie viele Menschen genau werden hier mit Schwertern gefoltert und umgebracht?»

«Ja, es ist schon auffällig, wie viele Schwerter-Karten du ziehst. Aber wieso sprichst du von Menschen? Hier wird nur ein Herz durchbohrt. So, noch eine. Siehst du – diesmal ist kein einziges Schwert darauf zu sehen!»

«Ja, und warum nicht?», brause ich auf. «Weil sie schon alle erstochen sind! Guck dir das doch mal an! Ein Skelett reitet auf einem Pferd, und darunter steht DEATH!»

«Komm, noch eine!», sagt Viktoria. «Jetzt kann es nur noch besser werden, und schließlich geht es hier um deine Zukunft!»

«Ich dachte, es ginge um Geld», knurre ich und ziehe noch eine Karte. Es ist die Karte des Teufels, buchstäblich. «Nun habe ich aber wirklich keine Lust mehr», sage ich und schiebe die Karten weg. «Lass uns gehen!»

Viktoria hat übertrieben. Es stimmt nicht, dass wir gar kein Geld mehr haben. Wir holen sämtliche Münzen aus unseren Taschen, und es kommen fünf Euro achtzig zusammen. Auf dem Markt kaufen wir uns dafür eine halbe Wassermelone – gegen Skorbut, wie Viktoria sagt. Dann setzen wir uns an einen Brunnenrand, schneiden die wässrige Frucht und sehen dem Treiben zu. Der Markt ist direkt am Hafen, von hier aus sehe ich noch immer das glatte blaue Meer. Frauen mit Körben am Arm gehen geschäftig in den Gassen umher, die sich zwischen den aufgereihten Ständen bilden. Die Luft ist erfüllt von den Rufen der Marktschreier, von Begrüßungen und Abschiedsworten und flammend gehaltenen Reden. So kommt es mir jedenfalls vor. Viktoria öffnet ihre Handtasche und zieht den Zettel mit den sieben Adressen daraus hervor. Der Zettel sieht aus, als stamme er aus einer Flaschenpost aus dem vorletzten Jahrhundert, so zerknittert und vergilbt wirkt er.

«Liegen die eigentlich alle im Zentrum?», frage ich.

Viktoria blickt kurz auf. «Es gibt nicht wirklich ein Zentrum in Istanbul», erklärt sie. «Also klar, es gibt das historische Zentrum bei der Hagia Sophia, wo in der Antike die erste Siedlung war. Aber dann hat sich die Stadt immer weiter ausgebreitet.»

«Wo hast du denn als Studentin gewohnt?»

Viktoria lächelt und schließt die Augen. «Sultanahmed heißt das Viertel. Bei der Blauen Moschee.»

«War das schön?»

«O Isabel, du kannst dir nicht vorstellen, WIE schön das war! Alles dort atmet Geschichte. An jeder Ecke tauchst du in eine andere Epoche hinab. Du spürst förmlich das alte Ostrom, das alte Byzanz, das alte Konstantinopel, diese Jahrtausende umfassende Vergangenheit. Und dann die Blaue

Moschee! Ein unfassbares Gebäude! So wunderschön, so friedlich! Ich bin fast jeden Tag in den Innenhof gegangen, habe da stundenlang gesessen und die Kuppel, die Minarette und die Menschen angesehen.»

«Bist du ...?» Ich traue mich fast nicht, die Frage zu stellen, so intim erscheint sie mir. «Bist du gläubig? Ich meine, Muslimin?»

Viktoria schüttelt lächelnd den Kopf. «Nein. Ich glaube daran, dass der Mensch sein Leben selbst in der Hand hat. Und dass wir andere, egal, woher sie kommen und was sie glauben, respektieren sollen.»

«Bist du nie mehr nach Istanbul zurückgekehrt?»

«Doch, sicher. Zu wissenschaftlichen Konferenzen.»

«Und du hast nie deinen Can aufgesucht?»

Viktoria schweigt lange. Sie blickt auf den Zettel in ihren Händen, auf dem siebenmal Can Ocak steht.

«Doch, einmal. Da waren Herbert und ich frisch verheiratet. Ich hatte auf einmal Zweifel. Damals bin ich hingefahren, um Can zu suchen und um mir zu beweisen, dass ich die richtige Entscheidung getroffen hatte. Ich wollte endlich dieses Gespenst loswerden. Diese Illusion, dass Can und ich zusammengehören und nicht Herbert und ich.»

«Und dann?» Ich blicke sie aufmerksam an.

Sie lächelt, aber jetzt ist es ein trauriges Lächeln. «Und dann habe ich mich auf einmal nicht mehr getraut.»

«Was?» Ich bin fassungslos. «Du warst schon da? Und dann hast du dich nicht getraut?»

«Ja. Das bringt die Sache auf den Punkt.»

«Und dann bist du wieder nach Hause gefahren und bist zu Herbert zurückgekehrt?»

«Ja.»

Wir schweigen. Ich fühle eine gewaltige Traurigkeit für

Viktoria. Wie leicht es ist, seine Lebenszeit zu vergeuden! Und wie viele von uns das tun! Man redet sich ein, dass das Leben ganz in Ordnung ist, weil es zu schmerzhaft ist, seine gewohnten Bahnen zu verlassen, oder zu umständlich oder weil man einem anderen nicht wehtun will. Und dann vergeht das Leben, und plötzlich ist man alt.

Und wie ist es bei mir? Wie viele Dinge in meinem eigenen Leben muss ich ändern? Habe ich auch falsche Entscheidungen getroffen, bin ich in falsche Rollen geschlüpft, spiele ich unter einer falschen Regie? Oder bin ich einfach nur zu erschöpft, um klarzusehen?

Ich wage es nicht auszusprechen, aber ich empfinde unsere Lage jetzt schlimmer denn je. Unmöglich können wir auf diese Weise die nächsten fünf Tage überstehen. Natürlich könnten wir jetzt weitertrampen, aber wohin in Teufels Namen? Die einzigen Wege nach Istanbul führen durch die Luft oder über das Meer.

«Wenn wir nur jemanden in Italien kennen würden!», seufzt Viktoria. «Jemanden, der uns fünf Tage lang aufnimmt – dann wäre das Problem gelöst.»

Plötzlich habe ich eine Eingebung. «Ja, warum habe ich nicht gleich daran gedacht? Ich kenne ja jemanden! Aber dafür müsste ich zweimal telefonieren. Wie viel Geld haben wir noch?»

Es ist Viertel vor zehn, große Pause in Carstens Welt. Schulhofgekreisch lärmt in den Hörer, als er abnimmt. Ich sehe ihn vor mir, wie er da steht inmitten von tobenden Kindern. Ich habe Sehnsucht nach ihm.

«Isabel?» Er klingt erleichtert. «Gott sei Dank. Es tut mir so leid wegen neulich Nacht. Ich war schrecklich unfreundlich zu dir.»

Einen Moment lang kann ich nicht sprechen vor Überraschung. «Nein, Carsten, ich bin es, die sich entschuldigen muss. Ich bin ... ich habe ...»

«Isi?»

Auf einmal bekomme ich gar kein Wort mehr heraus. Der Hals ist mir vor Traurigkeit eng.

«Ist alles in Ordnung, Liebling?»

Ich schüttele den Kopf, immer noch unfähig zu sprechen. Ich würde ihm jetzt gern so viel sagen. Vielleicht nicht unbedingt, dass ich einen Wagen gestohlen und einen Polizisten gefesselt habe. Aber dass ich an ihn denke, dass ich mich nach ihm sehne und dass mir in letzter Zeit immer so übel ist.

«Hör zu, Isabel, du musst mir nichts sagen, wenn du nicht möchtest, und du musst auch nicht jetzt sofort nach Hause kommen. Aber ich will, dass du weißt, dass ich dich liebe.»

Ich schlucke meine Tränen herunter. «Ich liebe dich auch. Wie geht es Lisa?»

«Lisa vermisst dich, Isi.»

«Oh. Hat sie das gesagt?»

«Nein, gesagt nicht, aber ich weiß es.»

«Carsten, hör zu. Ich würde dir gern ganz viel erzählen, aber ich bin in einer Telefonzelle und habe nicht viel Geld. Hast du bitte mal ganz schnell die Nummer von Heinrich?»

«Heinrich?»

«Ja, Heinrich, mein alter Freund aus der Schauspielschule.»

«Ich weiß, wer Heinrich ist!», bellt er. «Ich bin doch nicht verkalkt!»

Carstens Nerven liegen also auch blank. Das Gewissen beißt mich. Wenn ich ihn doch nur sehen könnte, mich mit ihm aussprechen! «Ich erkläre dir alles in ein paar Tagen», sage ich. «Versprochen. Wenn du mir nur ...»

«Ich suche sie dir raus», entgegnet Carsten. «Ruf mich in der nächsten Pause noch einmal an.»

«Wir müssen jetzt wahrscheinlich nach Rom trampen», erkläre ich Viktoria, die über die Fontäne gebeugt steht und trinkt.
«Fein. Aber dann in einer anderen Verkleidung, würde ich sagen. Meinst du nicht auch?»
«Auf jeden Fall.» Ich reiße mir das Kopftuch herunter. «Dieser Look hier gefällt mir sowieso nicht mehr.»
Auf der Toilette einer Bar streife ich wieder das macchiatofarbene Kleid über, löse den Zopf und bürste mir die schwarzen Haare.
«Umwerfend!», sagt Viktoria, als ich wieder hinaustrete. «So neidisch ich auch bin, ich muss es anerkennen: Du siehst aus wie die junge Sophia Loren!»
«Was für eine schreckliche Schwindlerin du sein kannst!» Ich fühle, wie ich vor Verlegenheit rot werde. Das passiert mir in letzter Zeit oft.
Ich knuffe sie in die Seite.
«Und jetzt erzählst du mir alles über diesen geheimnisvollen römischen Freund!»

Anderthalb Stunden später habe ich mir Heinrichs Mobilnummer mit einem Kugelschreiber in die Innenfläche meiner Hand gekritzelt. Carsten hat sehr kühl und distanziert geklungen, dabei weiß er, dass er nicht den geringsten Grund zur Eifersucht hat. Ich zögere einen Moment, bis ich in der Telefonzelle erneut den Hörer abnehme. Es ist heiß und stickig hier drinnen, und mir wird schon wieder ein bisschen schlecht.

Eine männliche Stimme meldet sich nach dem ersten Klingeln mit einem etwas barschen «pronto».

«Heinrich?», frage ich vorsichtshalber nach.

Am anderen Ende herrscht sekundenlang Stille. Dann höre ich die vertraute Stimme meines ehemals besten Freundes: «Isabel. Mein Gott, ist das schön, dich zu hören!»

Er hat meine Stimme sofort erkannt, und vor Erleichterung kommen mir schon wieder die Tränen. Nach all den Jahren hat er mich an einem einzigen Wort erkannt. «Heinrich, ich brauche deine Hilfe», sprudele ich, denn ich sehe, wie schnell mein Guthaben schwindet. «Es ist eine etwas längere Geschichte, aber ich bin in Italien und habe kein Geld.»

«Wo bist du?», fragt Heinrich.

«In Bari.»

«Wo genau da? Ich komme und hole dich ab. In einer Stunde bin ich mit dem Motorrad da.»

«In einer Stunde …? Aber – bist du denn nicht in Rom?»

«Wir sind in Matera, in unserem Ferienhaus. Das ist nur knapp eine Stunde von Bari entfernt.»

«Motorrad ist schlecht, Heinrich. Ich bin mit einer Freundin unterwegs. Es tut mir so leid.»

«Ganz ruhig, Isabel. Wo bist du?»

«Auf dem Markt am Hafen.»

«Bleib, wo du bist. Ich bin gleich da.»

Ich hänge auf und sinke auf dem Boden der Telefonzelle zusammen. Es ist einfach alles zu viel.

Eine Stunde später tauchen zwei schwarze Hondas am Ende der Straße auf. Einer der beiden Motorradfahrer nimmt den Helm ab und läuft mir entgegen. Heinrich hat graue Haare bekommen. Aber sonst ist er mir sehr vertraut.

Heinrich und ich haben uns vor siebenundzwanzig Jahren zum ersten Mal unterhalten und dann gleich sieben Stunden lang. Es war nach der Physikstunde. Wir haben auf der Tischtennisplatte im Schneidersitz geredet, dann bei den Fahrrädern und später auf dem Nachhauseweg, der dann doch kein Nachhauseweg wurde, bis die Sonne unterging. Alles haben wir in diesem Gespräch voreinander ausgebreitet: unsere Kindheit, die Namen der Jungs, in die wir schon verliebt waren, warum wir Schauspieler werden wollten. Jetzt sieht er mich an, und ich muss gar nichts sagen. Er weiß auch so, dass es gerade nicht zum Besten um mich steht.

«Das ist Adolfo», deutet er auf den Motorradfahrer neben sich. «Ihr kennt euch noch nicht.»

Nein, das tun wir nicht – schließlich haben Heinrich und ich uns seit einem Jahrzehnt nicht mehr gesehen. Seit dem Tag, an dem er sich mit Carsten gestritten hat. Ich falle meinem ältesten Freund um den Hals und bringe keinen Ton hervor. Dann wende ich mich Adolfo zu, um ihm die Hand zu drücken. Doch der reißt mich stattdessen zu sich heran, drückt mir einen Kuss auf die Wange, dass mich sein schwarzer Schnurrbart kitzelt, und überfällt mich mit einem Wortschwall, den ich nicht verstehe.

«Adolfo sagt, er freut sich, dich endlich kennenzulernen», grinst Heinrich. «Er hat schon viel von dir gehört.»

«Hat er das?», strahle ich Heinrich an. «O mein Gott, ich möchte ... Also, dass du jetzt wirklich vor mir stehst! Ich muss dir so viel ...»

«Mir tut es auch gut», entgegnet er ruhig.

Hinter mir räuspert sich jemand.

«Ach ja, und das ist meine Freundin!» Ich schiebe Viktoria nach vorn und stelle sie vor. «Wir haben uns auf einer Landstraße zwischen Kiel und Hamburg kennengelernt. Den Rest erzähle ich dir später.»

Wenn Heinrich erstaunt ist, dass ich mit einer Freundin unterwegs bin, die meine Mutter sein könnte, so zeigt er es nicht. Er reicht ihr freundlich die Hand. «Haben Sie Erfahrung im Motorradfahren?», fragt er sie.

Viktorias Augen leuchten auf. «Überhaupt nicht», strahlt sie.

«Gut.» Heinrich sucht meine Augen. «Dann schlage ich vor, dass Viktoria mit mir fährt. Ich bin der Vorsichtigere von uns beiden.»

Adolfo lächelt mich mit sehr weißen Zähnen in einem dunkel gebräunten Gesicht an und reicht mir einen Motorradhelm. «Andiamo!», sagt er.

Eigentlich hatte ich nicht vor, Heinrichs Lebenspartner anzufassen. Ich wollte mich auf Adolfos Motorrad an den Griffen festhalten. Aber er startet seine Honda so rasant, dass ich in der Hektik die Griffe nicht finde. Als er dann um eine Ecke biegt, um aus dem Hafen herauszufahren, legt er sich so stark in die Kurve, dass mein rechtes Knie fast den Boden berührt. Also umklammere ich ihn. Im Rückspiegel erkenne ich Heinrichs Motorrad, das immer kleiner wird. Warum wartet Adolfo nicht? Haben wir es so eilig? Ja, entscheide ich. Da muss irgendetwas geschehen sein, oder vielleicht haben wir Adolfo aus einer wichtigen Aufgabe gerissen, und jetzt muss er schnell wieder nach Hause. Der Fahrtwind reißt an meinen Haaren und schockfrostet meine nackten Beine. Schon kann ich vor lauter Geschwindigkeit nichts mehr sehen. Ich schließe die Augen. Adolfo schießt auf die Landstraße und beschleunigt hier noch einmal, als gelte es, Lichtgeschwindigkeit aufzunehmen. Verzweifelt presse ich mich an ihn. Heinrich und Viktoria sind verschwunden, aber das kann auch täuschen, denn bei diesem Tempo etwas erkennen zu wollen hieße, über die Natur des menschlichen Auges zu triumphieren. An einer Ampel bremst Adolfo so plötzlich, dass ich nach vorn kippe. «Und jetzt bitte nicht mehr Michael Schumacher spielen!», rufe ich nach vorn, in dem lächerlichen Versuch, unbeschwert zu klingen.

Einen Moment lang schweigt Adolfo. Ich will meine Worte gerade auf Englisch wiederholen, da scheint ihm die Bedeutung zu dämmern, und er reißt eine Faust in die Luft. «Schumackerrr!», höre ich ihn brüllen. Die Ampel schaltet auf Grün. Adolfo rast los.

Wenn ich bis dato geglaubt hatte, die schlimmste Fahrt meines Lebens sei die vom Vortag gewesen, als ich in einem gestohlenen albanischen Wagen von der Polizei verfolgt wurde, werde ich nun eines Besseren belehrt. DIES ist die schlimmste Fahrt meines Lebens. Es ist ein bisschen wie in Carstens Lieblingsfilm «Contact», in dem Jodie Foster durch ein Schwarzes Loch in ein anderes Universum gezogen wird. Aber vielleicht versucht Adolfo auch «Nur noch sechzig Sekunden» nachzuspielen. Wir brettern mit geschätzten 200 Sachen durch eine geschlossene Ortschaft. Hühner flattern panisch in die Höhe. Eine alte schwarz gekleidete Frau kann sich nur mit knapper Not auf eine Mauer retten. Ich schließe erneut die Augen. Mir fällt tatsächlich ein Sterbegebet aus einer Szene in «Praxis Dr. Eppingham» ein.

Es wird von einer höheren Macht erhört, allerdings nicht von der himmlischen. Kurz vor dem Ortsausgang steht ein Mann und hält eine Kelle hoch, die in der Sonne rot leuchtet. Adolfo bremst so rasant, dass ich erneut nach vorn kippe.

Es folgt ein Wortwechsel zwischen Adolfo und dem Polizisten. Ehrlich gesagt weiß ich nicht, was es von Adolfos Seite her noch zu diskutieren gibt. Der Fall ist sonnenklar: Geschwindigkeitsübertretung im Endstadium. Das macht eine satte Geldstrafe, vielleicht auch den Führerscheinentzug. Adolfo muss mehrere Dokumente vorlegen, von denen er jedes einzelne gestenreich kommentiert. Am Ende nimmt der Polizist nicht mal seine Personalien auf. Sehr merkwürdig.

Kurze Zeit später scheint die Rennstrecke zu Ende zu sein. Wir halten vor einem Gebäude aus Natursteinen, das von alten Bäumen umgeben ist. Adolfo stellt den Motor aus. Es ist plötzlich ganz still. Ich höre nur noch das Summen von Insekten und vereinzeltes Vogelzwitschern. Es riecht intensiv nach Kräutern und Harz.

Adolfo dreht sich zu mir um, nimmt den Helm ab und grinst: «Primo!»

Ja, sieht ganz so aus, als sei er als Erster angekommen.

Später, als Heinrich und ich auf gepolsterten Korbstühlen sitzen und ein Glas Weißwein in der Hand halten, lächelt Heinrich mich an: «Adolfo ist sehr beeindruckt von dir. Er sagt, du hättest ihn richtig angespornt!»

«O mein Gott, nein, das Gegenteil ist der Fall! Ich wäre fast gestorben vor Angst!»

Heinrich runzelt die Brauen. «Du hast nicht zu ihm gesagt: Mach mir den Schumacher!?»

Ich verschlucke mich fast an meinem Wein. «Ich bin zwar ein bisschen erschöpft von den letzten Tagen, aber doch nicht lebensmüde! Hält sich dein Freund eigentlich für einen Stuntman, oder was?»

«Er IST Stuntman.» Heinrichs blaue Augen strahlen. Eine Brise kräuselt das Wasser im Pool.

«Oh.»

Aus dem Haus weht die Ouvertüre von Puccinis «La Bohème», vermischt mit dem Staccato eines Küchenmessers auf Holz. Adolfo kocht das Abendessen, Viktoria liegt drinnen auf dem Sofa, um auszuruhen.

Heinrich lächelt mich an. «Was macht mein Patenkind?»

«Du würdest sie nicht wiedererkennen. Lisa ist wild und spielt mit Vorliebe Fußball.»

«Ja, du warst mit fünfzehn auch kein Schokoladendessert.»

«Du kanntest mich doch gar nicht mit fünfzehn.»

«Nein, aber mit achtzehn. Und ich kann mir gut vorstellen, was deine Mutter mit dir als Teenager durchgemacht hat.»

Ich sehe ihn an. Wie vertraut er mir ist! Ich habe das Gefühl, ich hätte ihn gerade erst vergangene Woche gesehen. «Mama ist vor drei Jahren gestorben.»

Heinrich nimmt meine Hand. «Das tut mir sehr leid.»

Wir sehen uns an. Hack, hack, macht es aus der Küche. Ich schlucke. «Es ging sehr schnell.»

«Woran ist Ingrid gestorben?»

«An derselben Krankheit wie dein Vater.»

Wir sehen uns schweigend an. Das Geräusch aus der Küche zerhackt die Stille. Heinrich lässt meine Hand wieder los.

«Lass uns über dich reden», sagt er schließlich. «Warum bist du von zu Hause weggelaufen? Und was willst du ausgerechnet in Istanbul?»

Ich erzähle ihm so gut wie alles. Ich erzähle von meiner letzten Aufnahme im Tonstudio und allen nachfolgenden Unglücken. Sogar Zlatko erwähne ich, unseren Unfall und den nächtlichen Aufenthalt im Krankenhaus. Nur die Geschichte, wie Viktoria und ich nahe der albanischen Grenze ein Auto gestohlen und den Polizisten mit einer Waffe bedroht und an einen Baum gefesselt haben, lasse ich unerwähnt. Ich finde, dass diese Sache den Eindruck, den man von uns eigentlich haben sollte, irgendwie verzerrt.

Die Flasche ist leer, als ich alles erzählt habe, und ich fühle mich leicht im Kopf. Und leicht im Magen. Ich hatte heute nur ein Stück Wassermelone, fällt mir plötzlich ein, und zum Wein gab es auch keine Nüsse oder so. Heinrich hält Knabbereien vor dem Essen für die achte Todsünde. Er ist eben figurbewusst.

«Ich denke, zuallererst solltest du jetzt mal deinen Mann anrufen», sagt Heinrich. «Du solltest dich mit ihm aussprechen.»

Ich hole tief Luft. «Und das sagst ausgerechnet du?»

«Die Geschichte liegt zehn Jahre zurück, oder? Wenn du ihm verzeihen konntest, dann kann ich das wohl auch.»

Von drinnen ruft Adolfo uns zum Essen. Heinrich antwortet etwas, das ich nicht verstehe. Es ist seltsam, ihn Italienisch sprechen zu hören.

«Weißt du, es war auch gar keine richtige Affäre, wie ich damals dachte», sage ich rasch. «Carsten hat nur diese eine Nacht mit der Referendarin verbracht.»

«Ich bereue es trotzdem nicht, dass ich ihn damals zur Rede gestellt habe», sagt er. «Ich war ja nicht nur dein Trauzeuge, ich war auch dein bester Freund. Ich konnte es nicht mit ansehen, wie unglücklich du warst.»

«Ich hoffe, dass du das wieder wirst», sage ich leise. «Mein bester Freund, meine ich.» Ich erhebe mich leicht schwankend. Heinrich steht ebenfalls auf. Dann fallen wir uns in die Arme.

«Das hoffe ich auch.»

Sch-sch-sch, machen die Zikaden. Die Welt draußen färbt sich kobaltblau. Heinrich stellt Windlichter auf den Tisch, auf den Adolfo eine weiße Decke gebreitet hat. Viktoria streckt die Arme in die Höhe, als sie gähnend auf die Terrasse tritt. Dann lächelt sie uns zu.

«Geht es Ihnen besser?», fragt Heinrich.

Im Schein der Lichter funkeln ihre Augen. «Unkraut vergeht nicht, wie man in Norddeutschland sagt.»

Es ist ein Abend, wie ich ihn liebe. Wir essen und trinken, lachen und reden. Heinrich und Adolfo erzählen, wie sie sich kennengelernt haben, und ich werde fast ein bisschen neidisch, weil die Geschichte so romantisch ist. Heinrich hatte einen Werbefilmdreh in Rom, bei dem er die Vorzüge einer bestimmten Espressomarke zeigen sollte. Nach Ansicht des Herstellers kann man nach dem Genuss derselben alle möglichen Heldentaten begehen.

«Als ich dann mit einer schwarzhaarigen Schönheit aus einem brennenden Haus springen sollte, hat Adolfo meinen Part übernommen», lächelt Heinrich. «Und das war's.»

«Feuriger kann man jemanden ja wohl nicht kennenlernen», findet Viktoria, stützt ihr Kinn auf und blickt die beiden versonnen an.

Nach dem Essen singen Heinrich und ich ein Duett. Auch Adolfo kann singen, italienische Arien sogar, und immer dann, wenn er den Ton nicht trifft, bricht Heinrich in haltloses Gekicher aus. Dann bittet Adolfo Viktoria, ebenfalls zu singen, und obwohl sie sich erst ziert und sagt, dass sie mit uns nicht mithalten könne, stimmt sie am Ende ein türkisches Volkslied an.

Es ist tiefe schwarze Nacht, als wir nach oben in unsere Zimmer taumeln. Heinrich hat mich gefragt, ob es mir etwas ausmachen würde, mit Viktoria ein Doppelbett zu teilen. Es macht mir nichts aus. Ich weiß ja schon gar nicht mehr, wie alleine einschlafen geht.

Aber im Bad tänzeln die weiß funkelnden Bisazza-Kacheln vor meinen Augen, und ich fühle einen Stich in meinem Bauch. Mir wird schwarz vor Augen und gleichzeitig so übel, dass ich nach vorn klappe. Ich stütze mich mit der Hand an der Wand ab. In diesem Moment durchschießt mich eine heiße Angst. Ich denke an Mama und ihre letzten Monate. Es ist erblich, hat der Arzt gesagt. Lassen Sie sich regelmäßig untersuchen.

Ich habe es seitdem nicht einmal getan.

15. KAPITEL

«Viktoria, wir haben ein Problem.» Das Gästezimmer schaukelt wie ein Schiff in unruhigen Gewässern. «Ich glaube, ich bin krank.»

Viktoria sieht von ihrem Fotoalbum auf. Dann legt sie es beiseite, erhebt sich und geht auf mich zu. Ihre dunklen Augen sehen mich besorgt an. «Du siehst in der Tat sehr blass aus, Isabel. Aber das sind die letzten Tage, die dir in den Knochen sitzen. Du musst dich jetzt gut ausruhen, vernünftig essen …»

Ich beiße mir auf die Lippen. Am liebsten würde ich Viktoria von Mama erzählen, aber ich mag die Wahrheit nicht aussprechen. Dass Mama an Darmkrebs gestorben ist. Und dass ich die Vorsorgeuntersuchungen der vergangenen drei Jahre geschwänzt habe, aus Angst vor dem, was ich vielleicht zu hören bekäme.

Ich sinke auf der Matratze zusammen. Ich bin eine Meisterin der Verdrängung. Schon immer gewesen. Damals, als Carsten mich betrogen hat und ich nicht darüber nachdenken wollte, was das für uns bedeutet. Bei den Streitereien mit Lisa. Im Job. Bei Mamas Tod. Und nun hier.

«O nein, nicht weinen.» Viktoria streicht mir vorsichtig über die Haare. Ihre Hände riechen nach Jasmin. «Du hast uns so gut hergebracht, zu diesen netten Menschen hier. Jetzt haben wir ein Bett und etwas zu essen. Und in zehn Tagen ist der Erste. Dann kriegst du auch dein ganzes Geld wieder zurück!»

Ich lächele und schlage die Augen wieder auf. «Damit komme ich auch nicht besonders weit.»

«Ja, aber das macht nichts, denn dann habe ich ja wieder welches! Wir kaufen uns ein Erste-Klasse-Ticket nach Istanbul, und dann wohnen wir wieder im Fünf-Sterne-Hotel!»

«Quatsch, Viktoria!» Ich richte mich auf. «Damit wir zur Monatsmitte wieder pleite sind? Nein, nichts da! Ab jetzt bin ich der Kassenwart!»

«Ah, so gefällst du mir schon viel besser! Guck mal, was dein Freund uns hierhergelegt hat: Pyjamas! Sie sind uns bestimmt zu groß, aber ich denke, wir sind nicht in der Position, wählerisch zu sein. Wir werden trotzdem gut darin schlafen, meinst du nicht auch?»

Leider nein. Bis zum Morgengrauen rasen mir Träume ohne Tempolimit durchs Hirn. Ich erwache alle paar Stunden schweißgebadet, orientierungslos, mit heftig pochendem Puls. Als der Morgen rötlich durch die Vorhänge schimmert, beruhige ich mich mit dem Gedanken, dass ich nichts Schlimmes habe und dass diese Symptome bestimmt typisch für die Wechseljahre sind.

Als ich das nächste Mal die Augen aufschlage, liegt Viktoria nicht mehr neben mir. Draußen ist es strahlend hell. Benebelt tapse ich ins Badezimmer. Ich stelle mich unter die Dusche und kühle meinen Körper mit einem harten, eiskalten Strahl. Als ich in den Spiegel blicke, denke ich zunächst, es sei der Guss, der meine Haut gerötet hat. Aber dann sehe ich das Weiß, das mir die Umrisse meines Kleides auf die Haut gezeichnet hat, und ich stelle fest, dass ich den Sonnenbrand des Jahrhunderts habe.

Viktoria durchkrault das Becken, dass ihre Arme aussehen wie eines dieser mechanischen Kinderspielzeuge, die man aufzieht. Jede Bewegung sitzt. Heinrich und Adolfo sitzen auf der Terrasse, trinken Kaffee und sehen ihr dabei zu. «Guten Morgen!», ruft Heinrich und deutet dann auf den Pool. «War Viktoria mal Profischwimmerin? Ich habe gerade zu Adolfo gesagt ... Oh.» Er sieht mein Gesicht.

«Mhmm. Ihr habt nicht zufällig eine After-Sun-Lotion?»

Adolfo starrt mich mit geöffnetem Mund an. So etwas Knallrotes habe er noch nie in seinem von Explosionen gefüllten Leben gesehen, übersetzt Heinrich für ihn. «Du Arme, du siehst aus wie ein gekochter Hummer.»

«Hm, Krabbe hätte ich jetzt charmanter gefunden. Oder kleiner Krebs.» Ich lasse mich schwer in eines der weißen Polstermöbel fallen.

Heinrich lacht. «Wir haben leider keine After-Sun-Creme, aber ich fahre dich mit dem Motorrad zu einer Apotheke.»

«Nein, nicht mit dem Motorrad!», rufe ich etwas panischer als beabsichtigt, was Heinrich noch mehr zum Lachen bringt.

Wir fahren in die Stadt hinein. Die Straßen sind so eng, dass Heinrich fast Schritttempo fahren muss, um hindurchzukommen. Vorsichtig lenkt er um streunende Katzen, alte Frauen auf Bänken und spielende Kinder herum. Endlich gelangen wir auf einen Platz, an dem eine Apotheke und ein Café stehen. Auf der Bank an einer Mauer sitzen alte Männer mit Schiebermützen nebeneinander und sehen uns aufmerksam an.

Die Frau in der Apotheke ist angemessen erschrocken, als sie meinen Sonnenbrand sieht. Aber sie klettert auf eine Leiter und zieht heftig gestikulierend ein paar sehr lange Schubladen auf. Ich bin erleichtert. Diese erfahren wirkende Frau wird sich nun um mich kümmern – ich fühle mich fast schon wieder gesund.

«Noch etwas?», will Heinrich wissen.

«Ja, könntest du sie vielleicht fragen, ob sie noch etwas gegen Übelkeit hat? Du bekommst übrigens alles am Ersten zurück.»

Heinrich lacht. «Witzig, früher war ich immer derjenige, der das zu dir gesagt hat.»

Er übersetzt, dann erklärt er: «Sie hat etwas. Das darfst du aber nur nehmen, wenn du nicht schwanger bist, hat sie gesagt.»

Ich lache geschmeichelt. «Danke für das Kompliment – sehe ich etwa immer noch fruchtbar aus?»

«Ehrlich gesagt habe ich davon keine Ahnung», sagt Heinrich. «Ich habe es ja nicht so mit Frauen.»

Wenig später sitzen wir unter einem Sonnenschirm nicht weit von den Männern mit den Schiebermützen. Von hier oben haben wir einen phantastischen Blick über die Stadtmauer hinunter ins Tal. Ich reibe mich mit der Creme ein.

Heinrich sieht mich nachdenklich an. «Isabel, ich will dir ja nicht zu nahe treten, aber bist du wirklich sicher, dass du nicht schwanger bist?»

Der Kellner bringt unsere Getränke, Sanbitter für Heinrich, Kakao für mich. Ich nutze die Pause, um meine Gedanken zu ordnen. «Wie kommst du denn auf diese absurde Idee?»

«Weil du mich an damals erinnerst, vor fünfzehn Jahren, als du mit Lisa schwanger warst.»

«Ich habe wohl ein bisschen zugenommen.»

«Davon spreche ich nicht. Nein, ich meine dein Gesicht. Du siehst unglaublich hübsch aus. Du hast so einen ... Glow.»

«Mein Gesicht glüht von der Sonne.»

«Nein, du wirkst glücklich und erfüllt.»

«Das ist nicht möglich. Ich habe meine Arbeit verloren, sehe meine Familie nicht mehr und habe keine Ahnung, wie es mit mir weitergehen soll.»

Heinrich lächelt. «Vielleicht ist das ja der Schlüssel.»

Der Milchschaum fühlt sich weich und warm an auf meiner Oberlippe. «Lass uns von dir reden. Wie ist das bei dir? Bist *du* glücklich?»

«Eigentlich schon, auch wenn die Angebote nicht so kommen, wie ich gern hätte. Aber vielleicht ändert sich das ja jetzt.»

«Ich habe dich am Tag meiner ...» Ich zögere kurz. Wie will ich es nennen? Abreise? Flucht? «Also, an meinem letzten Tag in Deutschland im Radio gehört. Du hast ein Interview gegeben. Da habe ich gehört, dass du immer noch in Italien lebst. In Rom.»

«Ja, da leben wir meistens. Adolfo hat in Rom viel zu tun.»

«Sie haben dich interviewt für deine erste Rolle im ‹Tatort›.»

Heinrich grinst. «Toll, oder? Ich bin ziemlich stolz drauf, ehrlich gesagt.»

«Wirst du denn jetzt häufiger im ‹Tatort› spielen?»

«Geplant ist es, ja.»

«Und Adolfo? Ist er gut zu dir?»

Heinrich lacht, und ich sehe, wie tief seine Lachfalten seit unserem letzten Treffen geworden sind. «Wir streiten uns ziemlich häufig. Und er nennt mich Enrico, nicht Heinrich, was mich immer nervt.»

«Du nennst ihn ja auch nicht Adolf», sage ich mitfühlend.

Heinrich schlägt sich auf die Schenkel. «Das müsste ich mich mal trauen!» Dann wird er plötzlich wieder ernst. «Wie sicher bist du dir eigentlich, dass du Viktoria kennst? Ich meine, dass du weißt, wer sie ist?»

«Komisch, dasselbe hat mich auch schon Carsten gefragt.»

«Und deine Antwort lautet?»

Ärger steigt in mir auf. «Was habt ihr eigentlich alle? Nur weil sie nicht so eine typische Zweiundsiebzigjährige ist?»

«Viktoria ist nicht zweiundsiebzig.»

«Die Backrezepte ausprobiert und sich um ihre Enkel kümmert, die beim Arzt herum... Was sagst du?»

«Ich sagte, Viktoria ist nicht zweiundsiebzig.»

«Natürlich ist sie das, wir haben sogar zusammen ihren Geburtstag gefeiert!»

«Hast du dir mal ihren Reisepass angesehen?»

«Nein, du?»

«Nein, den habe ich nicht gefunden, als ich euer Zimmer durchsucht habe.»

«Was hast du ...?!»

«Na ja, ich war ehrlich gesagt sehr in Sorge um dich gestern. Und bin es noch immer. Ich möchte wissen, mit wem meine älteste und beste Freundin durch halb Europa fährt. Dass sie einen Revolver mit sich herumträgt, hat mir überhaupt nicht gefallen.»

«Ach, das habe ich dir dann doch erzählt?» Ich muss lachen. «Mann, muss ich gestern betrunken gewesen sein. Aber keine Panik. Viktoria hat den Revolver weggeworfen. In die Adria.»

«Hast du das mit eigenen Augen gesehen?»

«Nein, aber ...» Mir fällt nichts zu ihrer Verteidigung ein.

«Heinrich, woher weißt du, dass Viktoria in Bezug auf ihr Alter gelogen hat?»

«Hast du dir mal ihr Fotoalbum angesehen?»

Auf einmal sehe ich sie wieder vor mir auf der Rückbank in Zlatkos altem Mercedes sitzen. Viktoria blättert in ihrem Album, und als ich ebenfalls versuche, einen Blick auf die Bilder zu werfen, sagt sie: «Das ist ein bisschen indiskret.» Aber dann, nach unserem Sturz vom Boot, als ich ihr Album trocknen sollte, da hat sie mich doch gebeten, es anzusehen? Nicht wirklich, erinnere ich mich, Viktoria hat mich ermahnt, rasch zu blättern, damit die Fotos nicht verkleben.

«Ein bisschen, ja.»

«Und ist dir da nicht dieses Bild von ihr als Schulmädchen mit langen Zöpfen und Ranzen aufgefallen? Das, wo man im Hintergrund die Hamburger Kirche St. Nikolai erkennt?»

«Kann sein, ich weiß nicht. Was willst du damit sagen?»

«St. Nikolai ist während der Bombenangriffe 1943 zerstört worden. Überleg doch mal. Wenn sie jetzt zweiundsiebzig wäre, dann war sie 1943 noch ein Baby.»

«Du hast die Rolle des Kommissars wirklich verinnerlicht.»

«Ich nutze einfach nur meinen gesunden Menschenverstand.»

«Gut, ich werde mich mit Viktoria mal unterhalten.» Ich schiebe meinen Stuhl zurück. «Aber jetzt lass uns gehen!»

Viktoria liegt auf einem Diwan in der Sonne und winkt mir strahlend zu. Ihre weißen Haare sind noch nass vom Schwimmen. Sie hat sich in ein großes weißes Handtuch gewickelt, das ihre Arme und Beine frei lässt. «Ich glaube, ich bin im Paradies», lächelt sie.

Bewundernd nehme ich zur Kenntnis, wie muskulös ihre

Gliedmaßen sind. Und jetzt stelle ich mir zum ersten Mal selbst diese Frage: Wer ist diese Frau? Wie alt ist sie wirklich? Was hat sie mir noch verschwiegen? Gibt es diesen Can überhaupt?

Aber ich traue mich nicht, diese Fragen auszusprechen. Ich denke an die Liste mit den sieben Cans. Einen Mann dieses Namens gibt es sicher. Nur weiß ich natürlich nicht mit Sicherheit, was Viktoria von ihm will.

Vorsichtig rücke ich eine zweite Liege in den Schatten. Ich setze mich so darauf, dass ich sie weiter ansehen kann. «Lass das», sagt Viktoria, ohne die Augen zu öffnen.

«Was soll ich lassen?»

«Mich so zu mustern.»

«Ich habe nur gerade gedacht, dass du ganz schön sportlich wirkst für eine Sprachprofessorin.»

«Du vergisst, dass ich schon eine Weile im Ruhestand bin.»

«Ach so.» Ich hole tief Luft. «Sag einmal, seit wann unterrichtest du eigentlich nicht mehr?»

«Oh, seit etlichen Jahren. Ich weiß es nicht. In meinem Alter zählt man nicht mehr alles so genau. Das ist auch besser für die Laune.»

«Auch die eigenen Lebensjahre?» Jetzt schließe ich ebenfalls die Augen. Durch meine Lider schimmert das Sonnenlicht dunkelorange. «Hört man irgendwann auf, auch die zu zählen?»

Ihr Diwan knarzt. «Das genaue Alter spielt irgendwann eine untergeordnete Rolle.»

«Und dann sagt man eben auch nicht, wie alt man ist, sondern wie alt man sich fühlt.» Ich formuliere meinen Satz bewusst nicht als Frage.

«Kann sein. Weißt du», sagt Viktoria, und ihre Stimme

klingt fast zärtlich. «Wenn man älter ist, werden andere Dinge wichtig. Das wirst du auch noch eines Tages sehen. Nicht der Umstand selbst, dass man alt ist, zählt, sondern wie gut es einem dabei geht. Ich habe meinen Geschwistern, meinen Cousins, meinen ehemaligen Mitschülern, Freunden und Kollegen beim Altwerden zugesehen, und mein Fazit ist: Du kannst auf tausenderlei Arten altern. Du kannst gebrechlich werden und schwach, oder du kannst die Zeit nach dem Ruhestand als ein neues Leben betrachten, das dir geschenkt wird. Als ein Leben in Freiheit. Du allein entscheidest, was du mit deinen Lebensphasen anstellst. Und je nachdem, wofür du dich entscheidest, stellst du auch deine Ernährungs- und Lerngewohnheiten darauf ein. Du kannst natürlich auch beschließen, dich auszuruhen von all den Jahrzehnten der Mühsal.» Ich höre ein Lächeln in ihrer Stimme und mache die Augen wieder auf. Viktoria hat sich aufgerichtet und lacht mich an. «Aber ich habe gedacht, dass ich das später, wenn ich tot bin, auch noch kann.»

Ich erwidere ihr Lächeln. In der Sonne leuchten ihre Augen schokoladenbraun. «Ich bin froh, dass ich dir begegnet bin», sage ich dann, und ich meine es auch so.

Ich muss es mal wieder zehnmal klingeln lassen, und natürlich rechne ich damit, dass es Carsten ist, der abnimmt, aber es ist Lisa. «Mama!», ruft sie so begeistert, dass ich kurz fürchte, mich verwählt zu haben. «Papa und ich spielen Monopoly, und gerade eben haben wir an dich gedacht!»

Zu meiner eigenen Überraschung spüre ich, wie mir die Stimme versagt. Keinen Ton bringe ich mehr hervor.

«Mama?», höre ich Lisas Stimme, jetzt wieder gewohnt ungeduldig. «Bist du noch da?»

«Ja, ich ... entschuldige.» Aus den Augenwinkeln sehe ich

Heinrich, der fragend zu mir herüberblickt. «Es tut mir so gut, dich zu hören, mein Schatz.»

«Papa hat vier Hotels auf der Parkallee stehen.» Sie lacht. «Er meint, zu dumm, dass du nicht vorbeikommen kannst.»

«Ich würde jetzt sehr gern vorbeikommen», schlucke ich.

Lisa lacht noch lauter. «Auf der Parkallee? Bist du sicher? Du müsstest ziemlich viel Geld bezahlen!»

«Das ... wäre mir egal.»

«Alles in Ordnung, Mama? Du klingst, als ob du erkältet wärst!»

«O nein ... Es ist nur ... Es ist keine Erkältung. Wir haben hier fast zwanzig Grad.»

«Bist du immer noch mit der alten Dame unterwegs?» Aber sie wartet meine Antwort nicht ab, sondern sprudelt weiter: «Mama, wir haben gestern 5:1 gespielt. Ich hab zwei Tore geschossen!»

«Unglaublich!», bringe ich hervor. «Lisa, ich bin so stolz auf dich!»

«Ich bin auch stolz auf mich!», sagt sie. «Warte, Papa will dich sprechen, ich geb ihn dir!»

Es raschelt, und ich höre unterdrücktes Getuschel. Dann Carstens Stimme: «Liebling! Da bist du ja!»

Wieder stockt mir die Stimme. Es ist das zweite Mal innerhalb einer Woche, dass mich mein Mann so anredet. Das hat er davor ein paar Jahre lang nicht getan.

«Ja, da bin ich», lächele ich in den Telefonhörer hinein.

«Schön, dich zu hören! Du bringst Lisa also gerade um ihre Ersparnisse?»

«Ja, ich fand, dass wir mit dem Taschengeld im letzten Jahr doch reichlich großzügig waren.»

«Und auf der Parkallee gibt es jetzt ordentlich Bebauung?»

«Die Menschen brauchen halt Wohnraum in der Stadt.»

Wir schweigen. Zweitausend Kilometer rauschen von mir zu ihm. «Isabel, ich muss mal was mit dir besprechen. Warte kurz, bis ich in der Küche bin.»

Mein Herz schlägt schneller. Jetzt sagt er es, denke ich. Dass er nachgedacht hat. Dass es nicht mehr so weitergehen kann mit uns.

«So, da bin ich wieder. Ich will es kurz machen: Lisa hat ein Stipendium angeboten bekommen. Für ein Sportinternat.»

«Oh, das ist ... das wolltest du mir ...»

«Erstaunlich, oder? Ich meine, wir wissen ja, dass sie gut ist, aber sie ist wohl überdurchschnittlich, meinte ihr Trainer. Sie hat reelle Chancen auf eine Karriere im Profisport ... Isabel? Du sagst ja gar nichts mehr. Alles in Ordnung mit dir?»

Die Tränen laufen mir über die Wangen. «O Gott ... und ich dachte ...»

«Dass du all die Wege umsonst gemacht hättest? All die Fahrten zum Training, zu den Auswärtsspielen? Die Wochenenden am Spielfeldrand, wenn du lieber im Bett liegen geblieben wärst? Die Fußballabende mit uns vor dem Fernseher, die dein Leben so bereichern?» Er lacht leise. «Nein, Isi. Die ganze Mühe hat sich ausgezahlt!»

Ein warmes Gefühl durchzieht mich. Ich habe keine Worte dafür, aber es hat etwas mit Zusammenhalt zu tun. Damit, dass ich zu zwei Menschen gehöre, die meine Familie sind. «Das muss ich Heinrich erzählen», sage ich, ohne nachzudenken. Heinrich steht in Badehose vor dem Pool und schüttelt energisch den Kopf, während Adolfo gestenreich auf ihn einredet. Jetzt verdreht er die Augen, macht eine resignierte Handbewegung, stellt sich mit dem Rücken zum Beckenrand und springt mit einem Salto rückwärts hinein.

Ich muss Carsten nicht vor mir sehen, um zu wissen, wie

sein Lächeln in sich zusammenfällt. «Weil er ... doch ihr Patenonkel ist, meine ich.»

Alle Begeisterung ist aus Carstens Stimme gewichen. «Du bist jetzt bei ihm, nehme ich an.»

«Ja, das bin ich. Und ich übertreibe wohl nicht, wenn ich sage, dass er Viktoria und mich gerettet hat.»

«Gerettet?», fragt Carsten beunruhigt. «Wovor?»

«Wir wussten nicht, wo wir übernachten sollten. Wir hatten ... ein Geldproblem.»

Ein dumpfer Schlag dringt durch den Hörer. «Jetzt bin ich es aber wirklich leid, Isabel! Du hast Geldprobleme? Warum hast du mir nichts davon gesagt? Ich kann dir doch Geld schicken! Wie viel brauchst du denn?»

«Nichts, danke. Hör zu, das ist phantastisch, dieses Angebot für Lisa! Aber ein Internat? Wir würden sie ja monatelang nicht zu Gesicht bekommen!»

«Lenk jetzt nicht ab, Isabel! WIE VIEL?»

«Gar nichts, wirklich. Ich kam zwischenzeitlich nicht an mein Geld heran», lüge ich. «Aber jetzt ... ist alles wieder okay.» Allein bei dem Gedanken, Carsten um Geld zu bitten, habe ich ein schlechtes Gewissen. Noch immer weiß ich nicht, ob ich Zlatko in Istanbul treffen will. Wenn ich mit einem Ticket reise, das Carsten bezahlt hat, dann kann ich das nicht.

Wieder rauscht die Entfernung durch den Hörer.

«Hast du mit Heinrich geredet?», fragt Carsten endlich. «Über damals, meine ich?»

Damals. Nicht Seitensprung oder Betrug. Er nennt es einfach nur «Damals». Als ob er es ungeschehen machen könnte, dadurch, dass er es nicht benennt. Auch jetzt fehlt mir der Mut, ihn zu korrigieren. «Heinrich und ich, wir sind wieder wie früher», sage ich leise. «Ehrlich gesagt tut es mir gerade sehr gut, ihn zu sehen.»

«Ich hätte dich niemals vor diese Entscheidung stellen sollen nach diesem Streit mit ihm», entgegnet Carsten ebenso leise. «Niemals hätte ich sagen dürfen: Er oder ich. Durch mich hast du deinen besten Freund verloren. Das war unverzeihlich von mir, das weiß ich jetzt.»

Mein erster Reflex ist zu antworten, dass er daran doch bitte keinen Gedanken mehr verschwenden solle, aber ich schweige. Ich will die Probleme nicht mehr unter den Teppich kehren. Auch vor mir selbst nicht mehr. Ich habe Carsten diesen Teil der Sache tatsächlich nie wirklich verziehen.

«Und du willst immer noch nach Istanbul?»

«Ja, das will ich.»

«Isabel, hör zu, ich möchte dir etwas sagen. Etwas, das ich dir schon seit langer Zeit nicht mehr gesagt habe, weil es mir einfach zu selbstverständlich erscheint: Du bist eine wunderbare Frau, die beste, die ich mir vorstellen kann. Ich liebe dich.»

«Oh.»

«Und du musst mir jetzt nicht darauf antworten. Ich will es nur einmal gesagt haben. Ich will, dass du es weißt.»

«Carsten, ich ...»

«Sag jetzt nichts, was du später bereuen könntest. Ich möchte, dass du ganz in Ruhe darüber nachdenkst, ob du zu mir zurückkehren möchtest. Ich möchte dich zu nichts zwingen. Denn wenn du kommst, dann möchte ich, dass du es freiwillig tust.»

Auf einmal habe ich ein ganz schlechtes Gewissen. Carsten ist so lieb zu mir, und ich habe ihn betrogen. Na ja, noch plane ich nur den Betrug.

«Es tut mir so gut, deine Stimme zu hören, Carsten», sage ich.

«Mir tut es auch gut, Isabel.»

An diesem Abend essen und trinken wir wieder draußen am Pool. Die Kerzen in den Gläsern werfen zuckende Lichter auf unsere Gesichter, während die Welt in dunkelblauen Schatten versinkt. Und dann ist es plötzlich stockfinster, so als ob alles verschwunden wäre, alle Sorgen und Gedanken und Probleme. In dieser Sternstunde ist Heinrichs Terrasse meine Galaxie. Ich habe das unwirkliche Gefühl, mich auszudehnen, aber das kann auch daran liegen, dass Adolfo schon wieder gekocht hat und dass alles, was auf dem Tisch steht, so gut schmeckt.

Istanbul, denke ich, und Bilder von Basaren steigen in mir auf, von überwältigend bunten Farben und dem Wasser, das die Stadt durchströmt. Ich habe keine Ahnung, warum ich jetzt unbedingt dorthin will, aber es klingt wie ein Versprechen. Als ob mich dort etwas erwarten würde, das mein Leben verändert. Dabei sind alle Orte dieser Welt doch nur so gut wie ich selbst.

Ich sehe, wie Viktoria auf Adolfo einredet. In welcher Sprache tut sie das? Kann sie auch Italienisch? Ich beschließe, sie später zu fragen. Ja, denke ich, nur das ist gerade wichtig. Wie sehr sie beim Reden strahlt. Alles andere, ihr Alter oder ob sie immer die Wahrheit sagt, ist mir vollkommen egal. Sie ist meine Freundin, genauso wie Heinrich mein Freund ist und jetzt gerade auch ein bisschen Adolfo. Glück ist, Pasta zu essen und dazu einen Wein zu trinken und über einen Witz zu lachen, den man nicht versteht, aber in dem irgendwie die Worte «Michael Schumacher» enthalten sind. Glück ist, sich in einen beleuchteten Pool zu werfen und mit Wasser um sich zu spritzen, obwohl man noch sein Kleid anhat.

In dieser Nacht ist mir nicht übel. Ich fühle mich sogar erstaunlich ruhig. Sicher, ich weiß immer noch nicht, wie es mit Carsten und mir weitergehen soll. Aber egal, ob es auf eine Trennung hinausläuft oder ob wir uns erneut füreinander entscheiden, mir wird es dabei gutgehen, beschließe ich.

Ich habe bloß ein bisschen Sehnsucht nach meinem kleinen Kobold. Meinem widerspenstigen, meinem über alles geliebten Kind. Meinem begabten Fußball-Mädchen, das ein so tolles Angebot bekommen hat. Wie stolz ich auf Lisa bin!

In dieser Nacht träume ich von ihr. Sie ist wieder klein, und sie will mit mir spielen. Wir jagen einen Ball durch den Garten. Carsten ist nur ein ferner Punkt hinter einer Scheibe. Ich will die Hand nach ihm ausstrecken, aber als ich mich endlich seinem Gesicht nähere, ist da nur kaltes Glas.

16. KAPITEL

«Genug gefaulenzt, du Schlafmütze!» Jemand rüttelt mich an der Schulter. Ich streife die Hand ab und wälze mich auf die andere Seite. Toll – ich habe wieder richtig viel Platz im Bett!

«Das glaube ich jetzt nicht – wie kann man nur so viel schlafen! Isabel, du solltest dich wirklich mal untersuchen lassen, das ist nicht normal!»

«Hmmm?» Ich mache ein Auge auf, kann aber niemanden erkennen. Ach so, die Stimme ist wohl hinter mir.

«Wahrscheinlich hast du die Schlafkrankheit. Napoleon hatte die auch, damit ist nicht zu spaßen!»

«Also, wenn man damit halb Europa erobern kann, finde ich diese Krankheit ganz okay.» Ich ziehe mir die Decke über den Kopf. Das Gespräch hat für meinen Geschmack schon lange genug gedauert. Morgen ist ja auch noch ein Tag.

«Isabel, verdammt!» Mir wird schlagartig kalt. Wo ist denn die Decke auf einmal hin? Viktoria steht neben dem Bett wie ein Racheengel, die Decke hält sie hoch erhoben in der Hand. «Es ist fast elf Uhr! Du musst dich beeilen!»

«Beeilen?» Ich reibe mir die Augen. «Wozu das denn? Habe ich irgendwas verpasst?»

«Ja, dein halbes Leben. Hast du eigentlich schon immer so viel geschlafen? Ein Wunder, dass du überhaupt einen Schulabschluss hast!»

«O Mann, Viktoria ... Du veranstaltest hier einen Wirbel ... Wo ist Heinrich? Kann ich noch mit ihm frühstücken?»

«Heinrich ist zu seinen Reben gefahren.»

«Witzig, jetzt habe ich Reben verstanden.» Ich gähne und strecke meine Arme. Das sorgt für eine optimale Sauerstoffzufuhr im Gehirn, habe ich mal gehört.

«Ich habe ja auch Reben gesagt. Heinrich und Adolfo bauen hier Wein an, wusstest du das gar nicht? Nein, natürlich nicht, schließlich verschläfst du alles, was wichtig ist.»

«Ich würde nicht sagen, dass ich al...»

«Und Adolfo ist zu seiner Yacht gefahren. Und das ist jetzt der Punkt, über den ich mit dir reden muss, und zwar schnell.»

«Weinanbau, Yachten, meine Güte, was ist mir noch alles aus dem Millionärsleben meines Freundes entgangen?»

«So einiges. Ich glaube, dass er mit diesem Adolfo einen guten Fang gemacht hat. Um die Details sollten wir uns besser nicht kümmern, derlei Wissen wird manchmal mit einbetonierten Füßen und einem Schubs ins Meer belohnt, aber ich werfe nur mal die Begriffe Fernsehmensch, Süditaliener und Geld wie Heu in den Raum. Kann ich jetzt bitte meine Idee mit dir besprechen?»

«Könnte ich vorher eine Tasse Tee bekommen?»

«Oh, die Lady wünscht Tee. Was ist aus dem guten alten Kaffee geworden?»

«In Ungnade gefallen.»

Viktoria grummelt ein bisschen vor sich hin, aber dann macht sie sich doch auf den Weg in die Küche. Einen Augenblick später höre ich, wie sie mit etwas Metallenem klappert und Küchenschränke öffnet und schließt. Ich überlege, ob ich vorsichtshalber schon jetzt das Mittel gegen Übelkeit nehme, das mir Heinrich am Vortag in der Apotheke gekauft hat, entscheide mich aber dagegen. Ich gebe diesem Frühstück mal eine Chance.

Draußen empfängt mich ein wolkenlos blauer Tag. Die Kräuter, die aus der Steinmauer wuchern, duften in der Wärme. Eine Eidechse huscht über die Fliesen. Ich setze mich in den Schatten und blicke erwartungsvoll auf, als Viktoria mit einem Tablett beladen auf die Terrasse tritt.

«Um es kurz zu machen», sagt sie, während sie eine Schale mit bernsteinfarbener Flüssigkeit und ein mit Butter und Honig bestrichenes Weißbrot vor mir abstellt. «Adolfo ist einem kleinen Segeltörn nicht abgeneigt. Vorausgesetzt, er hat ein paar tüchtige Mitsegler dabei. Auf Heinrich kann er in diesem Punkt wohl nicht zählen.»

«Stimmt», lächele ich und nehme einen Schluck Tee. «Heinrich kann so wenig segeln wie ein Hamster, das weiß ich noch aus der Schulzeit. Wir haben mal einen Ausflug auf die Alster gemacht. Der Rest ist Legende und wird auf jedem unserer Ehemaligentreffen erzählt. Auf Heinrichs Befehl haben wir die Jolle des Bürgermeisters gerammt!»

«Ja, und da kommen jetzt wir ins Spiel. Ich habe Adolfo gesagt, dass er beim Segeln auf UNS zählen kann.»

«Oh, da hast du dich leider vertan, ich kann nämlich genauso wenig segeln wie Heinrich.»

«Fein, dann wirst du eben das hier lesen!» Viktoria nimmt ein dickes Buch vom Tablett und legt es neben mein Honigbrot. Ich erkenne nur das Wort «Manuale» und darunter das Bild eines Segelboots. «Ich bin schon auf Seite 81», erklärt Viktoria. «So schwer ist das gar nicht.»

«Ein Segelhandbuch auf Italienisch, sehe ich das richtig?»

«Versteht man, wenn man Latein gelernt hat.»

«Ich war in der Französischklasse!»

Viktoria bedenkt mich mit einem langen, unzufriedenen Blick. «Das erklärt natürlich so einiges.»

«Moment mal, Viktoria, jetzt mal ganz langsam für uns minderbemittelte Französischschüler. Du willst, dass ich heute Latein, Navigation und Wetterkunde lerne? Für einen Ausflug auf der Adria?!»

«O mein Gott!» Viktoria wirft die Hände in die Luft, dass ihr goldener Ring funkelt. «Heute bist du aber wirklich schwer von Begriff! Hast du dir mal überlegt, wie wir von hier weiter nach Istanbul kommen? Nein? Dann lass es mich dir erklären. Also mit dem Flugzeug schon mal nicht, siehe Flugangst, meine. Mit der Fähre auch nicht, denn die fährt von Bari wieder zurück nach Montenegro, und da werden wir gerade polizeilich gesucht. Und jetzt fällt da das Angebot eines überaus freundlichen Mafioso wie Manna vom Himmel, einen Segeltörn mit uns zu unternehmen.»

«Bis ganz nach Istanbul?!»

«Na ja, über den Ort haben wir uns noch nicht im Detail unterhalten, aber diesen Vorschlag werde ich ihm unterbreiten, wenn er nachher aus Bari wiederkommt.»

«Das ist keine gute Idee.» Ich schüttele den Kopf. «Gar keine gute Idee, Viktoria. Eine ganz schlechte. Die schlechteste von allen bislang, und die Ideen, die du in Montenegro hattest, waren auch schon ziemlich schlecht. Vier Leute auf einem Segelboot, und drei davon können nicht segeln. So etwas kann richtig gefährlich sein!»

«Wir müssen nur das tun, was Adolfo uns sagt! So ist das beim Segeln! Da muss man nur Befehlsempfänger sein.»

«Wie soll das gehen? Angenommen, eine von uns hat Wache und Heinrich schläft! Wer soll dann die Befehle des Chefs übersetzen?»

«Na, ich zum Beispiel. Adolfo und ich sprechen Latein miteinander.»

«Oh, das wird bestimmt ganz toll. Vor allem, wenn du über Sachen reden willst, die die alten Römer noch nicht kannten. Oder wie willst du zum Beispiel *Motor* sagen?»

«Motor ist Motor.»

«Ha ha, darauf falle ich aber jetzt nicht herein!»

«Nein, im Ernst. *Motor* ist ein lateinisches Wort, das so viel bedeutet wie *der Beweger*.»

«O Gott.» Ich verberge mein Gesicht in beiden Händen. «Und das auf einer Strecke von ungefähr eintausend Kilometern. Ich werde wahnsinnig.»

«Zweitausend sind es, glaube ich. Nenn mir eine bessere Idee!»

«Ich habe gerade keine. Ich kann nicht denken vor panischer Angst!»

«Siehst du, dann nehmen wir wohl doch meine Idee.» Viktoria faltet die Hände und lächelt mich triumphierend an.

«Nein und noch mal nein! Du setzt dich doch auch nicht in ein Flugzeug ohne Copilot! Du spielst nicht Fußball ohne Torwart! Du wirst nicht schwanger ohne Mann! Wir werden kentern, Viktoria! Wir werden alle unser Leben verlieren!»

Viktoria drückt mich wieder auf meinen Stuhl. «Wir werden jetzt einmal ganz tief durchatmen und uns wieder beruhigen. Du solltest lernen, deiner Zukunft etwas aufgeschlossener gegenüberzustehen. Diese negative Art ist überhaupt nicht gesund. Ich werde Adolfo, wenn er zurückkommt, die Idee mit Istanbul schmackhaft machen. Und du fängst schon mal mit dem ersten Kapitel an. Hier hast du ein italienisch-deutsches Wörterbuch.»

Heinrich ist Feuer und Flamme von der Idee, mit mir zusammen zu verreisen. «Wie früher!», ruft er. «Als wir zusammen durch Europa getrampt sind! Ich fühle mich sofort wieder jung! Und Viktoria ist eine gute Seglerin, sagst du?»

«Ich glaube, sie ist vor allem theoretisch sehr stark.» Es fällt mir schwer, Heinrich anzulügen. Aber ich musste Viktoria versprechen, nichts zu verraten. Sie hat ja recht. Das mit dem Segelboot ist eine einmalige Gelegenheit.

«Ach ja, diese Akademiker!» Er sieht mich kurz an. «Also, zumindest nehmen wir jetzt an, dass sie Akademikerin ist. Du hast mit ihr inzwischen geredet?»

«Ja.» Schon wieder keine Lüge. Geredet haben wir ja.

«Und?» Er sieht mich neugierig an. «Wie alt ist sie jetzt?»

«Das genaue Zeitalter ist schwer zu bestimmen. Antike etwa. Sie spricht noch Latein.»

Heinrich wirft den Kopf in den Nacken und lacht, wie er es schon als Siebzehnjähriger getan hat. «Ja, köstlich, oder? Adolfo meinte, sie sei die erste Person in seinem Leben, mit der er sich auf Latein tatsächlich unterhalten hat! Ich glaube, er ist ganz vernarrt in sie!»

«Da wird er sich ja jetzt freuen, sie noch näher kennenzulernen.»

Heinrich scheint den Sarkasmus in meiner Stimme nicht zu hören. «O ja, das wird er. Und er wird bestimmt einwilligen, dass wir vier zusammen nach Istanbul segeln! Das soll ja so eine interessante Stadt sein! Und wir beide», er legt einen Arm um mich, «haben dann ganz viel Zeit, um miteinander zu quatschen. Wir müssen schließlich fast zehn Jahre aufholen! Oh, was hast du da gefunden? Adolfos Segelhandbuch?»

«Ja, ich ...»

«Basiskenntnisse aneignen? Finde ich gut. Wir zwei sind ja ansonsten nicht groß zu gebrauchen an Bord. Weißt du noch, damals auf der Alster?» Sein gebräuntes Gesicht legt sich in tausend Lachfalten. «Als ich gesagt habe: Alles klar zur Wende?»

«So als wäre es gestern gewesen», murmele ich. «Wir haben die Jolle des Bürgermeisters gerammt.»

Adolfo tritt gestikulierend zu uns auf die Terrasse, im Schlepptau eine strahlende Viktoria. Er überschüttet Heinrich mit einem Wortschwall, den mein Freund etwa wie folgt übersetzt: Viktoria sei eine bewunderungswürdige Frau, die vor nichts zurückschrecke. Ausgerechnet nach Istanbul wolle sie segeln, wo doch jeder weiß, dass das Marmarameer so ein problematisches Segelgebiet sei!

«Inwiefern denn problematisch?», frage ich ängstlich.

Heinrich übersetzt die Frage für mich. «Das Wetter ist dort sehr launisch», fasst er Adolfos Antwort zusammen. «Außerdem ist das Stück vom Marmarameer in den Bosporus eine echte Mutprobe. Die Strömung, mit der das Wasser durch die Meerenge vom Schwarzen Meer ins Marmarameer fließt, kann bis zu sechs Knoten betragen. Keine Ahnung, was das heißt, aber das ist offenbar schnell. Hinzu kommt, dass die türkische Küste ganz steil ins Meer abfällt, mit entsprechenden Wellenbrechern, die es einem fast unmöglich machen, in einen der Häfen einzulaufen.» Er lächelt. «Zum Glück sind wir ja ein gewieftes Seglerteam. Adolfo wirkt echt glücklich, dass er endlich jemand Gleichgesinnten getroffen hat.»

Die Knie werden mir weich. Panik wallt in mir auf. Gewieftes Seglerteam …? Wie heißt es an Bord: Jetzt schnell die Reißleine ziehen! Heinrich sagen, dass Viktoria vom Segeln keine Ahnung hat, genauso wenig wie er und ich. Dass wir uns für das Angebot bedanken, jetzt den Monatsersten abwarten und mit dem Geld, das uns dann zur Verfügung steht, den Zug besteigen. Um dann in einem Dreiviertelkreis, der uns durch ganz Südosteuropa führt, in eine Stadt zu fahren, von der ich immer noch nicht genau weiß, was ich da eigentlich soll.

Doch als ich in die Runde blicke, sehe ich überall nur glückliche Gesichter. Viktorias braune Augen leuchten in der Sonne. Heinrichs Gesicht ist nur noch ein einziges fröhliches Lächeln. Und Adolfo reibt sich die Hände und schaut selig strahlend zwischen Viktoria und mir hin und her.

Und plötzlich fängt es an, mir in der Brust und im Bauch zu kribbeln. «Okay, let's do it!», sage ich in der Stimmlage einer zum Äußersten entschlossenen Actionheldin. «Das Leben ist zu kurz, um sich zu langweilen, oder?»

So ganz ohne Netz und doppelten Boden kann es aber nicht weitergehen, denke ich am Nachmittag. Trotz anders lautender Gerüchte liegt das Geld nicht auf der Straße. Ich muss mich um einen Job kümmern, und das braucht in meiner Branche immer etwas Vorlaufzeit. Ich beschließe, Tina anzurufen. Schließlich hatte sie mir eine neue Serie in Aussicht gestellt. Zu meiner Schande muss ich allerdings gestehen, dass das jetzt nicht der einzige Grund ist, warum ich sie anrufe. In meiner ungewissen Lage muss ich einfach mal mit jemandem sprechen, dem es prinzipiell immer schlechter geht als mir. Die Dinge mal wieder ins rechte Licht rücken. Mich an dem erfreuen, was ich habe.

Die Stimme am anderen Ende klingt geradezu ausgelassen fröhlich.

«Tina, bist du das?», frage ich verblüfft.

«Isabel! Wie schön, dass du dich meldest! Ich hätte dich ja auch schon angerufen, aber hier ging es drunter und drüber – na, du weißt ja, wie es ist!»

«Du hättest mich sowieso nicht erreichen können, weil mein Handy nämlich ...»

«Oh, und ich muss dir so viel erzählen! Du ahnst ja nicht, was passiert ist! Lass uns unbedingt mal treffen, was machst du am Wochenende?»

«Öhm, Tina, das geht nicht, ich bin gerade in Italien und ...»

«Urlaub mit deiner Familie? Ach, ihr Künstler! Na, den hast du dir aber auch mal verdient. Hör zu, ich muss gleich Schluss machen, Thorsten und ich gehen ins Kinderkonzert.»

«Kinderkonzert? Thorsten? Keinen Schimmer, wovon du sprichst.»

«Na, dieser Typ aus Freiburg, mit dem ich mir schon seit zwei Jahren maile. Du weißt schon, von meinem Dating-Portal.»

«Ja?»

«Ja. Und jetzt haben wir uns getroffen. Bingo, Hauptgewinn! Wir haben uns total ineinander verliebt!»

«Oh ... phantastisch. Und es ist kein Problem, dass er in Freiburg wohnt? Ich meine, eine Fernbeziehung? Mit Kind?»

Ich höre Tina glücklich lachen. «Er zieht nach Hamburg. Er hat sich auch gleich in die Stadt verliebt.»

Das Gefühl, das in mir aufwallt, ist so ungewohnt, dass ich ein paar Sekunden brauche, um es einzuordnen. Es ist Neid.

«Verstehe. Und wie ist es mit Robert? Kommt er mit ihm klar?»

«Er hat ihn sofort in sein Herz geschlossen. Gestern hat Robert ihn sogar schon Papa genannt!»

Ich überlege, wie lange ich jetzt weg bin. Etwa zehn Tage. Einfach unglaublich. Da passiert jahrelang gar nichts, und dann ist plötzlich die halbe Welt in zehn Tagen drin.

«Und weißt du, was das Beste ist?», sprudelt Tina weiter. «Thorsten ist auch alleinerziehender Vater. Sein Sohn ist genauso alt wie Robert, und die beiden Jungs verstehen sich super. Nun wollen wir noch ein gemeinsames Kind haben, und dann haben wir drei!» Sie lacht.

Ich spüre, wie meine Knie nachgeben. So viel Glück ... das kann es doch nur in einem kitschigen Film geben. Oder bei Dr. Jane Eppingham.

«Jetzt brauchen wir natürlich eine größere Wohnung. Du weißt nicht zufällig was? Carsten und du, wollt ihr euch vielleicht verkleinern?» Wieder lacht sie. «Jetzt, wo dein Einkommen weg ist, wäre das doch eventuell eine Option?»

O Gott. Das macht sie doch nicht etwa mit Absicht, oder? Nein. Tina ist eigentlich kein grausamer Mensch.

«Ich muss wieder ...», stottere ich.

«Ja, ich auch! Hab noch einen schönen Urlaub! Bis bald! Ach, und ... Isabel?»

«Ja?»

«Freust du dich für mich? Ich meine, nach all der Zeit, in der es mir so schlechtging?»

Bilder aus neun Jahren Tina gehen mir durch den Kopf. Tina als Chefin, aber auch Tina, das heulende Elend. Die alleinerziehende, ständig mit dem Dating-Elend kämpfende Frau. «Ja», sage ich nach kurzem Zögern. «Ich freu mich für dich.»

Dann lege ich auf und sinke in mich zusammen.

So findet mich Viktoria etwa eine halbe Stunde später. «Ich weiß, es ist etwas vertrackt, dieses Segelhandbuch, aber ... o Gott, entschuldige bitte, ich dachte, du spielst das bloß!»

«Ich spiele was?», murmele ich unter dem Kissen hervor.

«Diese Verzweiflung. Ich dachte, das wäre so eine Art Witz von dir.»

Ich kämpfe mich in eine Sitzhaltung empor.

Viktoria blickt mich erschrocken an. «Was ist denn los?»

«Oh, nichts eigentlich. Ich habe nur gerade mit meiner früheren Chefin geredet.»

«Ja, diesen Effekt kenne ich.»

Gegen meinen Willen muss ich lachen. «Nein, sie war nicht diese Art von Chefin. Sie hat mich nicht unwürdig behandelt, sie hat nur ... Es ging ihr immer so schlecht. Ich habe sie neun Jahre lang getröstet. Und jetzt, in den zehn Tagen, in denen ich weg bin, schwebt sie plötzlich auf Wolke sieben.»

«Also, dieser Schlechte-Laune-Terroristin geht es jetzt besser, aber einen neuen Job kann sie dir trotzdem nicht vermitteln?»

«Du bringst es wie immer auf den Punkt!»

Viktoria presst die Lippen zusammen. «Ich weiß, wovon ich spreche. Mein Herbert war auch so einer. Ich weiß, man soll über die Toten nichts Schlechtes sagen. Aber er hat mich mit seinen ewigen Befindlichkeiten moralisch erpresst. Weil es ihm stimmungsmäßig immer schlechter als mir ging, durfte ich mich nie über ihn beschweren. Das ist das Kreuz von uns Optimisten. Sobald wir es mit irgendwelchen Miesepetern zu tun haben, dürfen wir nur noch leise auftreten.» Sie haut mit der Faust auf den Tisch. «Verdammt, bin ich froh, dass das jetzt vorbei ist!»

«Viktoria, habe ich dir schon mal gesagt, dass du total herzerfrischend bist?»

«Nein», sagt Viktoria. «Aber ich habe mir so etwas in der Art schon gedacht.»

Doch da ist noch etwas, das seit meinem Gespräch mit Tina in mir rumort. Ich denke darüber nach, als wir am Abend wieder auf der Terrasse sitzen und unseren Aperitif genießen. Das heißt, die anderen genießen. Ich selbst habe beschlossen, es mit dem Alkohol wieder etwas ruhiger anzugehen. Ein drittes Kind, hat Tina gesagt.

Ich denke wieder an Lisa, als sie klein war. An ihre winzigen Hände und Füße, den Geruch auf ihrem Kopf. Den roten Flaum, den ich mit einer ganz weichen Haarbürste gekämmt habe. Das erste Paar Schuhe, das Carsten und ich ihr gekauft haben. An ihren ersten, reiskorngroßen Zahn. Ich habe Lust, sie wieder im Arm zu halten. Aber das wird nie mehr passieren. Ich werde kein Baby mehr bekommen. Und Lisa ist jetzt groß.

«Denkst du immer noch an deine Terroristenchefin?», unterbricht Viktoria meine Gedanken.

«Welche Terroristenchefin?», horcht Heinrich auf.

«Das ist eine, der es immer schlechtgeht», klärt Viktoria ihn auf.

«Hilfe, ja. Uh, du kannst mich gerade nicht ansprechen, mir geht es ja sooo schlecht!» Heinrich wedelt mit der Hand vor seinem Gesicht. «Von dieser Sorte gibt es viele in Deutschland. Das war noch so ein Grund für mich, nach Italien zu ziehen. So eine Chefin hast du also gehabt, Isabel?»

«Solche gibt es doch überall», winke ich ab. Ich komme mir illoyal vor, so über Tina herzuziehen. Sie war immer mehr als eine Chefin. Wir waren ja schließlich auch Freundinnen.

«Na ja.» Heinrich nippt an seinem Weißwein, der im

Schein der untergehenden Sonne funkelt. «Hier in Italien gibt es natürlich auch Menschen, denen es nicht gutgeht. Aber das macht sich dann anders bemerkbar, in Form von Wutanfällen, Streiks oder Mord.»

«Ja, sie ist immer wieder beeindruckend, diese italienische Expressivität.»

Heinrich hebt sein Glas in Viktorias Richtung. «Das haben Sie schön gesagt.»

Aus der Küche hört man wieder klack-klack-klack.

«Heinrich, Sie könnten uns nicht zufällig etwas Geld leihen?», fragt Viktoria in die Idylle. «Ich verspreche Ihnen, am Ersten bekommen Sie alles zurück!»

«Viktoria!», sage ich entsetzt.

Heinrich lächelt. «Das ist schon in Ordnung. Ich wollte Ihnen das auch schon vorschlagen. Auch wenn es bestimmt ganz bezaubernd aussieht, aber Sie können ja schlecht im Abendkleid segeln, Viktoria. Und du nicht in diesem Seidendress, Isabel!»

«Ich kann überhaupt nicht segeln», werfe ich ein.

Viktoria lächelt. «Mach dir keine Sorgen. Du wirst einfach das tun, was man dir sagt!»

«Das kann ich», nicke ich. «Mit dieser Situation bin ich intim vertraut.»

«Dann fahren wir morgen nach Bari zum Shoppen», schlägt Heinrich vor

Viktoria hebt ihr Glas und prostet ihm zu. «Sehr gut! Ich mag Männer, die wissen, wo es langgeht!»

Ich stehe auf, streife mir das Kleid über den Kopf und steige in den Pool. Während meine Arme das hellblaue Wasser zerteilen, denke ich wieder an Tina. Ich stelle mir vor, wie sie bald durch die Räume der Aufnahmestudios laufen wird, glücklich strahlend und mit großem, rundem Bauch. In meiner Phantasie ruft sie ihren Freiburger Traummann an, und der nimmt nicht erst nach dem zehnten Klingeln ab. Ich sehe sie nach Hause kommen, zwei Kinder, ein Mann, alle strahlen ihr selig entgegen. Mir wird schmerzlich bewusst, wie schön es sein muss, mal wieder verliebt zu sein.

17. KAPITEL

«Also, das ist mal ein Fahrstil!» Viktorias Wangen leuchten feuerrot, und ihre Augen strahlen. «Ohne dieses verweichlichte Gejammer, von wegen hier ist aber Tempolimit und so! Übrigens, wo seid ihr die ganze Zeit gewesen?»

«Dem Gott des Tempolimits huldigen.» Ich steige von Heinrichs Motorrad. «Du weißt, das ist ein sehr eifersüchtiger Gott.»

Heinrich lacht. «Die Fahrt mit Adolfo hat Ihnen also gefallen?»

«Ja, sie hat mich an meinen Can erinnert. So in der Art sind wir in den Sechzigern auf seinem Mofa durch Istanbul gerauscht!»

Adolfo schmunzelt und reibt sich die Hände. Er ist sichtlich zufrieden mit seinen deutschen Soziusfahrerinnen. Erst eine, die verlangt, ein Formel-1-Rennen zu simulieren, und dann noch eine, von der er es wohl nicht gedacht hätte, aber die ganz offensichtlich glücklich im Geschwindigkeitsrausch ist. Ich für meinen Teil bin auch glücklich. Nämlich dass ich mit Heinrich gefahren bin. Und nicht mit jemandem, der sein Motorrad regelmäßig für eine Nahtoderfahrung missbraucht.

Er hebt die Hand, woraufhin Viktoria gleichfalls winkt. «Morituri te salutant!», lacht sie.

«Ave!», erwidert Adolfo und küsst Viktoria die Hand.

«Die beiden haben sich gesucht und gefunden», murmelt Heinrich. «Wenn Viktoria ein Mann wäre, ganz ehrlich – ich könnte nicht mehr schlafen vor Eifersucht!»

Wir sind zurück in Bari. Es tost und lärmt und stinkt. Mopeds knattern, Leute brüllen, eine Baustelle presslufthämmert mir ihren Sound ins Ohr. Seltsam, wie stark einen der akustische Unrat mitnimmt, wenn man mal ein paar Tage auf dem Land gewesen ist. Adolfo will ein paar letzte Dinge an Bord der Yacht regeln, während wir für die Einkäufe unserer Reise zuständig sind.

«Erzählen Sie mir von Ihrem Can!», fordert Heinrich Viktoria auf, als wir einen Augenblick später am Tresen einer Bar stehen und einen Espresso kippen. Das heißt, die beiden anderen kippen Espresso, ich trinke Orangensaft. «Er ist also auch Motorrad gefahren?»

«Mofa», kichert Viktoria, und für einen Augenblick kann ich das Mädchen hinter ihrem Gesicht erkennen, jung und verliebt. «Cans Vater hatte ein Wasserpfeifen-Lokal, da hat Can schon als Schüler gearbeitet. Das Trinkgeld hat er über Jahre gespart, davon hat er sich dann ein gebrauchtes Mofa gekauft.» Sie erzählt das, als wäre das alles erst gestern gewesen. Und so ist es wohl auch in ihrer Erinnerung: frisch und lebendig, alles präsent. Bitte, lass ihn noch leben, bete ich innerlich. Und lass uns ihn finden! Bitte, lass Viktoria noch einmal mit ihm Mofa fahren!

«Ich finde dich beängstigend still in den letzten Tagen», sagt Viktoria, und erst da bemerke ich, dass die beiden mich ansehen.

«Weißt du was, Süße?» Heinrich legt mir einen Arm um

die Schulter. «Du brauchst mal wieder einen heißen Flirt! Wie war das mit diesem Zlatko, von dem du mir erzählt hast? Klang, als wäre das ein ganz schicker Typ!»

«Oh, der war wirklich nicht ohne.» Viktorias Augen funkeln. «Ich muss gestehen, am Anfang habe ich ihn für einen ziemlichen Hallodri gehalten, aber nachher fand ich ihn doch sehr nett und kultiviert.»

Ich stürze meinen Orangensaft hinunter. «Fertig mit Kaffee und Kuppelei? Ich danke euch für eure aufmunternden Worte, aber mein Liebesleben plane ich immer noch selbst!»

Ich höre die beiden miteinander kichern, während Heinrich bezahlt, und trete hinaus in die Sonne. Ja, vielleicht sollte ich wirklich Zlatko anrufen und einen Treffpunkt mit ihm in Istanbul vereinbaren. Momentan weiß ich ja nur, dass er am sechsten Juni dort sein wird. Doch irgendwie kann ich mich noch nicht zu dem Anruf durchringen. Schade eigentlich. Noch nie in meinem Leben habe ich mich so planlos gefühlt.

Später beim Einkaufen bin ich nicht bei der Sache. Immer wieder denke ich an Istanbul und daran, dass ich Viktoria helfen will, ihren Can zu finden. Aber was, wenn die beiden sich gefunden haben? Was wird dann aus mir? Ich kann dann ja nicht einfach so weiterreisen. Wohin auch? Und wozu? Ich will aber auch nicht so einfach in mein altes Leben zurück.

In den nächsten Stunden gehen wir shoppen. Ich stehe gedankenverloren daneben, als Viktoria sich eine neue helle Marlene-Hose kauft, ähnlich jener, die sie zu Beginn unserer Reise getragen hat. Erst als wir im Jeans-Laden sind, erwache ich aus meiner Lethargie.

«Es ist einfach nicht möglich», sage ich, als ich aus der Umkleidekabine heraustrete.

«Was ist los, Süße?» Heinrich befingert ein paar Ledergürtel mit auffälligen Schnallen. «Oh, hat die auch nicht gepasst?»

«Habt ihr hier andere Größen als in Deutschland?»

«Ja, sicher, andere Konfektionsgrößen. Aber die Jeans-Größen sind überall gleich.»

«Mist, verfluchter!» Ich werfe die Jeans zurück auf den Tisch. «Ich kriege nicht mal mehr die Jeans für Dicke zu!»

«Für Dicke? Aber Süße, jetzt übertreibst du!» Heinrich betrachtet stirnrunzelnd meinen Bauch. «Obwohl, ein bisschen hast du schon zugenommen im Gegensatz zu früher!»

«Das war bei mir auch so in den Wechseljahren», versucht Viktoria mich zu trösten. «Das passiert den meisten Frauen.»

«Wo hast du denn zugenommen?», frage ich wütend zurück.

Viktoria lächelt. «Wo habe ich *damals* zugenommen, ist die korrekte Frage. Du vergisst, das ist bei mir schon wieder ein paar Jahrzehnte her. Außerdem treibe ich seit über zehn Jahren kräftig Sport!»

«Wenn du willst, gehen wir nachher mal joggen», will auch Heinrich mich wieder aufrichten. «Und noch ein Trick: Du lässt einfach mal abends die Kohlenhydrate weg!»

«Was soll ich denn noch weglassen!», protestiere ich wütend. «Die Reise hierher war bislang eine einzige Diät!»

«Isabel hat recht», sagt Viktoria. «Sie hat wirklich nicht viel gegessen. Nun mach dir aber deshalb nicht so viele Gedanken, Kleine! Wir gehen nicht auf einen Laufsteg, sondern auf einen Segeltörn. Apropos, wie weit bist du mit dem Handbuch?»

«Oh, ich bin schon auf Seite fünf.»

«Aber das ist doch nur das Inhaltsverzeichnis!»

«Genau. Und jetzt habe ich den perfekten Überblick, worum es beim Segeln geht!»

An diesem Abend beschließe ich, mir ein Herz zu fassen und Zlatko anzurufen. Sein Handy ist ausgeschaltet, aber ich hinterlasse ihm eine Nachricht und spreche ihm Heinrichs Mobilnummer auf. Auch Carsten versuche ich zu sprechen, ebenfalls vergeblich. Dass ich die Reise jetzt mit der Yacht eines risikoliebenden Stuntmans fortsetze, der nach Viktorias Dafürhalten in mafiöse Geschäfte verstrickt ist, erwähne ich in meiner Nachricht lieber nicht. Später nehme ich das Gefühl mit ins Bett, irgendetwas falsch gemacht zu haben. Aber ich tröste mich mit dem Gedanken, dass ich auf dieser Reise schon so viele Regeln gebrochen habe, da kommt es auf den einen oder anderen Fehler auch nicht mehr an.

«Adolfo ist absolut begeistert davon, mit wie wenig Gepäck ihr Ladies reist!», erklärt Heinrich am nächsten Morgen. Wir sitzen auf der Terrasse und frühstücken, unsere vorerst letzte Mahlzeit an Land. Viktorias und meine Handtaschen stehen fertig gepackt neben dem Pool.

«Ja», lächelt Viktoria. «Dieses Kompliment haben wir schon öfter gehört.»

Passenderweise ertönt in diesem Moment die Titelmelodie des Actionklassikers «Mission Impossible». Ich nicke im Takt, während vor meinem inneren Auge eine wilde Verfolgungsjagd auf einer Motoryacht abläuft. Wir stehen kurz davor, die Bösen endlich zu stellen, als Viktoria an Heinrich gewandt sagt: «Ist das vielleicht Ihr Klingelton?»

«O ja, Verzeihung.» Heinrich wendet sich von Adolfo ab, der gerade dabei ist, gestenreich auf ihn einzureden, und nimmt ab.

«Ja, hallo, Carsten», höre ich ihn sagen. «Danke, sehr gut. Du willst sicherlich mit deiner Frau sprechen? Ich gebe sie dir!»

«Carsten?» Ich nehme das Handy und wandere damit durch den Garten. «Ja, wir frühstücken gerade! Kein Problem. Ja, heute geht es weiter. Wie? Mit dem Schiff. Wann wir in Istanbul ankommen? Das kann ich gar nicht so genau sagen. In zehn Tagen vielleicht?»

«Was soll das werden?» Jetzt klingt Carsten nicht mehr freundlich. «Eine Kreuzfahrt? Klar, lass mich hier allein den Haushalt schmeißen, das Geld verdienen und mit Lisa zurechtkommen! Und grüß mir den Kapitän!»

«Den Kapitän?» Ich sehe verwirrt zu Adolfo hinüber, der weiterhin auf Heinrich einredet. «Öh ... kann ich gerne machen, wenn du willst.»

«Also dann ahoi, weiterhin so gute Männerbekanntschaften und gute Reise!», sagt Carsten unwirsch.

«Carsten, Moment mal, da liegt ein Missverständnis vor. Der Kapitän ist ...»

«Ich muss auflegen, Isabel. Die Pause ist schon wieder vorbei.»

Heinrich blickt mich unbehaglich an, als ich an den Tisch zurückkehre. «Adolfo besteht darauf, dass ich eure Taschen durchsuche. Waffen an Bord sind nicht erlaubt.»

Viktoria dreht sich mit einem Lächeln zu Adolfo und sagt etwas, aus dem ich nur das Wort coleus heraushöre. Adolfos Gesichtsausdruck wechselt von ungläubig zu verärgert.

Ich lege ihr eine Hand auf den Arm. «Was zum Teufel hast du zu ihm gesagt?»

Adolfo fängt an zu lachen. Dann steht er auf und geht ins Haus.

«Was?», fragen Heinrich und ich wie aus einem Mund.

Viktoria trinkt genüsslich einen Schluck Kaffee. «Ich habe ihm gesagt, dass ich einverstanden bin, aber dass ich finde:

gleiches Recht für alle. Wenn er uns filzt, filzen wir ihn auch. Daraufhin meinte er, dass wir zusehen können, wie wir ohne ihn nach Istanbul kommen. Und da habe ich ihn gefragt, ob er wirklich auf zwei hervorragende Seglerinnen verzichten will.»

«Zwei hervorragende Seglerinnen?» Ich verschlucke mich an meinem Orangensaft.

Heinrich lächelt. «Sie spielen nicht zufällig Poker, Viktoria?»

«Im Altersheim meiner Schwester. Weil uns mit Mau-Mau immer so langweilig war.»

Erst jetzt, als wir mit Adolfos Yacht auslaufen, wird mir wirklich bewusst, was dieser Trip bedeutet: Arbeit nämlich. Kaum haben wir das Hafenbecken hinter uns gelassen, stellt Adolfo den Motor aus und befiehlt uns, die Segel zu setzen. Viktoria bedeutet mir, ich möge bitte kräftig an der Kurbel zu meiner Rechten drehen. Währenddessen steht Adolfo am Steuer und blickt abwechselnd in den Himmel und geradeaus.

«Und jetzt?», wende ich mich hilflos an Viktoria. Wenn ich noch einmal drehe, bricht entweder die Kurbel oder mein Arm.

«Da hat sich, glaube ich, was verheddert!», ruft Viktoria durch den Wind. «Geh mal auf das Podium und zieh die Leine aus dieser komischen Schlaufe raus!»

«Welches Podium?»

«Ja, keine Ahnung, wie man das nennt, diese Erhöhung da vorn.»

«Viktoria meint, du sollst mittschiffs gehen!» Heinrichs Augen funkeln vor Stolz auf sein maritimes Vokabular.

«Geh doch selber mittschiffs!», gebe ich verärgert zurück.

«Kein Problem.» Heinrich erhebt sich, sinkt aber im

nächsten Augenblick mit einem Schmerzensschrei auf die Knie. Ein Mast, der aus unerfindlichen Gründen quer hängt, hat ihn am Kopf getroffen und schwingt jetzt gefährlich zurück.

«Pass auf, er kommt wieder!», schreie ich.

Heinrich umklammert seinen Kopf mit beiden Armen und wirft sich auf den Boden. «Kann den mal jemand festbinden?», ruft er zurück.

Das Boot legt sich so auf die Seite, dass Heinrich ein Stück in Richtung Außenrand rutscht.

Adolfo am Steuerrad flucht.

«Warte, ich versuche es mal!»

«Lass das, Isabel, der Balken gehört so!», fährt Viktoria mich an.

«Ein loser Balken, der uns alle k. o. schlägt, gehört so? Ja, ich glaube es auch!» Kopfschüttelnd versuche ich, das todbringende Stück Holz außer Gefecht zu setzen.

Adolfo brüllt etwas auf Italienisch. Heinrich nimmt einen Arm vom Kopf und lugt vorsichtig daraus hervor.

«Die Luft ist rein, Heinrich!», schreie ich. «Roll dich hier herüber! Wenn der Balken noch mal zuschlägt, trifft er dich nicht!»

Heinrich rollt mit einem erleichterten Seufzer herunter. Adolfo brüllt und tobt, hebt den rechten Arm und macht herrische Gesten. Ich verstehe zwar nichts, meine aber zu verstehen, dass er «Enrico» für sehr «mal competente» hält.

«Jawohl, Adolf, mein Führer!», schreit Heinrich wütend zurück. Dann, mit einem entschuldigenden Achselzucken: «Sorry, Adolf will, dass ich unter Deck gehe, um den wahren Seglern Platz zu machen. Also, dann noch ein fröhliches Heil und», er zeigt mit Zeige- und Mittelfinger Gänsefüßchen an, «*viel Spaß!*»

Die italienische Küste ist ein blassblauer Streifen mit Turmspitzen darauf. Möwen ziehen schreiend über unsere Köpfe. Allmählich nimmt der Wind zu, und wir gewinnen an Fahrt. Adolfo gibt Viktoria mit einer Geste zu verstehen, dass sie das Steuer bitte mal übernehmen möge. Ohne eine Miene zu verziehen, greift Viktoria zu. Dann klettert Adolfo die Treppe zu Heinrich hinunter, zweifellos um sich mit ihm zu versöhnen.

Panik steigt in mir auf. Viktoria wird das Schiff versenken oder irgendwo gegenfahren. «Du hast keinen blassen Schimmer, was du jetzt tun musst, oder?», frage ich atemlos.

«Doch, natürlich», antwortet sie. «Ich muss Kurs auf Südosten halten. Da wollen wir ja schließlich hin.»

«Und wie machst du das?» Ich stelle mich neben sie.

«Hier.» Sie deutet auf ein kreisrundes Glas, das in einer Art Armaturenbrett hinter dem Steuer eingelassen ist. «Das ist ein Kompass. SE, siehst du? Meine detektivischen Fähigkeiten sagen mir, dass das South East heißt. Ich steuere das Boot jetzt so, dass die Nadel auf diesen zwei Buchstaben bleibt.»

«Stand das auch in dem Segelhandbuch?»

«Ja, natürlich.»

«Vielleicht hätte ich es doch lesen sollen.»

«Kein Problem», lächelt Viktoria, während ihre weißen Haare im Wind flattern und ihr Gesicht in der schrägen Nachmittagssonne leuchtet. «Ich habe es ja mitgebracht.»

Adolfo will die ganze Nacht durch segeln, um am nächsten Morgen in Griechenland zu sein. Viktoria gelingt es aber, ihm dieses Vorhaben auszureden. «Nachts segeln heißt, dass wir uns mit der Ruderwache ablösen müssen», erklärt sie, als wir allein in unserer Kammer sind, einem langgestreckten Dreieck, in dem man auf gar keinen Fall dick sein darf. «Also mal Adolfo und mal wir. Das können wir aber erst, wenn wir etwas praktische Erfahrung gesammelt haben. So gut dieses Handbuch auch ist – allein nachts einen Kurswechsel vorzunehmen, Segel zu hissen und wieder herunterzunehmen, das ist was für Kenner, nicht für uns. Komm, wir müssen noch etwas ins Logbuch schreiben, hat Adolfo gesagt.»

«O Gott. Hast du eine Ahnung, was man da reinschreibt?»

«Ja. Liebes Tagebuch, heute sind wir zum ersten Mal in unserem Leben gesegelt.»

«Viktoria! Sei doch mal ernst!»

«Ich habe keine Ahnung. Wir gucken mal, was andere Leute da reingeschrieben haben, und dann passen wir uns dem Stil an.»

Unsere Vorgänger haben vor allem Zahlen in einer waagerechten Linie notiert, stellen wir fest, als wir uns in die Ecke quetschen, in dem der Schreibtisch mit den Karten, Zirkeln, merkwürdigen Geräten und eben dem Logbuch steht. «Das macht die Sache schwieriger, aber nicht unmöglich.» Viktoria reibt sich die Hände. «Löst du hin und wieder Sudoku-Rätsel?»

«Sudoku – ich? Machst du Witze? Ich bin die Zahlenhasserin schlechthin! Zahlen sind das Böse! Denk nur mal an Mathehausaufgaben, Steuererklärungen, Kontoauszüge …»

«Schon gut. Sudokus zu lösen ist manchmal ganz nützlich, die helfen beim logischen Denken. Meine Nichte ist recht gut darin. Aber es sollte doch mit dem Teufel zugehen, wenn wir ausgerechnet jetzt daran scheiterten. Na, sieh mal, dieser hochgestellte Kreis und diese Striche hinter den Zahlen! Das sind bestimmt die Längen- und Breitengrade! Ha – Rätsel gelöst! Jetzt müssen wir nur noch unseren Standort eintragen, dann geht es auch schon zum Dinner!»

«Und woher wissen wir unseren Standort?»

«Wir haben doch hier eine Karte. Guck mal, ich ziehe mit

dem Lineal eine Linie – schwups, schon habe ich unsere Koordinaten heraus!»

«Beeindruckend. Aber was wohl das A bedeutet, das hinter diesen ganzen Zahlen steht?»

«Ahoi vielleicht. Oder Avanti. Adolfo wäre auch eine Möglichkeit.»

«Dann schreiben wir jetzt V+I.» Ich hebe die Hand, um Viktoria abzuklatschen, so wie Lisa das mit ihren Fußballfreundinnen nach einem Spiel immer macht.

«Ich soll innehalten, oder was bedeutet dieses Handzeichen?», fragt Viktoria verwirrt.

«Das ist High Five!», lache ich. «Du musst einschlagen! Das machen Sportler, wenn sie mit ihrem Ergebnis zufrieden sind!»

«Ach so. Zufrieden!», lacht Viktoria und schlägt ein.

«Was hast du eigentlich Adolfo gesagt, warum wir die Ruderwache nicht machen können?», flüstere ich ihr ins Ohr, als wir wenig später im Restaurant sitzen.

«Dass meine Knie heute schmerzen und ich nicht so lange stehen kann.» Sie kichert. «Das ist das Gute am Alter. Die Leute nehmen einem jedes Wehwehchen ab!»

Wir essen in Otranto zu Abend, wo wir einen Liegeplatz in der Marina ergattert haben. Es wird unser letzter Abend in Italien werden. Am nächsten Tag wollen wir im griechischen Fiskardo sein. Die Stimmung ist wieder ganz fröhlich zwischen den Männern. Heinrich erzählt, dass Adolfo ihn deshalb nie zum Segeln mitgenommen habe, weil er befürchtete, dass Heinrich das nicht durchstehe. Er nimmt eine Gabel von seiner Dorade. «Und was soll ich sagen: Ich hab noch kein einziges Mal gekotzt!»

Ich sehe mich um. Außer uns sind noch etliche andere

Segler hier, oder zumindest nehme ich es an, denn ihre Gesichter wirken frisch und jung, und die Frauen sind großenteils ungeschminkt. Am Nebentisch zu unserer Linken sitzen bärtige Skandinavier in dunkelblauen Strickpullovern, die sich lauthals zuprosten, während zu unserer Rechten etwas gesprochen wird, das ich nicht verstehen kann. Viktoria spitzt die Ohren.

«Was sagen sie?», will Heinrich wissen. «Sie gucken immer so komisch zu uns rüber.»

«Sie lesen Zeitung», bemerke ich.

Viktoria steht auf und geht in Richtung Toiletten. Aber sie geht langsam, irgendwie merkwürdig, und in Höhe des Nebentisches geht sie seitlich, dabei ist genügend Platz zwischen den Tischen. Und dann, bevor sie die Toiletten erreicht hat, kommt sie wieder zurück. «Jungs!», zischt sie. «Ich schlage vor, dass ihr jetzt ganz schnell bezahlt! Wie gesagt, am Ersten bekommt ihr alles zurück!»

«Ist was passiert?», frage ich beunruhigt.

Viktoria nickt leicht, aber laut sagt sie: «Ja, eine alte Dame möchte sich schlafen legen.» Sie winkt dem Kellner, woraufhin sich der gesamte Nebentisch zu ihr umdreht und sie mustert.

«Ich gehe mal eben an die frische Luft», sagt Viktoria. «Isabel, bleib bei den Männern. Bis gleich!»

«Könntest du mir jetzt bitte mal sagen, was los ist?», frage ich, als wir zur Marina zurückgehen.

Heinrich und Adolfo haben von dem ganzen Vorfall nichts mitbekommen. Sie gehen ein paar Schritte vor uns und sind augenscheinlich in einen neuen Streit vertieft.

«Du musst mir helfen, Adolfo davon zu überzeugen, dass wir noch heute Nacht auslaufen», entgegnet Viktoria.

«Warum das denn? Ich dachte, wir seien noch nicht bereit für Nachtwachen?»

«Jetzt müssen wir es aber. Lass mich die erste Nachtwache mit Adolfo machen, dann kommst du in vier Stunden dazu, bis dahin habe ich hoffentlich begriffen, wie es geht.»

«Würdest du mir jetzt endlich erklären ...»

«Die Leute da am Nebentisch waren aus Montenegro», erklärt Viktoria knapp. «Und sie hatten eine Tageszeitung dabei. Mit heutigem Datum.»

«Ich verstehe immer noch nicht ...»

«Auf der Doppelseite waren unsere Phantombilder abgedruckt.»

«Du meinst ...?» Mein Herz beginnt zu rasen.

«Ja, Isabel. Wir werden noch immer gesucht.»

18. KAPITEL

Adolfo davon zu überzeugen, noch in derselben Nacht nach Griechenland aufzubrechen, ist das kleinste Problem. Er ist sofort Feuer und Flamme. Immer wieder klopft er Viktoria auf die Schulter und versichert ihr strahlend seine Anerkennung. Dann deutet er auf Heinrich, sagt etwas auf Italienisch und zeigt wieder auf Viktoria.

«Mein Freund findet, dass ich mir an Viktoria mal ein Beispiel nehmen soll», flüstert Heinrich gekränkt. «Wirklich, als homosexueller Mann ist man ja so einiges gewohnt, aber dass ich mir in puncto Wagemut ein Beispiel an achtzigjährigen Frauen nehmen soll ... also wirklich!»

«Achtzig, Heinrich, jetzt übertreibst du aber!» Doch ich bin mit meinen Gedanken schon ganz woanders. Wenn die Fahndung nach uns in Montenegro läuft, dann vielleicht auch in den angrenzenden Ländern. Vielleicht sogar international. In dem Fall würde auch die Weiterreise nichts nützen. Dann könnte unser Trip jede Minute zu Ende sein.

«Isabel, du bist bestimmt müde, leg dich ins Bett, ich brauche dich in vier Stunden wieder hier oben.» Viktorias Stimme in der Dunkelheit klingt angespannt.

«Wir Seeleute sagen nicht Bett, sondern Koje», sagt Heinrich immer noch etwas mürrisch und gähnt.

Ich bin tatsächlich erschöpft und verabschiede mich nach unten. Doch als ich mich in der engen Kammer unter der Wolldecke ausstrecke, kann ich nicht einschlafen. Ich höre, wie jemand den Motor anlässt, und Augenblicke später dringt der Geruch von Diesel zu mir herein. Und natürlich kann ich jetzt die Luken nicht öffnen, denn selbst mir Landratte ist klar, dass die Kammer dann von Meerwasser geflutet wird.

Plötzlich höre ich Männerstimmen, die aber nicht von Deck kommen, sondern aus einiger Entfernung vom Pier. Viktoria stößt einen Ruf aus, es gibt einen Ruck, und das Schiff legt sich so stark auf die Seite, dass ich auf einmal wegrutsche und mit dem Kopf gegen ein Bord knalle. Dann höre ich Heinrich fluchen und Adolfo lachen. Und dann fallen mir zum Glück doch die Augen zu.

Minuten später habe ich ein Déjà vu. Eine vertraute Stimme sagt: «Aufstehen, du Schlafmütze!», und rüttelt an meiner Schulter.

«Du hast gesagt, in vier Stunden!», protestiere ich.

Viktoria lacht. «Ja, und die sind jetzt um! Komm, zieh dir

was über! Ich geh jetzt wieder hoch und löse Adolfo am Lenkrad ab.»

Ich fühle mich noch komplett benommen, als ich die Treppe zum Deck emporsteige, aber kaum habe ich die letzte Stufe erklommen, werde ich schlagartig wach. Es ist eiskalt hier draußen, aber was mir wirklich die Sprache verschlägt, ist der Anblick. Ich fühle mich wie im Inneren eines Schmuckkästchens. Die Nacht rings umher ist mit Glitzer bestreut. Über mir funkelt der Himmel, in der Ferne glänzt ein lichtbepunkteter Horizont. Viktoria steht ruhig am Steuer und blickt konzentriert vor sich hin.

Ich lasse mich neben ihr auf der Bank nieder, ziehe meine Knie an und schiebe den Wollpulli drüber. «Wunderschön», flüstere ich.

Viktoria dreht sich zu mir um und ich meine ein Lächeln in ihren Augen zu erkennen. «Das habe ich auch eben gedacht.»

«Da musste ich also fünfundvierzig Jahre alt werden, um festzustellen, wie schön es ist, wenn man übers Meer segelt!», wundere ich mich.

Viktoria lacht. «Frag mich mal.»

«In Ordnung.» Ich hole tief Luft. «Wie alt bist du?»

«Zweiundsiebzig», sagt sie. «Habe ich dir das nicht schon in Prag gesagt?»

Ein paar Minuten vergehen, in denen ich nur den Wind in den Segeln höre.

«Das Mädchen in deinem Fotoalbum», sage ich schließlich. «Das vor der heilen Nikolaikirche steht. Bist das nicht du?»

«Das ist meine Schwester», antwortet sie.

Um uns herum rauschen die Wellen. «Du findest mich bestimmt uralt mit zweiundsiebzig», sagt sie schließlich leise.

«Nein», erwidere ich ganz ehrlich. «Ich finde, dass du etwas Zeitloses hast.»

Wir schweigen. «Es ist komisch mit dem Alter», sagt Viktoria schließlich. «Man wird älter, aber es ist in erster Linie der Körper, der altert. Ich kann es oft nicht glauben, dass ich schon zweiundsiebzig bin. Ich empfinde noch genauso wie als junge Frau. Ich möchte etwas ausprobieren in der Welt. Ich will mit anregenden Leuten zusammen sein. Ich sehne mich danach, mal wieder verliebt zu sein.»

Sie sieht auf einmal ganz weich aus. Ich weiß nicht, was ich sagen soll.

«Und dann», fährt sie fort, «mag ich es nicht, wenn die Leute denken, ich sei gebrechlich. Ich hasse Mitleid. Ich hasse es, wenn jemand denkt, ich sei reif fürs Altersheim.»

«Du bist fitter als viele Menschen in meinem Alter.»

«Das hoffe ich doch.»

«Und mutiger.»

«Oh, danke.»

«Auch unverschämter und eingebildeter.»

Viktoria kichert. «Kann sein.»

«Meinst du, dass wir morgen in Griechenland verhaftet werden?»

«Das werden wir dann ja sehen.»

Sie dreht sich zu mir um und sieht mich an. «Das sieht hübsch aus, wie deine langen Haare so im Wind flattern.»

«Danke schön.» Ich sehe das Leuchten in ihren Augen und spüre, dass sie glücklich ist. «Selber hübsch.»

Wieder schweigen wir eine Weile. Viktorias Ring blitzt im Mondlicht. Als eine Brise in die Segel fährt, sehe ich, wie sie den Kurs ruhig korrigiert.

«Ich muss dich um etwas bitten», sagt sie schließlich.

«Was denn?»

«Wenn Zlatko anruft, um das Treffen mit dir in Istanbul zu bestätigen, musst du ablehnen.»

«WARUM DAS DENN?!»

«Pst, nicht so laut! In der Zeitung, unter den Bildern von uns, stand eine ziemlich hohe Summe.»

Ein Schauder durchfährt mich. «Du meinst, die haben ein Kopfgeld auf uns ausgesetzt?»

«Ja.»

«Aber Zlatko ... du glaubst doch wohl nicht ... Er ist doch bestimmt nicht der Typ dafür!»

«Keine Ahnung. Ich kenne ihn nicht. Ebenso wenig wie du übrigens.»

Nein. Ich kenne Zlatko nicht. Er sei Informatikstudent, hat er behauptet. Mit Sicherheit weiß ich nur, dass er in Prag als Barmann arbeitet. Und dass er sein Auto zu Schrott gefahren hat.

«Ich zweifle nicht an seinen ehrlichen sexuellen Absichten», sagt Viktoria, und ich höre, dass sie dabei lächelt. «Und ich glaube nicht wirklich, dass er uns verraten würde. Ich will es auch überhaupt nicht glauben. Aber für den Fall, dass er unsere Bilder gesehen hat, weiß er natürlich, dass wir die Gesuchten sind. Und er hat jetzt eine Handynummer, unter der er dich erreichen kann. Das Risiko, dass er sich vom Geld verleiten lässt, ist einfach zu groß.»

Ich brauche eine Weile, um das zu verdauen. So viele Tage habe ich mit der Frage gerungen, ob ich Zlatko wiedersehen will. Am Ende habe ich die Frage mit Ja beantwortet. Und jetzt das.

Auf einmal steigt Ärger in mir auf. Kann ich vielleicht einmal auch das tun, was mir gefällt, mir ganz persönlich? Ohne dabei zu bedenken, ob es auch den Leuten in meiner Umgebung in den Kram passt? Bin ich denn aller Menschen

Erfüllungsgehilfin? Da will ich mal ein bisschen Spaß haben, und jetzt ist mir auch das schon wieder nicht vergönnt!

Aber dann stelle ich mir unser Treffen vor. Abgesehen davon, dass ich nicht weiß, ob es überhaupt zustande kommt – schließlich hat Zlatko auf meinen Anruf bislang nicht reagiert –, habe ich auch keinen Schimmer, worüber ich bei unserem nächsten Treffen mit ihm reden soll. Nicht, dass ich glaube, dass Konversation auf seiner Prioritätenliste steht. Aber selbst ein Schäferstündchen braucht ein paar einleitende Worte, finde ich.

Auf einmal wird mir klar, dass das größte Problem ich selbst bin. Ich weiß nämlich nicht, was ich will. Ein bisschen Spaß, Sex und Leidenschaft, aber auch einen echten Partner an meiner Seite. Einer, der mich kennt, und der gut ist zu Lisa und mir. Irgendwie habe ich Mühe, Zlatko in dieser Rolle zu sehen. Ja, vielleicht ist es tatsächlich besser, wenn wir uns nicht wiedersehen.

«Geht in Ordnung», sage ich. «Sollte er tatsächlich doch noch zurückrufen, sage ich ihm, ich hätte es mir anders überlegt.»

«Bist du sicher?», fragt Viktoria sanft.

Ich denke flüchtig an Zlatkos strahlend hellgrüne Augen, sein Lächeln, seine hübsche dunkle Haut. «Ja. Nein. Ich weiß nicht. Aber vielleicht hast du recht.»

Wir schweigen. Das Segel flattert etwas stärker. Viktoria steuert ein bisschen nach links. «Willst du auch mal?», fragt sie. «Das Steuer übernehmen?»

Ich springe auf. «Sehr gern. Aber ... Was muss ich tun?»

«Kurs auf Osten halten. Dann kann nichts schiefgehen. Hier.» Sie deutet auf den Kompass.

«Verstehe.» Ich übernehme das Steuer. Es fühlt sich überraschend leicht in meinen Händen an.

Hier stehe ich nun und steuere ein Schiff durch die Nacht, meine Gedanken funkeln mit den Sternen um die Wette. Diese Reise soll einfach nicht zu Ende gehen.

Ein Räuspern lässt mich zur Seite blicken. Viktoria hat die Hand erhoben und alle fünf Finger gespreizt. Ich schlage in ihren High Five ein.

«Zufrieden!», lacht sie.

Sie hacken einem das Brot fast aus den Händen. Und sie fliegen so dicht an uns vorüber, dass wir jede Feder erkennen können. Während Adolfo auf die Küste zusteuert, werden es immer mehr Möwen, ein sommerliches Motiv, weiß vor blau und türkis. Zu Hunderten umflattern sie uns jetzt, in einem Hitchcock-Film hätte man Angst. Heinrich steht an der Reling und wirft trockenes Ciabatta in die Luft.

Dann sehe ich die Marina vor uns auftauchen. Sie liegt in einer Bucht vor grün bewaldeten Hügeln. Hinter der Marina reihen sich pastellfarbene Häuser dicht an dicht. Auf dem Pier steht ein Mann in Uniform. Ich drehe mich zu Viktoria um, die dem Mann entgegenblickt. Sie wirkt blass, aber gefasst. Jetzt, denke ich. Jetzt werden wir erfahren, ob die Fahndung nach uns auch in Griechenland läuft. Ich versuche mir vorzustellen, wie ich es Carsten erzähle. Ich bin in Griechenland angekommen ... Gut angekommen, ja. Nur leider in Untersuchungshaft.

Adolfo lenkt das Schiff neben eine andere Yacht. Eine Gruppe junger Leute sitzt dort an Deck und trinkt Kaffee. Als wir auf einer Höhe mit ihnen sind, wenden sie sich zu uns um und grüßen uns. Adolfo gibt mir mit einer Handbewegung zu verstehen, dass ich an Land springen soll. An Land – ich alleine? Jetzt schon? Ach so, natürlich. Ich muss das Schiff vertäuen.

Der Beamte nickt mir grimmig zu, und ich schenke ihm mein strahlendstes Lächeln. Dann wickele ich das Tau, das Viktoria mir hinunterwirft, um einen Poller.

«Palstek!», ruft Viktoria. Ist das Griechisch? Der Beamte reagiert nicht auf diesen Gruß. Ich hebe die Hand. «Palstek!», winke ich fröhlich zurück.

«Dummkopf, du sollst einen Palstek knoten!»

«Was weiß ich, was das ist! In der Schule hatten wir nur Makramee!»

Adolfo donnert etwas auf Italienisch.

«Er sagt, du sollst das Tau an diesem Hubbel da befestigen», übersetzt Heinrich und deutet auf den Poller. «Wenn du nicht den ganzen Tag da stehen und die Yacht eigenhändig festhalten willst!»

Ich salutiere. «Aye, aye, Captain!» Dann mache ich einen Doppelknoten und ziehe den ordentlich fest.

Die Besatzung vom Nachbarschiff reißt die Augen auf, und auch der griechische Beamte sieht mich an, als sei ich ein Wesen vom anderen Stern. «Das ist vermutlich kein Palstek», flüstere ich Viktoria zu, als sie vorsichtig über eine Planke, die Adolfo für sie auslegt, an Land geklettert kommt.

Statt einer Antwort schubst mich Adolfo beiseite, löst den Doppelknoten und macht fluchend ein kompliziert aussehendes Gewinde ins Tau.

Und dann ist der Moment gekommen. Wir stehen alle am Pier und müssen unsere Ausweispapiere vorlegen. Adolfo hat außerdem einen Stapel mit Schiffsdokumenten zur Hand. Den prüft der Beamte als Erstes. Eigentlich müsste ich jetzt aufgeregt sein. Aber die vergangene Nacht hat etwas in mir verändert. Ich bin zu einer Frau geworden, die ein Schiff durch die Nacht lenken kann. Ich bin furchtlos und stark.

Und dann passiert das Unglaubliche. Der Beamte stellt

Adolfo ein paar Fragen. Dann gibt er uns die Papiere zurück.

Heinrich bemerkt es als Erster. «Haben Sie Schmerzen, Viktoria?», fragt er besorgt.

Die Tränen laufen Viktoria über die Wangen. «Nein, es ist nichts.» Sie wischt sich über das Gesicht. «Ich bin nur so glücklich, dass ich in Griechenland bin!»

Heinrich reckt die Faust in die Luft. «Auf Griechenland!», ruft er aus.

Adolfo sitzt unter Deck und dreht an den Knöpfen eines Funkgeräts. «Er macht sich Sorgen», erklärt Heinrich. «Wir tanken, nehmen Wasser auf und segeln gleich weiter. Da zieht nämlich ein Unwetter auf.»

«Ja, ist es denn dann schlau, gleich weiterzusegeln?», will Viktoria wissen. Sie sieht mich dabei nicht an, und ich spüre, dass ihr der Gefühlsausbruch von eben unangenehm ist. «Wollen wir dann nicht lieber in der Marina liegen bleiben, bis sich der Sturm verzogen hat?»

Heinrich gibt die Frage an Adolfo weiter, der sie mit vielen Worten und Gesten kommentiert.

«Nein», übersetzt Heinrich. «Adolfo hofft, dass wir aus dem Gebiet rauskommen, bevor der Sturm richtig zuschlägt. Mit Glück sind wir übermorgen schon im Ägäischen Meer.»

Ich sehe Adolfo zu, wie er grimmig der Stimme aus dem Funkgerät lauscht. Muss ich mir Sorgen machen, wenn jemand, der Abenteuer und Gefahr liebt, dem Wetter aus dem Weg gehen will? Es muss mehr als nur ein kleiner Sturm sein, denke ich und versuche die Worte in dem Rauschen zu verstehen. Und dann höre ich es: Scale 8. Windstärke 8.

Wir frühstücken hastig und schweigend. Ich brause mich mit Süßwasser aus einem Schlauch ab, der aus einem Wasserhahn am Hafenbecken kommt. Viktoria duscht in unserem winzigen Bad. Adolfo und Heinrich regeln irgendwelche Papiere und tanken. Dann lässt Adolfo wieder den Motor an. Nur eine Stunde nachdem wir hier angekommen sind, laufen wir wieder aus.

Der Himmel ist immer noch strahlend blau. Von Unwetter keine Spur.

Jetzt besteht Adolfo darauf, selbst am Ruder zu stehen. Sein Mund ist ein Strich, so fest presst er die Lippen aufeinander. Am Horizont ziehen Wolken auf.

Wir segeln, ohne die Küste aus den Augen zu verlieren. Hinter uns hüpft das Dingi über das Wasser und malt dabei glitzernden weißen Schaum in die See. Es wäre sicher lustig, sich jetzt in das kleine Boot hineinzusetzen und von dem Segelschiff gezogen zu werden. Wäre ich jetzt mit Lisa hier, dann würde ich das machen. Ich sehe sie vor mir, wie wir früher zusammen Höhlen gebaut oder uns als Piraten verkleidet haben. Wenn das hier vorbei ist, denke ich, mache ich mal eine Seereise mit ihr.

Als ich mich wieder umdrehe, sehe ich, dass Viktoria das Steuer übernommen hat. Adolfo ist zwischen den Masten und packt irgendetwas ein.

Auf einmal verschwindet die Sonne, und es wird merklich kühler. Auch der Wind nimmt zu. «Ich gehe runter und hol meinen Wollpulli», rufe ich durch das Heulen Viktoria zu. «Soll ich dir deinen auch mitbringen?»

«Ja, bitte! Und die wetterfeste Jacke!», ruft sie zurück.

Es geschieht, als ich aus unserer Kammer trete. Die Yacht legt sich so stark auf die Seite, dass ich über den Tisch auf das Sofa fliege. Heinrich, der auf den Polstern in einer Zeitschrift geblättert hat, stößt einen Schrei aus und hält sich den Kopf.

Oben von Deck höre ich, wie Adolfo einen sehr langen und

lauten Fluch ausstößt. Es gibt erneut einen Ruck. Diesmal fliegen Heinrich und ich auf den Boden. Eine Tasse kracht hinter uns gegen die Wand und zerschellt. Aus dem Wasserbecken in der Spüle schießt eine Fontäne empor. Entgeistert drehe ich mich zu Heinrich um.

Und in diesem Moment ertönt «Mission Impossible». Heinrich, der immer noch auf dem Boden liegt, nimmt den Anruf an. Er lauscht, dann reicht er sein Handy an mich weiter. «Hier», keucht er. «Ist für dich. Vorsicht, halt dich fest!»

Ich bekomme gerade noch den Tisch zu fassen, als das Schiff sich erneut auf die Seite legt.

«Ist da die schöne Isabel?» Zlatkos Stimme dringt durch das Krachen an mein Ohr. Draußen ist die Hölle losgebrochen, es flattert, rauscht und heult, dazwischen höre ich Viktoria und Adolfo, die sich etwas auf Latein zubrüllen.

«Oh, hallo, ich höre, du bist schon wieder mit fremden Männern unterwegs!»

«Zlatko!», rufe ich, während ich weiter das Tischbein umklammere. «Es tut mir leid, ich kann gerade nicht sprechen. Ich bin auf einem Segelboot!»

«Auf einem Segelboot?» Zlatko lacht leise. «Die schöne Isabel. Nie einem Abenteuer abgeneigt!»

«Im Gegenteil, sehr abgeneigt, gerade.» Ich sehe, wie Heinrich auf mich zuschlittert, und versuche, ihm irgendwie auszuweichen, doch vergeblich. Heinrich knallt gegen mein Bein. «Aua, verdammt, das war mein ... Tut mir leid, Zlatko, kann ich dich später zurückrufen? Wir sind gerade in einem Sturm!»

Ich höre ihn zögern, dann wieder ein kurzes Lachen. «Du bist also auf dem Ionischen Meer?»

Das Schiff legt sich erneut heftig auf die Seite. Diesmal kann ich mich nicht mehr am Tisch festhalten und knalle mit dem Kopf gegen einen Schrank. «Woher weißt du das?», stöhne ich und reibe mir die Beule.

«Na, weil es derzeit in Südeuropa nur einen Sturm gibt, und der ist auf dem Ionischen Meer. Welchen Hafen lauft ihr denn jetzt an?»

Ein Schreck durchfährt mich. Er sucht uns also wirklich. Mit zitternden Fingern drücke ich «Gespräch beenden». Verdammte Kiste. Viktoria hat recht gehabt.

Die Yacht liegt so schräg, dass Viktoria wie auf einem Thron sitzt, auf der Seite, die aus dem Wasser ragt. Sie ist von Kopf bis Fuß nass von der Gischt. Adolfo steht fluchend am Steuer und macht mir wild fuchtelnd Zeichen, die ich aber nicht verstehe. «Er weiß es!», brülle ich Viktoria zu.

«Wer?», brüllt sie zurück. «Weiß was?»

«Zlatko! Er weiß, dass wir gesucht werden! Und jetzt weiß er auch, wo wir sind!»

«Verfluchter Mist!» Viktorias Augen funkeln in ihrem nassen Gesicht. «Ich habe dich doch gewarnt!»

Eine Bö fetzt mich von den Füßen. Ich klammere mich an einem rutschigen weißen Stück Plastik fest. «Ich habe ja nur gesagt, dass ich nicht reden kann, weil wir gerade durch einen Sturm segeln!», rufe ich über das Tosen der Wellen. «Und da wusste er, in welchem Meer wir sind!»

«Gibt es etwas, das du uns vielleicht sagen solltest?» Heinrich steht auf einmal hinter mir. Seine Stimme klingt ganz anders als sonst. Er sieht wütend aus.

«Isabel!», schreit Viktoria plötzlich. Aber zu spät. Ich habe nichts, woran ich mich festhalten kann. Ich rutsche, fliege, knalle irgendwo gegen, und dann überschlage ich mich rückwärts. Eine Riesenwelle bricht über mir zusammen.

19. KAPITEL

Diesmal ist es kein türkisfarbenes, handwarmes Wasser. Diesmal erwischt es mich eiskalt. Ich trete und schlage, aber ich kann vor Kälte nicht atmen. Endlich komme ich an die Wasseroberfläche und hole tief Luft. Schon kracht die nächste Welle über mir zusammen.

Dass Wasser so schwer ist. Es donnert mich mit einer Kraft in die Tiefe, dass ich nicht dagegen ankämpfen kann. Es zieht mich nach unten. Ich kann mich nicht bewegen.

Da. Irgendwie habe ich mich nach oben geschlagen. Aber die Yacht ist verschwunden. An ihrer Stelle türmt sich vor mir eine blaugraue Wand auf. Sie wächst und wächst. Ich versuche ihr zu entkommen, darunter durchzutauchen, so wie früher als Kind am Atlantik. Aber die Welle ist zu mächtig. Dröhnend bricht sie über mir.

Ich bin in einem Strudel gefangen. Und ich bin nicht stark genug, um dagegen anzugehen. Es reißt mich fort, es drückt mich in die schwarze, kalte Tiefe. Ich bekomme keine Luft mehr. Noch tiefer drückt mich das Wasser. Und je mehr ich mich bewege, desto weniger komme ich voran.

Um mich herum ist jetzt alles dunkel und hüllt mich ein. Ich sehe mir selbst zu, wie ich mich treiben lasse. Alles ist still in dieser dunklen, nassen Tiefe.

Ich gebe auf.

Und plötzlich packt mich erneut eine Kraft und schleudert mich herum. Aber diesmal ist es nicht das Wasser.

Es ist eine Hand. Und dann wird es hell.

Ich reiße den Mund auf und hole Luft.

«Du musst dich an mir festhalten!», brüllt Viktoria. «Festhalten, verdammt!»

Aber ich kann nicht. Meine ganze Kraft ist weg.

Auf einmal fühle ich, wie mich jemand am Hals packt. Es ist unangenehm. Ich werde auf den Rücken gedreht. Wieder türmt es sich dunkel vor mir auf. Aber das Gefühl am Hals geht nicht weg. Und jetzt spüre ich noch etwas: Ich bewege mich. Ohne dass ich etwas dafür tun muss. Und dann werde ich plötzlich in die Höhe gezogen. Nein, geschoben. Mein rechter Arm berührt glattes Plastik. Und plötzlich habe ich Boden unter mir. Boden, der sich heftig hin und her bewegt. Mir wird schwarz vor Augen. Und dann versinke ich erneut.

Als ich wieder erwache, liege ich in Wolldecken gehüllt in meiner Koje. Doch ich bin nicht allein. Heinrich sitzt auch da und sieht mich stirnrunzelnd an.

«Ach, du bist das!», krächze ich.

«Ja, ein ganz herzliches *Ach, du bist das* zurück!»

«Wo ist Viktoria?»

«Schläft nebenan auf dem Sofa.»

«Wie spät ist es?»

«Noch nicht zu spät für die volle Wahrheit.» Er sieht mein Gesicht und seufzt. «Also gut, abends halb zehn.»

Ich nehme seine Hand. «Tut mir leid, ich hätte dir alles erzählen sollen.»

«Das hat Viktoria jetzt getan.»

«Und nun habt ihr beschlossen, uns unserem Schicksal und der griechischen Polizei zu überlassen und zurückzusegeln, stimmt's?»

«Nein.» Heinrich hält meine Hand weiter fest. «Natürlich nicht. Dazu findet Adolfo die Geschichte auch viel zu aufregend. Er hat beschlossen, euch vor jeglichem Verfolger in Sicherheit zu bringen. Dieser Typ, Zlatko oder wie er heißt, hat übrigens noch ein paarmal angerufen. Er wollte unbedingt wissen, wo ihr jetzt seid.»

«Was hast du gesagt?»

«Ich habe immer gleich aufgelegt.»

«Danke.»

«Keine Ursache. Er wird es wohl weiter versuchen, nehme ich an.»

Ich vergrabe den Kopf in meinen Händen. «Ich war so eine Idiotin, verdammt.»

Heinrich grinst. «Man kann sich schon mal den Kopf verdrehen lassen, wenn ein Mann gut aussieht.»

«Es war eigentlich nur ein harmloser Flirt.»

«Ja, und der könnte dir jetzt gefährlich werden. Viktoria meinte, dieser Zlatko könnte scharf auf das Geld sein.»

«Geld?»

«Das auf euch ausgesetzt wurde.»

Ein Schauer kräuselt mir die Haut. «Ich habe Angst, Heinrich.»

Er sieht mir in die Augen. «Warum hast du mir nicht von Anfang an die Wahrheit gesagt? Warum wusste ich nichts davon, dass meine beste Freundin Autos klaut und Polizisten fesselt? Wie konnte das alles überhaupt passieren?»

«Ich schätze, das sind die Wechseljahre», sage ich kleinlaut.

Heinrich legt den Kopf in den Nacken und bricht in schallendes Gelächter aus.

«Nein, ich habe keine Ahnung», seufze ich. «Mein Leben ist so schrecklich durcheinandergeraten, ich habe irgendwie komplett den Überblick verloren.»

Wir schweigen eine Weile. Der Sturm draußen scheint sich gelegt zu haben, denn es ist ganz still. Heinrich blickt mich aufmerksam an. «Gut, du bist in einer Krise. So weit ist alles klar. Versuchen wir mal, das Problem analytisch zu betrachten.»

«Oh, das wäre sicher sehr von Vorteil. Diese ganzen Gefühle sind bei der Lösung auch echt hinderlich.»

«Also, Krisis ist griechisch und bedeutet Entscheidung, und darum musst du es positiv sehen», fährt er unverdrossen fort. «Deine Krise bedeutet ganz einfach nur, dass du dich auf einem Scheideweg befindest. Du stehst also sozusagen an einer Weggabelung, und jetzt wirst du einen neuen Weg einschlagen.»

«Das mit den zwei Wegen erscheint mir einleuchtend.» Ich drehe mich auf die Seite und stütze einen Ellenbogen auf. «Ich fühle mich in letzter Zeit oft zweigeteilt. Ständig überlege ich, ob ich jetzt das oder das machen soll, ob ich eigentlich so oder so bin, ob ich da oder da leben will.»

«Es gibt da so eine indianische Weisheit», lächelt Heinrich.

«Ich sage heute ja zu indianischen Weisheiten.»

«Sagt der schwule Indianer zu seiner besten Freundin ...»

«Verdammt, ich wusste, dass du dir jetzt was aus den Fingern saugen würdest!»

Heinrich lacht. «Okay, aber jetzt mal ernsthaft. Sagt der Indianerhäuptling zu seinem Sohn: In jedem von uns kämpfen zwei Wölfe. Der eine Wolf ist böse. Er ist voller Neid und Ärger und Selbstmitleid.»

O weh. Ja, das ist einer meiner Wölfe. Nach dem Telefonat mit Tina war ich in der Tat ziemlich neidisch. Und ich tue mir in letzter Zeit auch ganz schön oft leid.

«Der andere Wolf ist gut», fährt Heinrich fort. «Er empfindet Liebe, Mitgefühl, Freude und Gelassenheit.»

Ich lächele ihn an. Ja, diesen Wolf kenne ich zum Glück auch.

Heinrich erwidert mein Lächeln. «Der Sohn will wissen, welcher der beiden Wölfe gewinnt.»

«Das wüsste ich auch gern», flüstere ich. «Was antwortet ihm der Häuptling?»

«Der Häuptling antwortet: Der, den du fütterst. Der gewinnt.»

Auf einmal beginnt sich alles in meinem Kopf zu drehen. Es ist, als hätten Heinrichs Worte etwas in mir in Bewegung gesetzt. Ja, das Füttern, das hat man selbst in der Hand, oder? Man sollte sich das schon noch aussuchen können, was man für ein Mensch sein will. Schließlich hat man auch ein Gehirn.

Und dann fällt mir Viktoria ein, die nebenan in der Kombüse auf dem Sofa schläft. Tränen steigen in mir auf, ich kann nichts dagegen tun. «Viktoria hat mir das Leben gerettet, nicht?», flüstere ich.

Heinrich nickt. «Ja, das hat sie. Sie hat einfach unglaublich schnell reagiert.»

«Was ... was hat sie genau gemacht?» Ich kann auf einmal nicht mehr richtig sprechen.

«Sie hat sich eine Rettungsweste angezogen und ist über Bord gesprungen. Adolfo hat eine Leine hinterhergeworfen. Daran hat sie sich festgehalten, und er konnte euch zwei dann ziehen.»

«Wie kann ich das nur jemals wiedergutmachen?» Ich kralle meine Hand in seinen Arm. «Wie dankt man jemandem, der sein eigenes Leben aufs Spiel setzt, um einen zu retten?»

«Ich würde sagen, dass du jetzt dran bist, ihr zu helfen. Bleib bei ihr, bis sie ihren Can gefunden hat. Hilf ihr, dass sie in Istanbul glücklich ist. Sei ein guter Wolf.»

Ich denke über seine Worte nach. Ich hatte ja sowieso vor, mit ihr bis Istanbul zu reisen. Aber ich hatte bislang keine Ahnung, was ich danach tun würde.

Auf einmal weiß ich die Lösung. Es ist ganz einfach: Ab

jetzt geht es nicht mehr um mich. Ich muss mir insofern auch gar keine Gedanken mehr machen, wie es weitergehen soll. Jetzt geht es nur noch um Viktoria.

«Ich will sofort zu ihr!» Ich reiße die Decke weg und will aufspringen, doch mir wird augenblicklich wieder schwarz vor Augen, und ich sinke zurück.

«Whoa, whoa, whoa, du bleibst schön liegen!» Heinrich stopft die Decke im Zwangsjackenstil um mich fest. «Du wärst vorhin fast ertrunken und überhaupt ... mir scheint, du solltest zum Arzt.»

«So ein Quatsch! Ich bin spätestens morgen wieder fit!»

«Wenn du meinst.» Heinrich sieht mich zweifelnd an, aber sagt nichts mehr. «Dann versuch jetzt aber wieder zu schlafen. Ich bleib auch bei dir, wenn du willst.»

«Ja», murmele ich und schließe die Augen. «Das will ich gern.»

Als ich erwache, ist Heinrich fort. Ich fühle mich vollkommen erfrischt und ausgeruht. Die Kombüse ist leer, aber von Deck dringen Stimmen. Das Schiff scheint sich zu bewegen, denn ich spüre, wie der Motor unter mir vibriert. Als ich die Treppe nach oben erklimme, strahlt mir rosafarbenes Licht entgegen. Es ist früher Morgen, Viktoria steht am Steuer und bugsiert die Yacht vorsichtig aus der Marina heraus. Ich stürze mich auf sie und schlinge ihr die Arme um den Hals.

«Guten Morgen!», lacht sie. «Ich habe dich auch vermisst!»

«Isabella!» Adolfo tritt auf mich zu. «Hai dormito bene?»

Ich nicke begeistert, lasse Viktoria aber nicht los. «Wie geht es dir?», flüstere ich.

«Mir geht es gut. Aber guck dir mal die Schiffe hinter uns an!»

Die Bucht, aus der Viktoria gerade heraussteuert, sieht fürchterlich aus. Segelboote liegen umgekippt übereinander. Einige Masten sind geborsten, in der Morgenbrise flattern zerfetzte Segel, die Marina sieht aus wie ein entwurzelter Wald.

«Wir haben wahnsinniges Glück gehabt», erklärt sie. «Es gab einen Tornado, zwei Menschen sind ertrunken, eine Yacht ist gekentert. So etwas habe ich in meinem ganzen Leben noch nicht erlebt!»

Ich halte sie immer noch fest. «Du hast mir das Leben gerettet, Viktoria.»

Sie drückt meinen Arm. «Ich wollte nun mal nicht die einzige Frau an Bord sein. Was hältst du davon, wenn du uns einen Kaffee kochst? Irgendwie fühle ich mich immer noch nicht so richtig wach.»

Eine halbe Stunde später sitzen Adolfo, Viktoria und ich mit dampfenden Bechern auf dem Deck. Ich habe mir einen grünen Tee gemacht, den ich in einer Blechdose entdeckt habe. Komischerweise wird mir von Kaffee immer noch schlecht. Heinrich schläft. Das Rosa am Himmel wechselt zu Violett und Hellblau.

Wir segeln zwischen zwei Inseln hindurch, vielleicht sind es aber auch zwei Länder, das ist schwer zu erkennen aus dieser Entfernung. Die Möwen haben uns wiedergefunden. Kreischend umfliegen sie unser Boot.

Ich setze mich so auf die Bank, dass ich Viktoria ansehen kann. «Wir sind ganz schön früh los heute», sage ich.

Viktoria steuert mit der linken Hand, während sie mit der rechten aus ihrem Becher trinkt. Sie sieht ziemlich seemännisch dabei aus. «Wir versuchen, so schnell wie möglich die Ägäis zu erreichen», erklärt sie. «Für den Fall, dass dein Zlatko versucht, die Behörden hier auf den Inseln im Ionischen Meer zu alarmieren.»

«Er ist nicht mein Zlatko», sage ich gekränkt.

«Na, meiner ist er erst recht nicht.» Sie sieht meinen Blick und hebt die Schultern. «Tut mir leid, ich weiß, du kannst nichts dafür.»

«Ja, so ist das nun mal, wenn man diese unwiderstehliche Ausstrahlung hat. Dann laufen einem die Männer in Scharen hinterher.»

Viktoria lächelt. «Gutes Aussehen hat halt nicht nur Vorteile.»

«Es kann sogar verdammt lästig sein. Aber Viktoria, wir sind doch nicht aus dem Schneider, nur weil wir das Ionische Meer verlassen. Ich meine, Ägäis und so, das ist doch immer noch Griechenland und EU, oder nicht?»

«Ja klar, aber ich denke nicht, dass Zlatko eine Fahndung über Interpol nach uns einleitet. Schließlich haben wir ja kein Kapitalverbrechen begangen. Nein, ich glaube, dass er sich in den Ionischen Häfen einfach nur nach zwei deutschen Frauen erkundigen wird. Die genaue Beschreibung hat er ja.»

«Kein Kapitalverbrechen? Du meinst, wenn man einen Polizisten mit der Waffe bedroht, dann gibt es bloß drei Punkte in Flensburg? Ich hatte nicht gewusst, dass du so eine Optimistin bist!»

«Wenn ich das nicht wäre, hätte ich mich wohl niemals auf den Weg nach Istanbul gemacht. Noch dazu mit einer Mitfahrerin wie dir.»

Viktoria lächelt und trinkt den Kaffee aus ihrem Becher aus. «Wie auch immer», sagt sie, als ich ihr den Becher abnehme. «Ich glaube, Interpol können wir ausschließen. Sonst hätten die uns ja wohl schon auf Fiskardo festgenommen. Ob Zlatko tatsächlich die griechischen Behörden alarmiert hat, werden wir ja sehen, wenn wir das nächste Mal irgendwo einlaufen müssen.»

«Was glaubst du, wann wir in der Ägäis sind?»

«Keine Ahnung.» Das Segel flattert, und Viktoria steuert etwas nach links. Dann deutet sie auf Adolfo, der auf dem Deck vor uns von Liegestütz in Crunches wechselt. «Musst ihn fragen. Der Einzige, der was von Segeln versteht, ist immer noch er.»

Adolfo findet, es sei vorsichtiger, nirgendwo in Griechenland mehr einzulaufen. Allerdings scheint seit dem Sturm etwas mit dem GPS nicht mehr zu stimmen – ausgerechnet mit dem Gerät also, das uns den Kurs anzeigt. «Noch einen Tag so weiter», übersetzt Heinrich Adolfos hitzigen Redeschwall, «und wir sind in Libyen.»

Viktoria steht hochkonzentriert an Deck und steuert dem helleren Teil des Himmels entgegen. Hinter ihr versinkt die Sonne als glühend roter Ball in einem Meer von Farben.

Mir scheint, je länger die Reise dauert, desto mehr Probleme bekommen wir. Nun besteht der Plan darin, dass Adolfo die Route «wie ein Steinzeitmann» ausrechnet – seine eigenen Worte, wie Heinrich betont. Ich glaube nicht, dass die Leute in der Steinzeit schon über Meere navigieren konnten, behalte mein Halbwissen aber lieber für mich. Von unten dringen laute Stimmen herauf. Ich glaube, Heinrich und Adolfo streiten sich.

Wir segeln die ganze Nacht weiter, um die Zeit wieder aufzuholen, die wir auf unserem Weg nach Libyen verloren haben. Ich versuche, mit Viktoria Nachtwache zu halten. Aber ich schlafe im Sitzen ein. Am Morgen erwache ich mit vereisten Gliedern. Adolfo steht am Ruder. «Wo ist Viktoria?», frage ich ihn.

«Vittoria è cosí», macht Adolfo, legt den Kopf schief und legt die Hände darunter.

«Dorma?» Das italienische Wort kenne ich aus einer Oper, in der es unter anderem darum ging, dass niemand schläft.

«Si, dorma.» Adolfo wirft mir einen erfreuten Blick zu, doch ich sehe auch die Schatten unter seinen Augen und tiefe Erschöpfung.

«Und Heinrich?»

«Enrico? Dorma anche lui. Dorma sempre. Dorma, dorma, dorma.» Er macht mit seinem Zeigefinger eine drehende Bewegung, so als sei Heinrichs Schlaf etwas, das den Freund wie in einem Hamsterrad hält.

Mir fällt auf, dass ich zum ersten Mal allein mit Adolfo bin. Wir hatten einander bislang ja auch nicht viel zu sagen.

Vor uns wölbt sich eine Insel aus dem morgenfarbenen Meer. Möwen fliegen aus dem Gelb und Rot des Himmels. In einiger Entfernung sehe ich andere Yachten. Ein paar von ihnen bewegen sich nicht. Als wir so dicht an die Insel herangesegelt sind, dass ich einen Sandstrand und ein Café darauf erkenne, sagt Adolfo etwas zu mir, das ich nicht verstehe. Dazu macht er wieder die Bewegung mit dem Zeigefinger, nur dass der Finger sich diesmal in Richtung Planken dreht.

«Adolfo will, dass du die Ankerkette runterlässt.» Heinrich steht mit verstrubbelten Haaren an Deck und streckt gähnend die Arme.

«Toll, das will ich auch. Nur wie?»

Heinrich sagt etwas zu Adolfo, woraufhin der mich ans Steuer scheucht und fluchend über diverse Taue nach vorne steigt.

«Schätze, er ist mit seinem Maat nicht besonders zufrieden», sage ich, während ich so tue, als wüsste ich, wohin ich jetzt lenken müsste.

«Wäre ich auch nicht, wenn ich dich als Maat hätte», grinst Heinrich. «Wo sind wir denn jetzt eigentlich?»

«Und schon wieder muss ich eine Wissenslücke offenbaren.»

Vorne rasselt etwas, dann gibt es einen Ruck.

«Ich kann wirklich stolz auf meinen Mann sein, der kann echt alles allein.» Er grinst noch breiter. «Na ja, fast alles.»

«Spar dir deine anzüglichen Details bis nach dem Frühstück. Apropos, wollen wir das nicht am Strand einnehmen? Wir könnten rüberschwimmen.»

«Ich glaube, genau das hat Adolfo vor. Eh Adolfo!», ruft er ihm entgegen und schreit etwas auf Italienisch.

Adolfos Züge leuchten auf.

«Er wollte eigentlich das Dingi nehmen, um das kaputte GPS rüber verfrachten zu können, aber deinen Vorschlag findet er viel charmanter», strahlt Heinrich mich an. «Die Pause haben wir uns ja wohl auch verdient.»

Fünf Minuten später habe ich den Bikini übergestreift, den Heinrich mir in Matera gekauft hat, und wecke Viktoria. Sie ist von der Idee total begeistert, zu einer Insel zu schwimmen, deren Namen wir nicht kennen. «Das wird bestimmt abenteuerlich!», lacht sie, und die Falten um ihre Augen vertiefen sich zu einem Strahlenkranz.

Wir springen nacheinander mit dem Kopf voran. Adolfo mit einer wasserfesten Tasche auf dem Rücken als Erster, dann Viktoria, dann Heinrich und zuletzt ich. «Wow, ist das schön!», rufe ich, als ich wieder auftauche.

Heinrich dreht sich einmal um sich selbst und wackelt dabei mit den Füßen in der Luft. Viktoria legt sich auf den Rücken und krault. Ich lege mich auch auf den Rücken, aber ich lasse mich einfach nur treiben. Obwohl es noch so früh am Morgen ist, wärmt die Sonne mein Gesicht.

Und dann ist es auf einmal wieder da: das totale Glücksgefühl. Wenn ich unter Wasser die Augen aufhalte, kann ich einzelne Sandkörner erkennen. Ein Schwarm kleiner Fische zieht unter meinem Bauch hinweg. Mit meinem Mund unter Wasser forme ich Blasen wie als Kind, wenn ich gespielt habe, dass ich ein Meerestier bin. Ich tauche dem Schwarm hinterher, der daraufhin blitzartig davonschießt. Ich bin vollkommen schwerelos.

Das Café hat schon geöffnet. Adolfo geht an den Tresen, der im Schatten liegt, um Kaffee für uns alle zu bestellen. Ich hüpfe im Sand herum, um mich aufzuwärmen. Der Morgenwind fährt kühl über meine nasse Haut. Aber dann laufe ich doch schnell zu Adolfo hinüber, um ihm die Plastikbecher abzunehmen. Zu meiner Überraschung ist der Kaffee eiskalt.

«Frappé», erklärt Adolfo.

Frappé, lerne ich, während wir zu viert in der Sonne an einem Tisch sitzen, ist eine griechische Spezialität, die aus Nescafé mit viel Milch und Zucker besteht und mit zerstoßenen Stücken Eis aufgefüllt wird. Mir widerstrebt es zwar immer noch, Kaffee zu trinken, aber so schmeckt er mehr nach einer Süßigkeit.

Nach dem Frühstück beschließen wir, die Insel zu erkunden. Viktoria nimmt einen langen Stock zur Hand, mit dem sie vor sich herumtastet, um die Schlangen zu vertreiben, wie sie sagt. Ich gehe vorsichtshalber hinter ihr her. Das Gehen ist ganz schön mühsam, so barfuß über Sand und Muscheln und Gestein. Wir kämpfen uns durch harte, trockene Büsche, nur um zu gucken, was sich auf der anderen Seite befindet, aber da ist nur ein Hof mit ein paar gackernden Hühnern. Meine Arme sind vollkommen zerkratzt.

Ich will gerade Heinrich auf den Rücken klopfen und ihn meinen Freitag nennen, als unser Weg um eine Ecke führt.

Vor uns schlängelt sich eine asphaltierte Straße in Richtung Berge, über die sich, noch erstaunlicher, ein großes grünes Schild erhebt.

«Ein Landstraßenschild», staunt Heinrich. «Die Insel ist viel größer, als ich dachte!»

Adolfo ist glücklich darüber, dass wir auf einer solch großen Insel gelandet sind, weil er dann bestimmt das GPS reparieren lassen kann, und zwar ohne sich offiziell bei den griechischen Behörden zu melden. Zumindest hoffen wir das.

Zurück auf dem Boot, bereite ich gemeinsam mit Heinrich ein Mittagessen über dem Gasofen zu. Unsere Vorräte gehen langsam zur Neige, und wir beschließen, nachher einkaufen zu gehen. Ich finde unsere Soße wahnsinnig lecker: Tomaten mit Knoblauch, Kapern und Sardinen. Dazu servieren wir Spaghetti und jedem ein Glas Wein. Ich reiche mein Glas an Heinrich weiter. Seltsam, wie sich mein Geschmack in letzter Zeit verändert hat.

Dann baut Adolfo das GPS aus und verpackt es in seiner wasserfesten Tasche, ebenso wie unsere Schuhe. Wir binden das Dingi los, steigen ein und rudern an Land.

Noch immer haben wir keine Ahnung, wo wir uns eigentlich befinden. Und wir wissen auch nicht, wie weit es in die nächste größere Ortschaft ist. Aber nach zwei Kilometern im Gänsemarsch an der staubigen Landstraße halte ich den Daumen raus.

Wie nicht anders zu erwarten, hält niemand an. Wer nimmt schon auch vier Leute mit? Vermutlich würde ich selbst nicht halten, wenn ich unsere bunt gemixte Gruppe am Straßenrand stehen sähe.

«Es hilft alles nichts, wir müssen uns aufteilen», befindet Viktoria. «Isabel und ich, wir trampen jetzt mit dem GPS in die nächste Stadt, und ihr beide sucht einen Supermarkt, in dem ihr die Einkäufe machen könnt. Ihr wisst ja: Am Ersten bekommt ihr alles zurück!»

«Wir haben heute übrigens den Zweiten», grinst Heinrich. «Aber kein Stress, Viktoria, Sie können das Geld auch in Istanbul aus dem Automaten ziehen.»

«Sie machen wohl Scherze», empört sich Viktoria. «Ich begleiche meine Schulden immer sofort! Sie bekommen das Geld noch heute! Unglücklicherweise habe ich meine Kreditkarten aber auf dem Schiff.»

Adolfo will wissen, worum es sich bei unserem Gespräch dreht, und Heinrich übersetzt es ihm. Dann dreht er sich wieder zu uns: «Adolfo hält es für eine schlechte Idee, dass wir uns aufteilen. Zumal wir überhaupt keinen Treffpunkt vereinbaren können. Wir wissen ja nicht einmal, wie diese Insel heißt!»

Ich lasse mich auf eine überwucherte Mauer fallen. Meine Beine fühlen sich wie Blei an, und die Sonne steht so hoch, dass ich vor lauter Hitze sowieso nicht denken kann. Außerdem bin ich schrecklich müde. Die vergangenen Tage und Nächte stecken mir immer noch in den Knochen. Verdammtes Alter. Noch vor zehn Jahren hätte ich so eine Situation sicher locker weggesteckt.

«Guckt mal, da vorn ist ein Schild!» Heinrich deutet auf ein Stück Holz, das an einer Kette baumelt. «Bestimmt eine Taverne oder ein Café. Ich schlage vor, dass wir uns da reinsetzen und was Kühles im Schatten trinken. Da können wir auch fragen, wo in Gottes Namen wir eigentlich sind!»

Ich erhebe mich schwerfällig. Die hundert Schritte bis zum Schild sind fast mehr, als ich verkraften kann.

Das Café ist tatsächlich geöffnet. Ich kollabiere auf dem nächstgelegenen Stuhl und fächele mir mit der Karte Luft zu. Während wir unsere Bestellung aufgeben, sehe ich, wie eine junge Frau vom Nebentisch zu uns herübersieht. Sie wirkt sehr businessmäßig mit ihrer weißen Bluse, dem dunklen Kostüm und dem Laptop, den sie vor sich aufgeklappt hat.

Mit unseren breitgefächerten Sprachkenntnissen (immerhin Englisch, Deutsch, Italienisch, Türkisch, Latein) versuchen wir die Kellnerin zu einer Aussage zu bringen, was den Namen dieser Insel anbelangt, aber entweder sie versteht uns nicht, oder dieser Ort ist geheim.

«Entschuldigen Sie bitte, brauchen Sie Hilfe?», mischt sich die schicke Frau vom Nachbartisch ein.

«Ja, vielen Dank», lächele ich sie an. «Wir würden gern wissen, wie das hier heißt.» Ich mache eine vage Handbewegung, die die staubige Landstraße, das Schild an der Kette und unseren Tisch umfasst.

«Oh, das ist das Kafenion von Giorgios und...» Dann stockt sie, und ihre Augen werden riesengroß. «Sie sind die deutsche Stimme von Dr. Jane Eppingham!», platzt es aus ihr heraus.

Ich lache und strecke ihr die Hand hin. «Ja, aber nennen Sie mich doch einfach Isabel.»

«Kiki.» Die Frau schüttelt meine Hand.

«Möchten Sie sich vielleicht zu uns setzen, Kiki?», fragt Viktoria.

Kiki strahlt über das ganze Gesicht. «Sehr, sehr gern! O mein Gott, das muss ich sofort meiner Schwester erzählen! Ich sitze bei Giorgios mit der deutschen Stimme von Dr. Jane Eppingham!!» Sie tippt etwas auf ihrem Smartphone und hält es sich dann ans Ohr.

Ich setze mich aufrecht hin und streiche mir die Haare aus dem Gesicht. Meine Müdigkeit ist wie weggeblasen. Dann strahle ich Heinrich an.

«Warte nur, was passiert, wenn ICH gleich meine Stimme erhebe», brummt Heinrich. Zumindest vermute ich, dass er das sagt, denn in diesem Moment bricht Kiki in einen begeistert klingenden griechischen Wortschwall aus. Dann unterbricht sie ihr Gespräch wieder und wendet sich mir zu. «Verzeihung, aber meine Schwester und ich, als wir in Stuttgart gelebt haben, da haben wir die Serie quasi DURCHgeguckt!»

«Sie gestehen also?», fragt Heinrich mit seiner besten Fernsehstimme.

«Wie bitte?» Kiki sieht verwirrt zu ihm hinüber.

«Sie gestehen, dass Sie süchtig waren?»

Kiki lacht. «O ja, das gestehe ich gern.»

«Beim Gebrauch von Suchtmitteln muss ja eigentlich die Polizei einschreiten. Am besten sogar», er macht seine Stimme noch etwas tiefer, «der KOMMISSAR.»

«Wie bitte?» Jetzt wirkt Kiki etwas irritiert.

«Mein Freund Heinrich spielt auf den ‹Tatort› an», erkläre ich. «DEN ‹Tatort› im Fernsehen. Da hat er nämlich mitgespielt.»

«Oh, Verzeihung, aber Krimis haben mich nie so interessiert. Aber ‹Praxis Dr. Jane Eppingham›!» Sie ergreift meine Hände. «Ich LIEBE diese Serie!»

Die Kellnerin stellt die Getränke vor uns ab. Kiki sagt etwas auf Griechisch zu ihr, woraufhin die Kellnerin die Augen aufreißt und mich anstarrt. Dann läuft sie weg.

«Was haben Sie zu ihr gesagt?», fragt Viktoria beunruhigt.

«Ich habe ihr gesagt, dass wir hier mit einem deutschen TV-Star am Tisch sitzen», erklärt sie und strahlt mich freudig an.

Ich traue mich nicht, zu Heinrich hinüberzusehen.

Die Kellnerin kehrt mit einem Fotoapparat zurück, Kiki legt den Arm um meinen Hals, und wir strahlen gemeinsam in die Kamera. Dann muss ich noch mit der Kellnerin posieren, während Kiki das Foto macht, und dann kommt sogar

Giorgios selbst heraus, ein dickbäuchiger Herr mit weißer Schürze und mächtig geschwungenem schwarzem Schnurrbart, der den Arm um mich legt, als sei ich seine lange vermisste Tochter. Kiki schießt noch ein Foto. Dann will sie wissen, ob wir hier Urlaub machen und wie lange. Ich erkläre ihr, dass wir ein paar Tage durch die Ägäis segeln, und ignoriere erfolgreich Viktorias warnende Blicke. Ich weiß auch so, dass ich nicht die Wahrheit sagen darf. Als ich sie frage, wo wir wohl unser kaputtes GPS reparieren lassen können, sagt sie: «Ganz einfach, ich frage Onkel Vassiliu, der repariert Staubsauger, aber er kennt sich eigentlich mit allen technischen Geräten aus. Warten Sie, ich rufe ihn gleich an!»

Eine halbe Stunde später fährt Onkel Vassiliu mit einem beigefarbenen Lieferwagen vor. Er sieht genauso aus wie Giorgios, nur ohne Schürze. Nachdem Kiki ein Foto von mir mit Onkel Vassiliu geschossen hat, setzt er sich hin und lässt sich von Adolfo das GPS geben. Er pfeift durch die Zähne, als er es betrachtet.

Ich lasse die Runde auf der Terrasse zurück, um zu den Toiletten hineinzugehen. Meine Blase macht mir zu schaffen, wie eigentlich immer in letzter Zeit. Als ich durch den Speiseraum gehe, fällt mein Blick auf einen riesigen Spiegel. Und auf mich. Ich erstarre. Ich weiß nicht, wie lange es her ist, dass ich mich wirklich so von Kopf bis Fuß betrachtet habe, aber ich erkenne mich kaum wieder. Meine Brüste sind genauso prall wie die von Jane Eppingham, und mein Bauch hat sich zu einer Kugel gewölbt.

Mir schießen die Tränen in die Augen. Ich frage mich, wie ich die ganze Zeit über so blind hatte sein können. Ich bin nicht in den Wechseljahren. Und ausgerechnet Heinrich hat es als Erster gesehen.

Ich erwarte ein Kind.

20. KAPITEL

Ich stehe ganz still inmitten des Speisesaals. Die Geräusche verebben. Nur mein Herz höre ich, ein lautes, immer schneller werdendes Schlagen, das die Sekunden zerteilt. Vor meinen Augen dreht sich der Raum, drehen sich die Männer, die Figuren, die sie über ein Spielbrett schieben, drehen sich ihre verwunderten Gesichter, ihre Augen, die auf mir ruhen.

Plötzlich spüre ich eine Hand an meinem Arm, dann noch eine, und dann fliegt mir der steinerne Boden entgegen. Der Druck an meinen Armen wird stärker. Ich falle weich, aber unendlich lange.

Heinrichs Gesicht ist das erste, das ich über mir sehe. Das Blut rauscht so laut in meinen Ohren, dass ich nicht verstehe, was er sagt. Jetzt beugt sich auch Viktoria über mich. Ihr besorgtes Gesicht ist mehr, als ich ertragen kann. Ich lache und weine gleichzeitig. Dann stütze ich mich auf und sehe zwischen Viktoria und Heinrich hin und her. «Ich glaube, ich bin schwanger», stammele ich.

«Ja», lacht Heinrich. «Natürlich bist du das!»

Und dann spüre ich nur noch Hände, die mein Haar streicheln, meine Wange, meinen Rücken. Kiki und Adolfo drängen sich ebenfalls zu uns. Onkel Vassiliu, der einen Schraubenzieher in der Hand hält und das GPS geöffnet hat, sieht mich mit geöffnetem Mund an.

Auf einmal ergibt alles Sinn. Alles. Die Veränderungen in meinem Körper. Die Übelkeit, die Müdigkeit, das Gefühl von Schwäche und dass mir andauernd schwindelig ist.

Meine Stimme ist nur ein Flüstern. «Aber was mache ich denn jetzt?»

Kiki holt wieder ihr Handy hervor und tippt darauf herum. «Das ist alles so aufregend!», kichert sie.

Auf einmal stehen mehrere kleine Gläser mit einer durchsichtigen Flüssigkeit auf dem Tisch. Giorgios prostet Heinrich zu, der daraufhin lachend zurückprostet. Adolfo sieht seltsam verstört aus. Viktoria strahlt.

Es ist später Nachmittag, als Kiki uns und das frisch reparierte GPS zurückfährt. Das Innere ihres Wagens ist ein Ausbund an schwäbischer Ordnung und Sauberkeit. Wir verabschieden uns wie uralte Freunde, sie küsst mich auf beide Wangen und wünscht mir alles Gute für das Baby und mich. Ich spüre, wie mir die Tränen kommen, ob aus Verzweiflung oder Rührung, weiß ich nicht.

Viktoria steht neben Adolfo, der die Yacht aus der Bucht hinauslenkt, und lacht. Was denn sei, frage ich sie.

«Ich habe gerade gedacht, dass ich wohl immer an diese Insel zurückdenken werde und daran, was wir da soeben erlebt haben», sagt sie. «Und dann ist mir eingefallen, dass wir immer noch nicht wissen, wie diese Insel eigentlich heißt!»

Es ist seltsam, etwas leibhaftig vor sich zu sehen, wenn man es sich immer nur vorgestellt hat. Und so brauche ich einen Moment, um zu verstehen, dass die Stadt, die sich da vor uns ausbreitet, bedeutet, dass wir am Ziel unserer Reise sind. Rechts erkenne ich die Brücke über den Bosporus, wie ich sie in Filmen und auf Fotos gesehen habe. Überall ragen schmale Türme in den Himmel auf.

Ich habe keine Zeit, die Silhouette zu betrachten, denn in diesem Moment befiehlt uns Adolfo, die Segel einzuholen. Ausgerechnet jetzt bläst uns der Wind mit voller Kraft entgegen, die Segel flattern und lärmen und tun nicht, was sie sollen. Ich versuche einen Blick auf Viktoria zu werfen, die mit zusammengepressten Lippen an der Winsch dreht. Ihr Gesicht verrät nichts außer höchster Konzentration.

Seit wir von der namenlosen Insel fort sind, überlege ich, was ich nun tun soll. Heinrich meint, ich müsse zunächst einmal unbedingt Carsten anrufen. Aber das will ich nicht, noch nicht. Die Nachricht wird alles verändern zwischen uns.

In all dem Wirbel und Strudel, der durch meinen Kopf jagt, weiß ich nur eines ganz sicher: Ich will dieses Kind. Ich will es genauso, wie ich damals Lisa wollte. Ich empfinde eine Liebe für dieses winzige Wesen, wie ich sie nicht noch einmal in meinem Leben für möglich gehalten hätte. Und bei dem Gedanken daran, was es schon alles durchgemacht hat in meinem Körper, habe ich furchtbare Angst, dass es nicht gesund ist. Diese ganze Verzweiflung, diese Flucht durch all die Länder – Deutschland, Tschechien, Österreich, Kroatien, Montenegro, Italien, Griechenland und jetzt die Türkei! Hunger, Durst und Schlafmangel. Alkohol. Sogar ertrunken wäre ich fast.

Und obendrein ... Ich blicke auf meine Hände, die Schrammen und die Falten, sehe mir selbst zu, wie ich das Seil zusammenlege, damit niemand drüber stolpern kann. Und obendrein ... bin ich nicht mehr jung.

«Du siehst besorgt aus, Süße.» Heinrich setzt sich auf die Bank neben mich und nimmt meine Hand.

Ich antworte nicht, sehe ihm nur in die Augen, seine großen blauen Augen, die immer etwas erstaunt aussehen und so strahlen können, wenn er sich freut. Minutenlang sitzen wir so da und sehen uns an. Vielleicht ist das einer der großen Schätze, die man im Leben haben kann: ein Freund, der einen schweigend versteht.

«Es wird alles gut», sagt er leise. Ich verstehe seine Worte nicht, denn der Motor brummt, und der Wind heult, aber ich kann von seinen Lippen lesen, das haben wir an der Schauspielschule geübt. «Ihr macht euch jetzt eine tolle Zeit, ihr beide. Viktoria wird ihren Can finden, und du bekommst ein Baby. Ist das nicht schön?»

«Ich bekomme ein Baby», wiederhole ich und spüre, wie mir wieder die Tränen kommen. Es ist nicht nur die Rührung darüber, dass etwas so Unfassbares passiert. Ich fühle mich auch so verloren. Mir wird klar, wie lange ich schon einen Kummer mit mir herumtrage. Wie sehr ich versucht habe, meinen Kummer nicht zu beachten, wie oft die Tränen bis zu meinen Augen hochsteigen und wie ich es dann schaffe, sie nicht herausfließen zu lassen, meine Stimme und meine Augen zu bewachen, wie unnötig tapfer ich bin. Heinrich zieht meinen Kopf auf seine Brust, und endlich kann ich weinen.

Ich weine, bis die goldgekrönten Kuppeln der Moscheen direkt vor mir auf einem Hügel in der Sonne leuchten und wir in einen Segelboothafen einlaufen.

Wir sind tatsächlich angekommen.

Viktoria ist von einer seltsamen Unruhe ergriffen, während Adolfo mit einem Mann von der Behörde verhandelt. Sie sieht niemanden von uns an. Schließlich setzt sie sich neben mich, nimmt ihre Handtasche und kramt darin.

«Du hast die Liste in der Innentasche verstaut», sage ich. «Die mit dem Reißverschluss.»

Sie kraust ihre Stirn. «Welche Liste?»

«Die mit den sieben Cans.»

«Woher weißt du, dass sich die Liste in der Innentasche befindet?»

«Weil du sie da immer reinlegst. Hast du eigentlich eine Kopie davon gemacht?»

«Ach, ihr jungen Leute immer mit euren Kopien! Ohne

eure Kopien könnt ihr nicht mehr leben, oder? Digitale Kopien auf Festplatten, auf Telefonen, Kopien vergangener Moden, sogar unsere Musik kopiert ihr noch! Wer zum Teufel ist auf diese Bezeichnung Generation Praktikum gekommen? Ihr seid die Generation Kopie!»

«Das Tolle daran, mit dir zusammen zu sein, ist, dass ich mir dann immer so jung vorkomme», witzele ich. «Dafür bin ich dann gern auch mal die Generation Kopie.»

«Entschuldige bitte.» Viktoria wischt sich über die Augen. «Ich bin einfach nur furchtbar nervös. Und nein, ich habe keine Kopie von dieser Liste. Es gibt sie nur einmal, deshalb passe ich ja auch so gut darauf auf. Was ist?» Sie beugt sich etwas vor und sieht mir in die Augen. «Hast du etwa geweint?»

«Mhmm.»

«Du bist auch runter mit den Nerven. Meine Güte, höchste Zeit, dass wir ein paar Probleme lösen. Komm.» Sie nimmt meine Hand, und wieder einmal blitzt die Erinnerung an meine Mutter auf. «Lass uns von Bord gehen.»

Ich greife nach meiner Handtasche und lasse mich von ihr über die Planke auf den Kai führen. «So. Der erste Schritt wäre getan.»

Wir müssen alle unsere Ausweise abgeben. Der Mann von der Hafenbehörde sieht sehr streng aus. Er trägt einen großen schwarzen Schnurrbart, ähnlich Giorgios, aber er guckt nicht so freundlich. Während er mein Gesicht mit dem Foto auf meinem Personalausweis vergleicht, sieht er mich aufmerksam an. Dann dreht er das Dokument um und mustert die Rückseite. Und wieder starrt er mich an. Ich spüre, wie mein Herz klopft. Bitte, lass diese Reise jetzt nicht enden, denke ich. Nicht auf diese Weise, nicht hier. Ich versuche, mir meine Angst nicht anmerken zu lassen. Es kostet mich mein gesammeltes schauspielerisches Können.

Okay, dann sag eben, dass du ein Fahndungsfoto von mir gesehen hast, blitzt es mir durch den Kopf. Aber lass uns diese Scharade beenden. Inzwischen atme ich nicht mehr. Der Beamte beobachtet mich, dann nickt er langsam. Schließlich gibt er mir meinen Ausweis zurück.

Auch mit den Papieren der anderen ist alles in Ordnung. Adolfo kehrt noch einmal an Bord zurück, um die Kajüte zu verschließen, und dann machen wir uns auf den Weg.

Verschleierte Frauen, Frauen mit Kopftüchern und langen Mänteln, schnurrbärtige Männer, wohin das Auge reicht. Wir sind in Üsküdar, erklärt mir Viktoria, dem asiatischen Teil der Stadt. Es ist merkwürdig, wieder festen Boden unter den Füßen zu haben. Ich habe das Gefühl, die Welt unter mir schwankt immer noch.

Viktoria, Heinrich und Adolfo haben in meiner Abwesenheit eine Absprache getroffen: Bevor wir auch nur irgendetwas tun (wie zum Beispiel Viktorias Jugendliebe suchen, nach der sie sich seit über vierzig Jahren sehnt, Hunger oder Durst löschen oder andere primäre Bedürfnisse stillen), geht es mit mir zum Gynäkologen. Jetzt erst spüre ich, wie heiß es ist. Die Sonne brennt so stark auf mich herunter, dass ich mich ganz benebelt fühle. Und dann all diese Fußgänger! Nach all den Tagen auf See bin ich überhaupt nicht mehr an so viele Menschen gewöhnt. Sie umschließen mich, kommen mir entgegen, ich sehe all diese Gesichter, freundliche, lachende, nachdenkliche. Ich höre die Rufe der Händler, eine Hand streift meinen Arm. Wir schieben uns durch die Menge an der Uferpromenade, und ich mache einen Schritt zur Seite, um ein paar tobenden Kindern auszuweichen, als Adolfo mich gerade noch rechtzeitig festhält. Ich erschrecke. Das

Geländer neben mir ist fort, wir gehen auf einer Betonmauer, mehrere Meter tiefer klatscht das Wasser gegen den Stein. Wir weichen hier aus und umgehen einen Jungen, der an einem improvisierten Stand aus Pappkarton Luftgewehre verkauft. Heinrich reißt die Augen auf, deutet mit dem Kopf darauf und zieht mich schnell weiter, aber Viktoria sieht sich die Waffe aufmerksam an. Adolfo ruft ihr etwas auf Lateinisch zu, das bestimmt so etwas wie «Weitermarschieren!» oder «Jetzt die Viererformation!» heißt. Unsere Truppe erreicht einen Weg, der nach links zur befahrenen Straße führt. Auf der anderen Seite der Straße schlängelt sich ein Weg den Hang hinauf. Wir gehen zwischen kleinen Geschäften hindurch, die Haushaltswaren verkaufen, Bürsten und Töpfe. Alte Männer sitzen auf Stühlen im Schatten und sehen uns hinterher. Wir sind eine seltsame kleine Karawane, wir vier. Vorweg eine entschlossen ausschreitende ältere Dame mit weißen Haaren, gefolgt von einer mittelalten Schwangeren, dahinter ein zierlicher Mann mit großen blauen Augen und als Schlusslicht Adolfo, der mit seinen tiefschwarzen Haaren wie einer von ihnen wirkt.

So gelangen wir an ein modernes Gebäude mit weißer Fassade, in dem es kühl ist und das ausgesprochen westlich wirkt.

Wir müssen nicht lange warten. Nachdem eine Empfangsdame, die ein Englisch mit ausgesprochen britischem Akzent spricht, meine Daten aufgenommen hat, werden wir in ein Wartezimmer gebeten. Außer uns warten hier nur noch zwei andere Frauen. Sie tragen Jeans, Turnschuhe und Blusen, ihre Haare sind unverhüllt. Auch sie mustern uns neugierig, als wir eintreten, und grüßen uns auf Türkisch. Viktoria fängt ein Gespräch mit ihnen an. Es ist das erste Mal, dass ich sie wirklich Türkisch sprechen höre, und ich bin erstaunt, wie sehr sie sich dabei verändert. Ihr Mienenspiel wird lebendig, sogar ihre Gesten verändern sich. Sie scheint etwas aufzuzählen, denn sie berührt mit dem Daumen ihrer rechten Hand den Zeigefinger, Mittelfinger, Ringfinger und kleinen Finger, und dann nimmt sie auch die andere Hand zu Hilfe. Ich nehme an, dass sie über ihre Reise spricht und die Zeit, die wir auf See verbracht haben, denn die beiden Frauen sehen uns lächelnd und nickend an. Dann holt eine der beiden eine Tüte mit Keksen heraus und bietet sie uns an.

Endlich werden wir aufgerufen. Viktoria, Heinrich und Adolfo erheben sich gleichzeitig, aber die Krankenschwester schüttelt den Kopf. «Just the father», sagt sie und blickt unschlüssig zwischen Heinrich und Adolfo hin und her. Heinrich schlägt die Hand vor den Mund, um sein Kichern zu unterdrücken.

«It's neither of them», erkläre ich.

Die Krankenschwester schafft es erstaunlicherweise, ihr Erstaunen zu verbergen. Meine Mutter dürfe dann gerne mit, sagt sie. Ich fasse Viktoria am Arm, bevor sie protestieren kann.

«Du bist schon sicher, ja?», fragt Viktoria leise. «Ich meine, dass du mich dabeihaben willst?»

«Ganz sicher», flüstere ich.

Es stimmt schon, dies ist eine ganz schön intime Situation. Eine der intimsten, die man sich vorstellen kann. Aber ich will einfach nicht allein sein in diesem Moment. Ich spüre, wie mein Herz schon wieder jagt. In wenigen Minuten werde ich wissen, wie es um das kleine Leben in meinem Bauch steht.

Ich habe furchtbare Angst.

Die Ärztin ist eine junge Frau mit dunkelbraunem Pagenkopf und großen dunklen Augen. Sie begrüßt mich freundlich und stellt mir ein paar Fragen.

Auf die Frage, wann ich meine letzte Periode hatte, weiß ich nichts zu sagen. Ich weiß nur, dass es eine Ewigkeit her ist. Ich erkläre ihr, dass ich in den vergangenen Monaten dachte, ich sei in der Menopause. Die Ärztin nickt verständnisvoll.

Dann beginnt sie mit der Untersuchung. Als sie sich dem Bild auf dem Ultraschallmonitor zuwendet, spüre ich, wie sich mir erneut der Hals zuschnürt. Viktoria nimmt meine Hand.

Die Sekunden verstreichen. Die Ärztin blickt auf die schwarzweißen Schatten und Streifen, die ich nicht lesen kann. Dann bewegt sie das kleine Gerät auf meinem Bauch. Die Schatten und Streifen lösen sich auf und verschmelzen zu einer neuen Zeichnung. Die Ärztin lächelt mich an. «Es ist alles in Ordnung», sagt sie. «Sie sind jetzt schätzungsweise in der 20. Schwangerschaftswoche. Wollen Sie den Herzschlag ihres Babys hören?»

Ich nicke nur, weil ich nicht sprechen kann.

Ein leiser, schneller Rhythmus klopft in den Raum.

Ich breche in Tränen aus.

Viktoria muss mich stützen, als wir den Untersuchungsraum verlassen. Heinrich und Adolfo stehen gleichzeitig auf, als sie uns sehen. «Was ist?», ruft Heinrich. «Was hat die Ärztin gesagt?»

Ich kann vor lauter Weinen nicht sprechen.

«Dass alles in Ordnung ist», sagt Viktoria, und als ich mich zu ihr umdrehe, sehe ich, dass ihre Augen ebenfalls mit Tränen gefüllt sind.

«O Gott, aber warum weint ihr denn dann so?» Heinrich blickt von einer zur anderen. Adolfo sieht schockiert und fassungslos aus.

Ich muss gleichzeitig lachen und weinen. «Keine Ahnung!»

Heinrich legt einen Arm um meine Schultern. «Also, die Wechseljahre sind es dann ja wohl nicht.»

Ich muss noch mehr lachen. Und dann wieder noch mehr weinen. Dann blicke ich von Adolfo zu Heinrich und zu Viktoria. «Danke für alles!», flüstere ich. «Ich liebe euch!»

Heinrich grinst. «Alle drei? Dann haben wir ein Problem!» Er drückt mir einen Kuss auf die Wange. «Aber wir dich auch!»

Eine halbe Stunde später sitzen wir auf der Dachterrasse eines Fischrestaurants. Von drinnen hämmert türkische Popmusik, und von der Straße steigt Baustellenlärm zu uns auf. Der Rhythmus mischt sich mit dem Gesang eines Gebetsrufers in der Ferne.

Ich fühle mich glücklich und verwirrt.

«Mann, bin ich stolz auf dich», strahlt Heinrich. «Und auf mich erst mal! Ich habe nämlich gewusst, dass du schwanger bist! Ich habe es sofort gesehen!»

Ich rolle mit den Augen und greife nach seiner Hand. «Das hast du jetzt schon zum zehnten Mal gesagt.»

«Zu meiner Verteidigung: Ich bin etwas angetrunken! Prost! Auf dein zweites Kind!» Heinrich hebt mir sein Rotweinglas entgegen, auch das nicht zum ersten Mal.

Adolfo fragt etwas, das ich nicht verstehe. Heinrich übersetzt die Frage. Ob ich denn schon weiß, ob es ein Junge oder ein Mädchen wird.

«Die Ärztin hat es gesehen, aber ich wollte es nicht wissen», erkläre ich.

«Was?!», ruft Heinrich. «Das willst du also auch um jeden Preis ignorieren?»

«Nicht um jeden Preis», lächele ich. «Aber ich lasse mich gern bei der Geburt überraschen. Das habe ich bei Lisa auch schon so gemacht.»

«Du bist allgemein eher ein Fan von Überraschungen, oder?» Heinrichs blaue Augen strahlen in der Sonne. «Na ja, so wird es jedenfalls nicht langweilig. Mit dir ist es sowieso nie langweilig, Isabel!»

«Das kann ich bestätigen», lächelt Viktoria.

Ich sehe meine Freunde an, sehe die Zuneigung in ihrem Blick. Und wieder kommen mir die Tränen. «Danke», bringe ich hervor. «Ich finde euch auch immer sehr interessant.»

Heinrich wirft den Kopf in den Nacken und bricht in Gelächter aus.

Adolfo stellt ihm eine Frage. Vermutlich will er wissen, worüber sein Freund so lacht. Aber wie soll man erklären, wenn man einfach nur glücklich ist.

Und dann denke ich an Carsten. Zum ersten Mal, seit ich abgereist bin, sehne ich mich nach ihm. Ich sehne mich danach, ganz ruhig in seinem Arm zu liegen und seine Hand auf meinem Haar zu spüren. Ich will seiner Stimme lauschen und mit meinen Zehen seine Füße berühren. Ich will auf der Stelle, dass er weiß, was geschehen ist.

«Hier.» Heinrich reicht mir sein Handy. «Du solltest jetzt unbedingt deinen Mann anrufen! Und Viktoria, vielleicht könnten Sie noch ein Glas Rotwein für mich bestellen!»

Carsten nimmt auch nach dem zehnten Klingeln nicht ab. Ich will ihm eine Nachricht auf der Mailbox hinterlassen, zögere aber. Dass wir ein Kind erwarten, ist nichts, was man mal eben so nach dem Ansagetext verkünden kann. Also sage ich überhaupt nichts und lege wieder auf.

Als ich an unseren Tisch zurückkehre, sehe ich, dass Viktoria ihren Zettel mit den sieben Cans hervorgeholt hat und ein Gespräch mit dem Kellner führt. Der Mann zeigt mehrfach in Richtung Moschee.

«Es sieht so aus, als würde einer der Cans direkt hier um die Ecke leben», erklärt Heinrich. «Wir gehen gleich nach dem Essen dorthin.»

«Kann das sein?», frage ich Viktoria, als sie sich uns wieder zuwendet. «Dass es der Can ist, welcher? DEIN Can, Viktoria?»

Ihre braunen Augen leuchten, und ihre Wangen sind hochrot. «Ja, das kann sogar sehr gut sein!», sagt sie, und an ihrer Stimme höre ich, wie aufgeregt sie ist. «Cans Vater hatte in Üsküdar ein Wasserpfeifenlokal, Can ist hier aufgewachsen!» Sie nimmt hastig einen Schluck Rotwein. «Du meine Güte, ich glaube, meine Nerven machen das nicht mit.»

Ich greife nach ihrer Hand. «Viktoria, jetzt hör mir mal gut zu! Ich habe noch nie einen Menschen getroffen, der so gute Nerven hat wie du! Außerdem kommen wir ja alle mit dir! Es gibt überhaupt nichts, wovor du dich fürchten musst!»

«Ist das wahr?», fragt Viktoria und blinzelt in die Runde. «Würdet ihr mich gleich begleiten?» Sie wiederholt ihre Frage vorsichtshalber auf Latein.

Heinrich und Adolfo nicken unisono. «Ma certo Vittoria!», antwortet Adolfo.

Und Heinrich fügt hinzu: «Hier geht es schließlich um Leben und Tod!»

«Es geht um die Liebe», korrigiere ich ihn.

«Das ist dasselbe», antwortet er ganz ernsthaft.

«Ich glaube, dass ich jetzt keinen Bissen herunterbekomme», sagt Viktoria. «Außerdem will ich nicht nach Knoblauch riechen oder so.»

«Viktoria, ganz ehrlich, der Mann ist Türke, ich glaube nicht, dass ihn Knoblauchgeruch stört.»

«Vermutlich riecht er selbst», sagt Heinrich. «Wie dem auch sei, ihm werden die Augen aus dem Kopf fallen, wenn ihm diese Elfe gegenübersteht!»

«Welche Elfe?», fragt Viktoria verwirrt.

«Na, Sie natürlich! Sie sind eine wirklich elfenhafte Erscheinung mit Ihren schlanken Gliedmaßen und dem hübschen Gesicht!»

Viktoria errötet. «Ich glaube, es ist Zeit, dass ich Ihnen das Du anbiete, Heinrich!»

Heinrich erhebt sein Glas. «Sehr erfreut! Heinrich ist mein Name!»

«Viktoria!»

«Adolfo!»

Ich hebe mein Wasserglas. «Auf die besten Freunde der Welt!»

Nach dem Essen trinken die anderen einen türkischen Mokka, um sich zu stärken. Doch nach einem winzigen Schluck setzt Viktoria den ihren wieder ab. «Das war ein Fehlkauf», klagt sie. «Kaffee macht auch Mundgeruch!»

«Du gehst doch wohl nicht davon aus, dass du ihn gleich beim ersten Mal küssen wirst!», sage ich.

«Na ja, noch mal so lange warten wie bei unserem Kennenlernen vor fünfzig Jahren – ich bin zwar Optimistin, aber ich schätze, diese Zeit habe ich nicht!» Sie knetet ihre langen Finger. «Ich bin furchtbar nervös.»

«Dazu haben Sie ... hast du ... überhaupt keinen Grund!»

«Oh, ich habe sogar tausend Gründe! Was, wenn ich ihm nicht mehr gefalle? Wenn er schon seit Jahrzehnten glücklich verheiratet ist?»

Ich nehme einen Schluck von meinem Apfeltee. «Für all

diese Fragen ist es jetzt viel zu spät. Du hast diese Reise unternommen, um ihn wiederzusehen, oder? Dann tu das jetzt auch!»

Heinrich greift nach ihrer Hand. «Wir kommen alle mit dir.»

Die Straße, in der Can Ocaks Haus steht, führt steil den Hügel hinauf. Viktoria schreitet voran wie eine Bergsteigerin, mit großen entschlossenen Schritten und gerecktem Haupt. Neben ihr geht federnden Schrittes Adolfo, dann folgt Heinrich. Ich selbst schleppe mich hinterher. Jedes meiner Gliedmaßen scheint der Erdanziehung zu erliegen. Wer auch immer das Gesetz von der Gravitation anzweifelt – und Carsten hat einen Kollegen, der das tatsächlich tut –, der möge einfach nur mich ansehen, wie ich versuche, mich diesen Berg emporzuarbeiten. Für mich ist kein Zweifel möglich: Als Newton die Schwerkraft entdeckte, hat er sich jemanden wie mich dabei vorgestellt.

«Munter ausschreiten, Süße!», ruft mir Heinrich über die Schulter zu. «Das ist gut für die Pomuskeln!»

«Mein Po ist derzeit auch ohne Muskulatur ganz gut ausgepolstert, danke!», ächze ich.

Heinrich hält inne, um meinen Arm zu nehmen. «Was soll man dazu sagen? Wunder der Natur!»

Jetzt verengt sich die Straße zu einer Gasse. Geschäfte gibt es hier keine mehr. Die Häuser wirken verfallen. Eine getigerte Katze huscht vor mir über den Weg. «Bist du dir sicher, dass es hier ist?», rufe ich Viktorias schlanker Silhouette hinterher.

«Ja, ganz sicher!», ruft sie zu mir herunter. «Ich erkenne die Straße sogar wieder! Hier bin ich ein paarmal mit Can entlanggegangen!»

Ist es möglich?, überlege ich, während ich mich mit zusammengebissenen Zähnen weiter vorankämpfe. All das an einem Tag? Ich erfahre, dass ich im fünften Monat schwanger bin, und Viktoria findet ihren Can? Die Zeit, dieses rätselhafte Ding, das in den vergangenen Jahren einfach nur sinnlos vorbeigeflossen ist, ohne dass sich je etwas Nennenswertes ereignet hätte, scheint sich dramatisch verdichtet zu haben. Die Hitze steigt mir zu Kopf. Mir wird schon wieder schwindelig.

Plötzlich bleibt Viktoria stehen. Sie blickt von der Hausnummer auf ihren Zettel und wieder zurück zum Schild an der Tür. «Hier ist es», sagt sie, als ich endlich neben ihr angekommen bin. Zu meinem Erstaunen merke ich, wie ihre Stimme zittert. «Wie sehe ich aus?»

Heinrich beugt sich vor, um ihr Gesicht aus der Nähe zu begutachten. «Dein Lippenstift ist leicht verlaufen.»

«Oh», sagt sie. «Danke, Heinrich! Es geht doch nichts über Leute vom Film.» Sie öffnet ihre Handtasche und holt ihr Make-up-Täschchen heraus. «Würdest du bitte so lieb sein, Isabel?»

Ich male ihr die Lippen nach, fahre ihr ein letztes Mal durch die Haare und überprüfe, ob sie irgendwo Flecken hat. «Jetzt bitte noch ein Facelifting, und dann bin ich perfekt», kichert sie hysterisch.

«Nein, Viktoria», sagt Heinrich. «Du siehst wunderbar aus!»

Langsam, wie in Zeitlupe, streckt Viktoria ihre Hand nach der Klingel aus. «Seid ihr alle bereit?»

«Ähm, ja, nur die Klingel nicht, es gibt nämlich keine», bringe ich hervor.

«Gut, dann werde ich jetzt klopfen. Bereit?» Wir nicken gleichzeitig. Viktoria ballt die Hand zur Faust und donnert gegen die Tür.

«Vielleicht nicht so laut und nicht auf diese Weise!», versucht Heinrich sie zu stoppen. «Der arme Mann könnte denken, es sei die Polizei!»

«Pst, da kommt jemand!», sage ich.

Wir lauschen. Schlurfende Schritte nähern sich der Tür. Und dann wird die Tür einen Spaltbreit geöffnet. Und noch weiter geöffnet. Und dann ist sie auf.

Es verschlägt mir den Atem. Im Türrahmen steht ein kleiner, ungemein hässlicher, sehr fetter Mann.

21. KAPITEL

«Can?», fragt Viktoria ungläubig.

«Merhaba», antwortet der Mann mit einer Stimme, die dumpf wie durch eine Wand zu dringen scheint, ähnlich jener, die Darth Vader nach seinem Kampf mit Obi-Wan Kenobi hat. Ich brauche ein paar Sekunden, um zu begreifen, dass der Mann nicht auf billige Effekte aus ist, sondern wirklich so spricht.

Viktoria sagt etwas auf Türkisch, das ich nicht verstehe, woraufhin der Mann mit seiner grausigen Stimme antwortet. O Gott, das ist ein Stimmverstärker, durchfährt es mich, der Mann hatte Kehlkopfkrebs!

Ein Klingeln unterbricht Viktorias und Cans Gespräch. Heinrich greift nach seinem Handy, sieht auf das Display und reicht es mir. «Hier, das ist für dich!»

Ich mache eine abwehrende Geste. «Wenn es Zlatko ist, dann bin ich nicht da!»

Heinrich schüttelt den Kopf. Dann nimmt er das Gespräch entgegen, lächelt und sagt: «Hallo Carsten, ja, sie steht neben mir.»

Ich nehme all meinen Mut zusammen und strecke die Hand aus. Jetzt oder nie. «Carsten, ich muss dir etwas sagen!»

«Isabel.» Ich höre ein Lächeln in Carstens Stimme. So gut kenne ich meinen Mann, dass ich so etwas weiß. «Meine Güte, tut das gut, deine Stimme zu hören! Ich habe so oft versucht, auf dieser Nummer anzurufen, aber immer wurde ich weggedrückt!»

«Entschuldige. Das hatte nichts mit dir zu tun. Heinrich ... ach, egal.»

«Ich hab mir solche Sorgen gemacht! Geht es dir gut?»

«Ja, es geht mir sehr gut, aber pass auf ...» Ich mache ein paar Schritte die Straße hinunter, um ungestört mit ihm reden zu können. «Ich muss dir etwas sagen, Carsten!»

«Nein, warte, mein Liebling. Zunächst einmal muss ich dir etwas sagen.»

«Du hast mir neulich schon etwas gesagt!»

«Na ja, das macht man so beim Telefonieren, oder?»

«Nein, ich meine, du hast mir neulich schon gesagt, dass du mich liebst!»

«Was, und jetzt soll ich lieber wieder den Mund halten?» Ich kann förmlich vor mir sehen, wie Carsten seine Stirn in Falten legt.

Ich muss lachen. «Nein, das meine ich nicht. Es ist nur so, dass ...»

«Hör zu, ich fange gerade erst an, dir all die Dinge zu sagen, die ich dir schon seit Jahren hätte sagen sollen. Du bist die beste Frau, der ich in meinem Leben begegnet bin, Isabel. Und ich habe mich wie ein Egoist verhalten. Habe nur an mich gedacht. Ich hätte dich viel mehr unterstützen sollen. Auch was Lisa anbelangt.»

«Carsten, warte mal, bevor du weitersprichst!» Ich sehe, dass Heinrich mir neugierig hinterherschaut, und wende mich von ihm ab. Ich kann das gerade nicht alles gleichzeitig, mit Heinrich Blicke tauschen, mit Carsten telefonieren und zu allem Überfluss auch noch dabei zusehen, wie Viktoria vor der Niederlage ihres Lebens steht. Verdammt noch mal, das ist also der Can, nach dem sie sich achtundvierzig Jahre lang verzehrt hat? Und da dachte sie ernsthaft, sie hätte ihre Lebenszeit verschwendet, indem sie *nicht* mit diesem entsetzlich hässlichen Mann zusammen war? Das Foto aus ihrem Album fällt mir ein, auf dem Can jung war und aussah wie ein Filmstar. Einfach unglaublich, was das Leben aus einem macht!

In der nächsten Sekunde weise ich mich selbst zurecht. Es kommt ja wohl nicht darauf an, wie jemand aussieht. Dieser Mann ist sicher trotz allem sehr lieb und gebildet und zärtlich, er ist ... Ich muss einen Würgreiz unterdrücken. Bei dem Gedanken, wie der Typ eine seiner fetten schwarz behaarten Pfoten auf Viktorias Haut legt, wird mir richtiggehend schlecht.

«Bist du noch dran, Isabel?» Carstens Stimme dringt aus weiter Ferne zu mir.

«Ja, das bin ich, entschuldige bitte. Wir sind endlich in Istanbul angekommen, und so wie es aussieht, hat Viktoria soeben nach achtundvierzig Jahren ihre Jugendliebe wiedergesehen.»

«Dann lass uns später noch einmal telefonieren. Ich möchte in Ruhe mit dir reden können.»

«Nein, das ist schon okay, besser, ich sage es dir jetzt sofort, Carsten.»

«Warte, du hast mich noch nicht zu Ende angehört! Ich kann mir vorstellen, dass du in den vergangenen Tagen viel nachgedacht hast, und du hast ja mit allem recht. Ja, du solltest wieder zurück auf die Bühne! Und nein, natürlich bist du nicht zu alt dafür!»

«Carsten ...»

«Dass du fortgegangen bist, hat mir die Augen geöffnet. Ich will nicht mehr ohne dich sein. Lisa und ich sind in fünf Tagen bei dir. Ich habe heute Morgen die Flugtickets gebucht.»

«Verdammt noch mal, Carsten, jetzt hör mir doch mal zu!»

«Wir fliegen mit Turkish Airlines, was toll ist, die haben nämlich immer so gutes Essen an Bord!»

«Ja, sehr toll, und ich bin schwanger.»

«Und wenn wir da sind, heißt das natürlich nicht, dass du dann mit uns zurückkommen musst. Jedenfalls nicht sofort. Wenn du noch mehr Zeit brauchst, respektiere ich das natürlich ... Moment mal, was hast du gerade gesagt?»

«Ich bin schwanger, Carsten. Wir bekommen ein zweites Kind.»

Auf einmal ist es still am anderen Ende der Leitung. So still, dass ich befürchte, die Verbindung sei unterbrochen worden. «Hallo?», rufe ich. «Bist du jetzt noch dran?»

Ein merkwürdiges Geräusch dringt aus dem Hörer.

«Carsten? Hallo Carsten? Du weinst doch wohl nicht etwa?»

Carsten zieht die Nase hoch. «Nein, ich ... O Gott.»

Ich muss lachen. «Das habe ich auch gedacht, als ich das erfahren habe.»

«Aber ... wie kann das sein, Liebling?»

«Du bist der Naturwissenschaftler von uns beiden. Ich denke nicht, dass ich dir diesen Vorgang erklären muss.»

«Ich bin Physiker.» Seine Stimme zittert. «Ich kann dir höchstens was über Anziehungskräfte erzählen.»

«Ja, und die scheinen bei uns immer noch erstaunlich gut zu funktionieren.»

«Darum ist es ja auch so schwer, weit weg von dir zu sein. Diese Gravitation wirkt ganz schön stark.»

«Witzig, dass du das erwähnst. Noch vor zwei Minuten habe ich über die Newton'schen Gesetze nachgedacht.»

«Ich glaube, du weißt gar nicht, wie sehr ich mich nach dir sehne, Isabel.»

«Vielleicht kannst du das in Form einer Vektorrechnung verdeutlichen, wenn du in Istanbul bist.»

«Ich fürchte, das wird etwas langweilig. Der Vektor zeigt immer nur in die Richtung, in der die Testmasse im Raum beschleunigt wird.»

«Hast du mich gerade Testmasse genannt?»

Ich höre Carsten lachen. Endlich. «Ist denn alles in Ordnung?», fragt er. «Warst du denn schon beim Arzt?»

«Ja, vor ein paar Stunden gerade. Es ist alles in Ordnung. Ich bin fünfundvierzig, nicht vergreist.»

«Das wollte ich damit nicht sagen ...»

«Du sollst jetzt gar nichts mehr sagen. Erzähl mir lieber was über die Sterne, wenn du hier bist. Wie damals an der größten Düne der Welt.»

«Damals hast du Lisa erwartet», sagt er leise.

«Daran erinnerst du dich noch?»

«Ich erinnere mich an alles mit dir, Isabel. An jeden einzelnen verflixten Moment.»

«Du liebst ihn immer noch, deinen Physiklehrer, nicht?» Heinrich legt den Arm um mich, als ich wieder zu den anderen trete.

Ich nicke.

«Wie hat er reagiert?»

«Er ist überglücklich.»

«Das hat er gesagt?»

«In seinen Worten, ja. Und was ist hier so lange passiert?» Ich sehe, wie Viktoria sich von dem fetten Mann verabschiedet und dabei seine ausgestreckte Hand ignoriert. Der Mann pfeift ein paar Worte aus seinem Hals.

«Ich schätze, Abmarsch. Viktoria wird uns sicher gleich alles erzählen.»

Wir gehen die Straße hinunter. Viktorias Miene ist unbewegt. Erst als wir um die Ecke gebogen sind, bleibt sie stehen und legt die Hände vors Gesicht. Ein Zittern geht durch ihren Körper, das in ein Schütteln übergeht. Ich lege tröstend den Arm um sie.

«Es tut mir so leid.»

«Leid?!» Viktoria nimmt die Hände herunter und jetzt sehe ich, dass sie nicht weint, sondern lacht. Die Tränen laufen ihr über die Wangen vor Lachen. Sie ist ganz rot im Gesicht. «Bei allen Göttern, was für ein gruseliger Anblick!», kichert sie. «In der ersten Schrecksekunde dachte ich doch tatsächlich, das sei mein Can!»

«Das war er gar nicht? Aber du hast doch gesagt, du hättest die Straße und alles wiedererkannt!»

«Ich sagte, dass ich hier mal mit Can entlanggegangen bin!» Viktoria schüttelt ungläubig den Kopf. «Meine Güte, wie kann man sich nur so gehenlassen! Dieser Mann war mit Sicherheit nicht älter als ich!»

«Der arme Kerl hatte Kehlkopfkrebs.» Heinrich verzieht entrüstet das Gesicht.

«Ich darf doch wohl trotzdem feststellen, dass er ganz schlimm abstoßend war!»

«Er war wirklich unfassbar hässlich», stimme ich zu.

Heinrich übersetzt Adolfo unser Gespräch.

«Don't judge a book by its cover.» Adolfo hebt mahnend einen Zeigefinger.

«Also, ihr würdet doch auch nicht mit so einem Kerl anbandeln wollen!», gibt Viktoria entrüstet zurück. «Ernsthaft! Nur weil ich schon zweiundsiebzig bin, muss ich doch nicht die vollkommen Abgehalfterten nehmen!»

Die Sonne steht schon tief, als wir wieder unten an der Uferpromenade angelangt sind. Viktoria hält vor einem Bankautomaten. «Payback time, meine Herren!», ruft sie. «Nicht dass man mir nachsagt, ich würde meine Schulden nicht bezahlen!»

Doch Adolfo hebt abwehrend die Hände.

«Du wirst dein Geld noch brauchen, Viktoria», sagt auch Heinrich.

«Aber das kann ich nicht annehmen!» Viktoria schüttelt den Kopf. «Und ehrlich gesagt schulde ich euch viel mehr als nur das Geld, das ihr für uns ausgelegt habt. Ohne euch wären wir überhaupt nicht nach Istanbul gekommen.»

«Die Freude liegt ganz bei uns», entgegnet Heinrich. «Ohne euch wären wir nämlich auch nicht nach Istanbul gekommen!»

«Viktoria», sage ich. «Du solltest trotzdem mal ein bisschen Geld da rausholen. Wir sind total blank!»

«Gute Idee», nickt Viktoria. «Und dann lade ich euch auf eine Wasserpfeife ein!»

Wir sitzen auf den Stufen eines Lokals, das bis an die Kaimauer reicht. Links und rechts von uns sitzen Paare und blicken über das glitzernde Wasser, das Europa von Asien trennt. Die Mädchen tragen Kopftücher.

«So haben Can und ich hier früher auch immer gesessen», sagt Viktoria und lächelt zufrieden in sich hinein. «Na ja, nicht immer. Oft musste Can auch helfen. Seinem Vater gehörte das Lokal.»

«Aber dann solltest du doch fragen, was aus ihm geworden ist!» Ich deute auf einen alten Mann, der ein Tablett mit kleinen, verzierten Teegläsern trägt.

«Das habe ich in der Minute gemacht, in der wir hier angekommen sind», sagt Viktoria. «Macit Bey ist vor über dreißig Jahren gestorben, das Lokal ist längst verkauft.»

«Und die wissen nicht, was aus dem Sohn des Besitzers wurde?»

«Leider nein.»

Heinrich sieht dem Mann zu, der Teegläser austeilt.

«Hm, Viktoria, ich will ja nicht unhöflich erscheinen», sagt er. «Aber meinst du, dass das wirklich so eine gute Idee ist mit der Wasserpfeife? Ich habe noch nie geraucht, es ist ja auch nicht so gut für den Teint ...»

«Du musst den Rauch ja nicht inhalieren.»

«Und du bist sicher, dass sie hier die Mundstücke der Pfeifen gut desinfizieren?»

Viktoria lacht. «Manchmal habe ich das Gefühl, dass ich mit Teenagern unterwegs bin.»

«Du bist auf jeden Fall die Wagemutigste von uns allen», sage ich. Der alte Mann kehrt zurück, diesmal mit einer Plastiktüte voller Sesamkringel. Dann geht er die Treppen hinunter. Auf der letzten Stufe angekommen, packt er die Kringel aus und wirft sie ins Meer. Die Möwen ergreifen kreischend die Flucht.

«Wie geht es denn nun weiter?», frage ich, während wir später mit einem Glas Tee in der Hand dasitzen und zusehen, wie die Sonne über Europa versinkt.

«Adolfo und ich wollen morgen wieder zurücksegeln», erklärt Heinrich. «Es wird ja viel länger dauern als auf dem Hinweg, jetzt, wo wir um ein paar tüchtige Segler ärmer sind.»

«Spar dir deinen Sarkasmus, ich finde, wir haben uns phantastisch geschlagen! Vor allem Viktoria!»

Viktoria neigt huldvoll ihr Haupt. Aber dann spüre ich doch so etwas wie Unsicherheit in ihrem Blick. «Müsst ihr wirklich? Morgen schon?»

Heinrich hebt bedauernd die Schultern. «Sorry. Ansage vom Chef. Adolfo will sich um seine Reben kümmern. Die sind schon die ganze Zeit allein.»

«Dann ist das hier unser letzter gemeinsamer Abend?», frage ich und schlucke. Der Hals wird mir eng.

«Ja. Aber wir sehen uns ganz bald wieder, versprochen.» Heinrich schaut zwischen Viktoria und mir hin und her. «Adolfo und ich kommen dich in Istanbul besuchen. Und dich in Hamburg, Isabel.»

«Wer sagt, dass ich bald wieder in Hamburg bin?»

«Bist du nicht?»

«Keine Ahnung. Erst einmal finden wir Can Ocak. Und dann mal sehen.»

Rot reißen die Schleier vor dem Himmel, als die Wasserpfeife vor uns steht. Es duftet köstlich nach Apfel. Viktoria macht uns vor, wie man daraus raucht. Adolfo, Heinrich und ich nehmen die anderen Schläuche und rauchen ebenfalls. Das heißt, ich spiele die Geste der anderen nur nach, will den Rauch nicht in meinen Mund kommen lassen, sondern ab jetzt ganz vorsichtig sein. Dann sehen wir uns an.

«Schönes Leben», sage ich.

Viktoria besteht darauf, uns in das Viertel zu führen, in dem sie vor fünfzig Jahren gelebt hat. Es ist fast dunkel, als wir uns auf den Weg machen. Drüben in Europa glitzern die Lichter, schwarz zeichnen sich die Minarette vor den violetten Wolken ab. Schwarz und lila und glitzernd ist der Bosporus. Wir gehen die Uferpromenade entlang, immer weiter, an Menschen vorbei, die sich vor all den Farben fotografieren, sich an den Händen halten und über das Wasser schauen. Eine Autofähre bringt uns auf die andere Seite. Ich sehe mich staunend um, als ich aussteige. Über mir schwingt sich eine Brücke, auf der Tausende von Anglern stehen. Hier ist es noch voller, noch mehr Menschen strömen links und rechts an mir vorbei. Es riecht nach gegrilltem Fisch, nach Gewürz und Rauch. Von einem der Schiffe, die auf dem Nachtwasser schaukeln, weht Musik herüber. Eine Gruppe türkischer Mädchen in Miniröcken und Turnschuhen und ohne Kopftuch singt einen Beyoncé-Hit. Wir schieben uns über einen riesigen Platz an einer Moschee vorbei. Viktoria sieht verzaubert aus. Auf ihrem Gesicht liegt ein Lächeln, und sie bewegt sich zwischen all den Menschen geschmeidig wie eine Tänzerin. Dann geht es eine Straße hinauf, um eine Ecke und noch eine. Wir gehen weiter, immer weiter, die vielen Menschen erschöpfen mich, die lauten Stimmen, das Hupen der Schiffe hinter uns vom Bosporus, das Rattern der Straßenbahn. Und dann stehen wir vor einem Gebäude, das so riesig ist, dass ich es kaum erfassen kann.

«Die Hagia Sophia», flüstert Heinrich ehrfürchtig.

Viktoria lächelt. «Ist sie nicht wunderschön? Und ist es nicht unfassbar, dass Menschen so etwas schon vor 1500 Jahren gebaut haben?»

Ich kann gar nichts sagen. Der Anblick verschlägt mir die Sprache. Und dann drehe ich mich um und sehe noch so ein riesiges Gebäude, verzierter aber, mit Türmen, die die Kuppel flankieren. Farbige Lichter strahlen die Steine an.

Viktoria berührt meinen Arm. «Und das ist die Blaue Moschee.»

Adolfo streicht sich versonnen über seinen Schnurrbart. Dann sieht er Viktoria an und sagt etwas auf Latein. Viktoria antwortet, dann lacht sie.

«Was ist?», will ich wissen.

«Adolfo und ich finden es witzig, ausgerechnet hier Lateinisch zu sprechen. Das hier war schließlich das alte Ostrom, ein römischer Kaiser hat die Hagia Sophia errichten lassen. Die Geschichte wiederholt sich, stimmt's?»

Langsam leeren sich die Straßen. Wir wandern über den Platz zwischen den beiden Bauten, an einer Fontäne vorbei. Die Pforte zur Blauen Moschee ist noch geöffnet. Wir betreten den Innenhof, der erstaunlich weit ist, und lassen uns auf den Stufen nieder. Viktoria blickt zum Eingang der Moschee, aus dem in diesem Moment ein paar Menschen mit ihren Schuhen in der Hand treten. Ganz ruhig fühle ich mich auf einmal, wie ich so auf den erleuchteten Säulengang vor mir blicke. Licht aus dem Inneren der Moschee strömt aus den Fenstern, die goldene Schrift über dem Eingang glänzt. Heinrich und Viktoria haben sich ganz dicht neben mich gesetzt.

«Du bekommst ein Baby», sagt Viktoria und strahlt mich an.

Ich weiß nicht, zum wievielten Mal an diesem Tag mir die Tränen kommen. «Ich bekomme ein Baby», wiederhole ich.

«Weißt du schon, wer die Pateneltern sein sollen?», fragt Heinrich.

«Na, ihr natürlich. Ihr drei.»

«Was muss man eigentlich so tun als Patentante?», fragt Viktoria. «Ich muss gestehen, ich war das noch nie.»

«Man muss die Mutter zum Lachen bringen. Tolle Reisen vorschlagen. Und bei Gefahr zur Stelle sein.»

«Ich denke, dann bin ich gut geeignet.»

«Du wärst die beste Patentante, die ich mir vorstellen kann.»

Die letzte Nacht auf dem Boot kann ich nicht schlafen. Zu viele Gedanken spuken mir durch den Kopf. Meine Zeit mit Viktoria, Heinrich und Adolfo ist zu Ende. In fünf Tagen werden Carsten und Lisa hier sein. Und ich habe immer noch keine Ahnung, ob ich dann schon mit ihnen zurück nach Hause will. Gleichzeitig habe ich Sehnsucht nach den beiden. Aber ich will auch weiterreisen. Mich noch eine Weile länger so unbeschwert fühlen.

Die Sonne geht auf, als ich an Deck trete. Es riecht frisch und nach einem neuen Tag. Zu meiner Überraschung sitzt Heinrich schon an Deck.

«Komm her», sagt er und reicht mir einen Becher. «Ich hab uns beiden einen Tee gemacht.»

Er gießt mir etwas aus der Thermoskanne ein. Ich schließe meine Hände um den Becher und atme den Duft von Bergamotte und Tee.

«Ich werde dich vermissen», sage ich.

Heinrich schaut mir in die Augen. «Ich dich auch.»

«Diesmal warten wir nicht wieder zehn Jahre.»

«Wir warten überhaupt nicht mehr. Ich komme dich besuchen. Und du mich.»

Ich lege meinen Kopf auf seine Schulter.

«Gib gut auf dich acht, auf dich und das Baby. Und auf Viktoria. Sie ist wirklich eine besondere Frau.»

«Ja, das ist sie», sage ich.

Wir stehen an der Uferpromenade und sehen zu, wie Heinrich und Adolfo hinaussegeln. Heinrich winkt, bis er ein winziger

Punkt ist. Das Segelboot wird klein und kleiner. Dann verschwindet es hinter einem Tankschiff. Viktoria nimmt mich am Arm.

«Immer mutig vorangeschritten», sagt sie. «Es gilt, eine Herberge für uns beide zu finden.»

«Ja.» Ich wische mir über die Augen. «Und dann geht es auf zu Can Ocak Nummer zwei.»

Nummer zwei, lerne ich, ist der wahrscheinlichste Kandidat von allen. Ein Buchhändler, der sein Geschäft in Beyoğlu hat, wie Viktoria mir erklärt. «Can hat türkische Literatur studiert, aber sein Traum war es immer, einen eigenen Buchladen zu eröffnen. Er hat Bücher geliebt. Liebt sie immer noch, hoffe ich.»

«Aber bist du sicher», ich versuche neben ihr Schritt zu halten und dabei gleichzeitig einem Mann auszuweichen, der einen mit riesigen Ballen beladenen Karren über den Gehweg schiebt, «dass er dort immer noch arbeitet? Sicher ist er mittlerweile in den Ruhestand gegangen!»

«Er verbringt die Vormittage in dem Laden. Das habe ich telefonisch überprüft.»

Ich bleibe stehen, was dazu führt, dass mich ein kleiner Junge von hinten anrempelt. Er entschuldigt sich kurz und flitzt zwischen den Beinen der Passanten davon. «Du hast in der Buchhandlung angerufen?», rufe ich. «Und du hast nicht gefragt, ob du mal mit dem Besitzer sprechen kannst?»

Viktoria wirft die Arme in die Luft. «Ja, was hätte ich denn sagen sollen?»

«Hallo, hier ist Viktoria? Can, erinnerst du dich noch an mich? Nur so ein kleiner Vorschlag. Leute, die sich schon länger nicht mehr gesprochen haben, machen das gemeinhin so.»

«Ja, aber Leute, die sich seit achtundvierzig Jahren nicht

mehr gesprochen haben, die die große Liebe füreinander waren und einander heiraten wollten, und dann war einer der beiden so dumm, sich für immer zu verabschieden und wieder in sein Heimatland zurückzukehren, solche Leute legen da vielleicht andere Kommunikationsmaßstäbe an!» Viktoria brüllt jetzt ebenfalls. Ein Mann, der mit einer bunten Karte in der Hand eben noch lauthals Fahrten über den Bosporus angepriesen hat, blickt finster zu uns herüber. Stimmtechnisch machen wir ihm gerade Konkurrenz.

«Tut mir leid.» Ich lege eine Hand auf ihren Arm. «Du hast ja recht.»

Viktoria bedeckt ihre Augen. «Nein, ich habe nicht recht. Ich hätte wirklich vorher anrufen können. Aber ich habe mich nicht getraut.» Sie sinkt auf einem Plastikstuhl nieder, der am Rande eines großen Blumenmarktes steht. Ein freundlich aussehender älterer Herr mit einem Rhododendronbusch unter dem Arm eilt mit besorgter Miene herbei. Viktoria lächelt und sagt etwas auf Türkisch, das ich nicht verstehe.

«Er hat uns gefragt, ob wir einen Çay möchten. Weil wir so erschöpft aussehen.»

Ich setze mich neben sie auf den Boden, glücklich, meine Beine einen Moment lang auszuruhen. «Das ist wirklich schwierig», tröste ich sie.

«Das Schlimmste ist, es wird immer schwieriger, je mehr Zeit vergeht.» Sie sieht mich mit ihren großen braunen Augen an. «Weißt du, als wir uns damals getrennt haben, da war er so wütend auf mich. Und ich war so wütend, dass er mich überhaupt nicht versteht. Und dann kam diese dumme Ehe mit Herbert. Und dann wollte ich Can anrufen, um ihm zu sagen, dass ich geheiratet habe und dass das ein großer Fehler war. Aber Can hatte mir verboten, ihn anzurufen. Er hat nach unserer Trennung wörtlich gesagt: Und ruf mich nie wieder an!»

«Ich bin mir sicher, dass er dabei nicht achtundvierzig Jahre im Sinn hatte.»

«Nein, sondern die *Ewigkeit*.»

«Aber er hat nichts davon gesagt, dass du ihn nie wieder besuchen darfst?»

Ein kleines Lächeln schleicht sich in ihre Züge. «Nein, davon hat er nichts gesagt.»

Der freundliche Herr steht vor uns mit zwei kleinen Teegläsern in der Hand. Wir bedanken uns überschwänglich, und Viktoria wechselt ein paar Worte mit ihm.

«Also dann.» Ich trinke den Çay, bedanke mich bei dem Blumenhändler und strecke die Hand nach Viktoria aus. «Gehen wir weiter. Ich freue mich darauf, diesen Can endlich kennenzulernen.»

An der Brücke stehen wieder die Angler. Riesige Ruten werfen sie aus, und in ihren Plastikeimern winden sich Fische aller Art. Erst jetzt im Tageslicht stelle ich fest, wie weit sich das Wasser in beide Richtungen ausdehnt. «Das hier ist der Bosporus», Viktoria zeigt lässig nach rechts. «Und das links ist das Goldene Horn. Dagegen ist der Hamburger Hafen ein Tümpel, was?»

In der Tat. Und wie viele Schiffe unterwegs sind! Fähren aller Formen und Größen düsen kreuz und quer durch die Gewässer, zwischen orientalisch aussehenden Dschunken, Tankern, Stückgutfrachtern, Segelbooten und voll beladenen Containerschiffen hindurch. Wir schieben uns durch das Gedränge auf die andere Seite der Brücke. Nachdem wir unter Einsatz unseres Lebens eine mehrspurige Straße überquert haben, landen wir in einem Viertel, das aussieht, als gehöre es zu einer anderen Stadt. Hier tragen die Frauen Röcke, Jeans und modische Kleider. Einen Moment lang weiß ich nicht mehr, ob ich in Prag, Wien oder Bari bin. Wir kämpfen uns steil bergan durch eine Gasse, in der kleine Designerläden Klamotten und handgefertigten Schmuck anbieten. Dann biegen wir um eine Ecke. Funkelnde Lampengeschäfte mit prächtig aussehenden Lüstern erhellen unseren Weg.

«Könnten wir das Tempo vielleicht auf dreißig Stundenkilometer herunterdrosseln?», ächze ich, als es erneut um eine Kurve und dann steil aufwärtsgeht. «Du vergisst, ich trage da noch jemanden mit mir herum.»

Viktoria bleibt lachend stehen. «Entschuldige bitte. Ich habe nur gerade gesehen, dass es schon auf zehn Uhr zugeht.»

«Klar, verstehe, er ist ja immer nur vormittags da. Aber ich kann nicht schneller. Mein Motor bockt. Gibt es eigentlich keinen Bus da rauf?»

«Doch, klar, und eine U-Bahn. Ich hatte nur Lust, hier alles einmal wiederzusehen. Hat sich ganz schön verändert. Richtig flott sieht das alles hier aus.»

Ich stemme meine Hände auf die Knie und versuche, meinen Herzschlag wieder zu beruhigen. Dann sehe ich Viktoria an. Ihre Augen leuchten schon wieder, und sie sieht zehn Jahre jünger aus. «Willst du eigentlich in Istanbul bleiben?», frage ich. «Ich meine, auch wenn du ...» Ich stocke. Ich möchte das eigentlich nicht aussprechen. Dass Can sie vielleicht nicht mehr sehen will. Oder dass sie ihn gar nicht findet. Oder dass er glücklich verheiratet ist und nicht einmal mehr weiß, wer sie ist.

«Auch wenn diese Sache mit Can nicht gut ausgeht? Ja, natürlich! Meinst du, ich habe diese lange Reise auf mich genommen, damit ich schon bald wieder in Kiel sein kann?

Nein, nein, meine Liebe. Norddeutschland ist eine feine Sache, aber ab jetzt ohne mich.»

«Du willst wirklich auswandern», sage ich langsam. «Du meinst es tatsächlich ernst!»

Viktoria strahlt mich an.

«Komm.» Ich hake sie unter und setze mich in Bewegung. «Wir gehen jetzt weiter. Aber nicht schneller als so.» Ich mache einen normalen Fußgängerschritt. «Wer schneller geht, der wird geblitzt.»

Und dann verschlägt es mir den Atem. Wir sind in einer breiten, schattenlosen Fußgängerzone mit riesigen, modernen Geschäften. Aber das Beeindruckende daran sind die Menschen, die uns entgegenströmen. Habe ich schon unten am Wasser gedacht, dass Istanbul ganz schön voll ist, so bin ich jetzt erschlagen von den Mengen. Es müssen ungefähr eine Million Fußgänger sein.

«Wo gehen die alle hin?» Ich drehe mich einmal im Kreis. Männer, Frauen, Paare, Gruppen, Kinder, soweit das Auge reicht.

Vor einem Eisgeschäft spielt eine Band. Banjo, Gitarre, Trompete, ein Sänger. Sie spielen einen alten Swingklassiker, einen Benny-Goodman-Song. Aus der Menge, die darum herumsteht, lösen sich zwei Mädchen, die eine kurzhaarig, in Jeans und T-Shirt, die andere mit Kopftuch. Die Kurzhaarige umfasst ihre Freundin und tanzt mit ihr vor der Band. Sie drehen sich umeinander, tanzen nebeneinander mit umfassten Händen und kicksteppen einander hinterher.

Viktoria strahlt schon wieder. «Ich liebe diese Musik! Ich liebe es, dazu zu tanzen!»

«Ehrlich? Du kannst Lindy Hop?»

«Du vergisst ja wohl, wie alt ich bin! Meine Mutter hat mir

das beigebracht, als ich klein war. Sie war eine richtig gute Swingtänzerin! Kannst du führen?»

Ich weiß nicht, ob ich führen kann. Als ich mit Carsten den Tanzkurs gemacht habe, hat er immer geführt. «Also, ich kann es mal versuchen.»

Ich ziehe Viktoria auf die kleine Tanzfläche. Oh, und wie ich führen kann! Ich muss nur spiegelverkehrt denken. Linker Fuß zurück, und los geht es! Viktoria lacht vor Vergnügen, als wir uns umeinander drehen. Die Leute um uns herum applaudieren. Die beiden Mädchen lachen uns an. Die Kurzhaarige hebt kurz eine Hand und winkt mir zu. Ich lasse Viktoria los, um ihr zurückzuwinken, und schon tanzen wir nebeneinander, werfen im Gleichtakt unsere Füße in die Luft.

«Wo hast du das gelernt?», fragt Viktoria, während ich sie einmal um sich selbst drehe.

«Carsten und ich tanzen das.»

«Er geht mit dir tanzen?»

«Carsten geht nicht so gerne weg, aber wir tanzen ziemlich viel bei uns zu Hause im Wohnzimmer.»

«Can und ich sind immer tanzen gegangen. Männer, die mit einem tanzen, sind die besten.»

Ich lächele sie an, hebe den Arm und lasse sie einmal darunter durchtanzen. «Das finde ich auch.»

Und dann stehen wir vor dem Buchladen. Klein und hoch sieht das Geschäft aus. Die Regale reichen bis an die Decke. Als wir eintreten, klettert ein junger Mann gerade die Leiter zu einem der oberen Regale empor.

«Can I help you?», fragt er, als er uns sieht. Auf den Tischen liegen prächtige Bildbände über Istanbul, türkische Architektur und den Islam. Viele der Bücher sind in englischer Sprache. Auf einem anderen Tisch liegen Romane. Ich bedaure auf der Stelle, kein Geld zu haben. Es gibt mindestens drei Bücher, die ich jetzt sofort haben möchte.

Viktoria antwortet auf Türkisch. Ihre Stimme zittert leicht. Ich verstehe nichts außer Cans Namen.

Der Mann klettert von seiner Leiter herunter. Er sieht sehr ernst aus. Er fragt Viktoria etwas, die daraufhin nickt und antwortet.

Der junge Mann macht eine Pause. Dann sagt er wieder etwas.

Zu meinem Entsetzen sehe ich, wie sich Viktorias Augen mit Tränen füllen. Sie schwankt leicht, und ich greife nach ihrem Arm.

«Was hat ...?»

Sie sieht mich mit aufgerissenen Augen an. Alle Farbe ist aus ihrem Gesicht gewichen. «Can ist gestern gestorben», sagt sie. «Die Bestattung fängt in zwei Stunden an.»

22. KAPITEL

Ich habe das Gefühl, dass der Boden unter mir wegknickt. Die Regale schwanken. Ich halte immer noch Viktorias Arm. Und stütze mich gleichzeitig an einem der Büchertische ab. Alles umsonst. Die ganze Reise. Die Eile. Wir haben es nicht mehr rechtzeitig geschafft.

Der junge Mann, der sieht, welchen Effekt seine Worte auf Viktoria haben, weist einen Kollegen an, uns etwas zu trinken zu bringen. Zumindest nehme ich an, dass er das sagt, denn nur einen Augenblick später halten wir jede ein Glas Wasser in der Hand. Dann rückt uns der Verkäufer zwei Stühle zurecht. Ein Blick auf Viktoria zeigt mir, dass sie unter Schock steht. Sie zittert am ganzen Körper und starrt schweigend vor sich hin.

«Darf ich fragen, woher Sie meinen Onkel kennen?», fragt mich der junge Mann auf Englisch und reicht mir einen Tee.

Seinen Onkel? Ich kenne seinen Onkel doch gar nicht. Ich bedanke mich und sehe zu Viktoria hinüber. Dann erst verstehe ich, was er meint.

«Er ist ein Freund meiner Freundin», erkläre ich und deute auf Viktoria. «Sie sind mal verlobt gewesen. Sie haben zusammen studiert.»

«Wirklich?» Der Mann mustert Viktoria aufmerksam. Dann runzelt er die Brauen. «Davon hat er nie etwas erzählt. Aber das ist interessant. Sehr interessant sogar.» Er wendet sich an Viktoria und fragt sie etwas auf Türkisch. Sie blickt auf, aber ihre Augen scheinen ihn gar nicht zu sehen.

«Sie hat auch türkische Literatur studiert», sage ich, weil ich annehme, dass ihn das interessiert. «Hier in Istanbul.»

Der Mann mustert Viktoria jetzt mit unverhohlener Neugier. Sie reagiert noch immer nicht.

«Und Sie sind sicher, dass die beiden verlobt waren?», will er wissen.

«O ja, ganz sicher. Aber dann haben sie sich getrennt. Meine Freundin hat das ihr Leben lang bedauert. Darum hat sie jetzt beschlossen, zu ihm zu fahren.»

Wieder blickt der Verkäufer Viktoria sehr aufmerksam an.

«Hat Ihr Onkel ... hatte er Familie?» Ich überlege, ob ich den jungen Mann bitten soll, uns mit zum Begräbnis mitzunehmen. Viktoria sollte die Möglichkeit haben, sich von Can an seinem Grab zu verabschieden. Auch wenn es für sie merkwürdig werden könnte, dabei neben seiner Frau zu stehen.

«Natürlich hatte er eine Familie.» Jetzt gilt der merkwürdige Blick mir.

«Und Kinder?», frage ich. «Wie viele Kinder hat er gehabt?»

Wieder dieser lange Blick. Dann beugt sich der Buchhändler zu mir herunter. «Er hatte keine Kinder», flüstert er. «Mein Onkel war homosexuell.»

Ich schlage mir die Hand vor den Mund. Ist das möglich? Hat Can aus Enttäuschung über die verlorene Beziehung zu Viktoria die Ufer gewechselt? War der Liebeskummer so groß?

Viktoria erwacht aus ihrer Versteinerung. «Was ist los?»

Unter dem wachsamen Blick des Buchhändlers gebe ich die Information leise an Viktoria weiter: «Can war schwul.»

«Unsinn!» Viktoria fährt in die Höhe. «Alles, nur das nicht! Wenn ein Mann auf dieser Welt nicht schwul ist, dann war es mein Can!» Sie sagt etwas auf Türkisch.

Der Buchhändler mustert sie noch einmal lange, dann dreht er sich um und geht weg.

«Was hast du zu ihm gesagt?»

«Ich habe ihn gebeten, mir ein Bild seines Onkels zu zeigen. Möglichst eines aus seinen Zwanzigern. Er holt es jetzt.»

«O Gott.» Ich vergrabe das Gesicht in meinen Händen. «Ich glaube das alles nicht!»

Es dauert eine Ewigkeit, bis der Buchhändler zurückkommt. Viktoria ist wieder auf ihren Stuhl zurückgefallen und starrt vor sich hin. Ein paar Kunden kommen in den Raum. Es sind französische Touristen. Sie kommentieren alles, was sie auf den Tischen und den Regalen sehen, mit lautem «Oh, là, là!» Der Buchhändler kommt mit einem gerahmten Bild wieder. Viktoria streckt eine zitternde Hand danach aus.

«Allah!», stößt sie aus.

Ich versuche, ebenfalls einen Blick auf das Bild zu werfen, kann aber nichts erkennen, weil Viktoria es so komisch hält. Sie wirft mir einen strahlenden Blick zu. «Alles wieder in Ordnung! Er ist es nicht!»

Wir verabschieden uns hastig. Ich drücke dem Mann mein herzliches Beileid zum Tod seines Onkels aus und schüttele ihm die Hand. Viktoria sagt etwas auf Türkisch. Dann sind wir wieder draußen.

Viktoria wird von einer Lachsalve geschüttelt. «O Gott, wie mich dieser Buchhändler immer angeguckt hat!»

«Man hat förmlich gehört, wie er gedacht hat: Wegen der ist mein Onkel also schwul geworden!», lache ich.

Viktoria wischt sich die Tränen von den Wangen. «Aber wir haben uns eben ganz furchtbar benommen! Vollkommen pietätlos, fürchte ich!»

«Ja, und wir machen es gerade noch schlimmer, denn der Mann sieht uns gerade dabei zu, wie wir hier stehen und den Lachanfall des Jahrhunderts bekommen!»

«Lass uns bitte ganz schnell weglaufen von hier!»

«Aber nicht zu schnell! Sonst werden wir wieder geblitzt!»

Auf den Schreck beschließen wir, etwas essen zu gehen. In der Tat fühle ich mich ganz elend vor Hunger. Außerdem tut mir die rechte Schulter weh. Auch wenn wir immer noch vergleichsweise wenig Gepäck in unseren Handtaschen mit uns herumtragen, ist es doch sehr unangenehm, die Last ständig zu spüren. «Was hältst du davon, wenn wir uns nach dem Essen eine Unterkunft suchen? Ich fühle mich ziemlich erschöpft.»

«Das ist eine ganz ausgezeichnete Idee.» Viktoria weicht

einem Hund aus. Wir überqueren einen Platz, auf dem ein mittelalterlich wirkender Turm steht, und klettern vorsichtig eine steile Gasse hinab. Die Brücke mit den Anglern taucht erneut vor uns auf.

Unten am Wasser kehren wir in einem Fischrestaurant ein. Es tut gut, aus der Sonne herauszukommen. Wir setzen uns an eine Mauer im Schatten eines Strohdachs, das mit Hängepflanzen geschmückt ist. Eine Brise weht kühl vom Wasser zu uns herüber. Die Rufe der Fischhändler vom Markt an der Ecke mischen sich mit dem Hupen der Boote und dem Stimmengewirr im Lokal. Viktoria hebt die Hand und spreizt dabei ihre fünf Finger. «Zufrieden!», lache ich und schlage ein.

Wir können unseren Fisch direkt aus der Vitrine wählen. Ich nehme eine Dorade und dazu einen frischen Salat. Viktoria bestellt sich einen Weißwein zu ihren Scampi. Sie sind in einem rot schimmernden Olivenöl gebacken, zusammen mit roten und grünen Paprika und Knoblauch. Meine Dorade ist so frisch und knusprig, dass ich vor Genuss die Augen schließe. Nirgendwo anders will ich in diesem Moment sein. Dieser Platz ist perfekt.

«Wohin geht es denn als Nächstes?», frage ich. «Wo wohnt Can Nummer drei?»

«Nummer drei wohnt in Sultanahmet. In der Nähe der Blauen Moschee.»

«Ach, wirklich? Wo wir gestern Abend mit Heinrich und Adolfo waren? Warum haben wir da dann nicht schon vorbeigesehen?»

«Ich fand Can Nummer drei nicht besonders wahrscheinlich. Ich bin davon ausgegangen, dass Can in Üsküdar wohnt, dort, wo er aufgewachsen ist. Und für noch wahrscheinlicher hielt ich es, dass er eben diesen Buchladen in Beyoğlu hat.» Sie nippt an ihrem Wein. «Aber lass uns erst unsere Unterkunft suchen und uns ausruhen. Auf ein paar Stunden mehr oder weniger kommt es jetzt auch nicht mehr an.»

Die Rezeption liegt in elegantem Halbdunkel. Die goldenen Lampen verbreiten gedämpftes Licht. Viktoria verhandelt mit dem vornehm wirkenden Herrn am Empfang. Dann übersetzt sie mir, was er gesagt hat.

Mir bleibt der Mund offen stehen. «Ich glaube, du machst Witze!»

«Aber nein, ich habe mein Humorpotenzial schon heute Vormittag in Beyoğlu erschöpft!»

«Niemals werden wir in der Pascha Suite für vierhundertfünfzig Euro pro Nacht schlafen! Ich meine, Viktoria, wie soll das bitte gehen?»

«Wie? Ganz einfach! Wir betten unser Haupt auf diese fürstlichen Kissen, und dann dämmern wir selig ein!»

«Vierhundertfünfzig Euro!»

«Ja, aber lass dir doch mal das Wort auf der Zunge zergehen: Pa-scha Suite!»

«Vierhundertfünfzig Euro!!!»

«PASCHA SUITE!»

Der Mann an der Rezeption blickt irritiert zwischen uns hin und her.

«Was glaubst du, wie viele schwangere Frauen schon in der Pasche Suite genächtigt haben, hm? Ich meine, ohne ihren Mann?»

«Mir steht gerade nicht der Sinn nach Trendsetting.»

«Du wirst dich darin bestimmt wohl fühlen! Das ganze Hotel ist doch ein Traum!» Viktorias Augen funkeln. «Außerdem ist das Leben zu kurz, um immer nur zu sparen. Es kann einen schneller erwischen, als man denkt. Das haben wir vorhin am Beispiel dieses Buchhändlers erfahren.»

«Ja, das Leben ist kurz, aber der Monat lang. Zu lang, um alles schon wieder am Fünften auszugeben. Willst du dich die restlichen fünfundzwanzig Tage wieder von anderen abhängig machen? Bitte, Viktoria, wir müssen jetzt wirklich vernünftig sein!»

Sie seufzt. «Na gut, du hast ja recht!»

Mit ein paar türkischen Sätzen in Richtung Rezeption und einem bedauernden Schulterzucken verlässt sie das Hotel. Ich folge ihr schwerfällig. Neben Viktorias gazellenhafter Erscheinung komme ich mir zunehmend vor wie ein Elefant.

«Und jetzt?» Auf der Straße dreht sie sich leicht verärgert zu mir um.

«Jetzt suchen wir uns etwas, was wir uns leisten können. Komm, so schwer kann das doch wohl nicht sein!»

Es ist tatsächlich nicht besonders schwer. Das Viertel ist voll von Herbergen und Hotels. Wir fragen uns durch und gelangen schließlich in eine schmale Straße, in der eine unscheinbar wirkende Pension liegt. Wir haben Glück. Trotz Hochsaison ist noch ein Doppelzimmer frei. Die Pension hat sogar eine Dachterrasse. Viktoria stößt einen Jubelschrei aus, als wir hinaufklettern. Und ich kann es schon wieder nicht fassen. So viel Schönheit! Auf so einem kleinen Fleck!

Vor uns liegen der Bosporus und das Marmara-Meer. Wenn ich mich ein bisschen zur Seite drehe, blicke ich auf die Kuppeln und Türme der Blauen Moschee. Noch eine Drehung, und die Hagia Sophia ragt vor mir auf. Jetzt wirkt Viktoria auch wieder glücklich. «Hier gehe ich nie wieder weg!», ruft sie.

Die Müdigkeit liegt mir bleiern in den Gliedern. Ich entschuldige mich und gehe auf unser Zimmer. Lasse mich angezogen auf das Bett fallen. Nur einen Augenblick, denke ich mit geschlossenen Augen.

Es dauert keine paar Sekunden, und der Schlaf überwältigt mich.

Als ich erwache, scheint die Sonne schräg durch die Fenster. Einen Moment lang bin ich vollkommen orientierungslos. Auto, Landstraße, Italienhaus, Segelboot, rattert es durch meinen Kopf. Dann fällt es mir wieder ein: Istanbul.

Viktoria sitzt auf der Terrasse und unterhält sich mit einem Pärchen mittleren Alters. «Schlafmütze!», ruft sie, als ich schlaftrunken auf sie zuwanke. «Da bist du ja!»

«Ich bin bereit», antworte ich. «Für Can Nummer drei.»

Die Straße, die Viktoria notiert hat, liegt nicht weit von unserer Pension entfernt. Wir kommen allerdings nicht besonders schnell voran, denn wir werden alle paar Augenblicke aufgehalten und angesprochen. Dreizehnjährige Jungen möchten ein Interview mit uns auf Englisch führen – offenbar eine Schulaufgabe, um ihre Sprachkenntnisse am lebenden Objekt zu testen. Händler preisen ihre Waren an. Ein Passant möchte sogar meine Haare berühren. Die Tönung ist mittlerweile wieder herausgewaschen, und meine Haare leuchten rot wie eh und je.

«Du bist hier das Faszinosum», erklärt Viktoria. «So blass und rothaarig und dann noch mit diesem tollen großen Busen, der Wahnsinn auf zwei Beinen.»

«Kannst du denen bitte allen sagen, dass der Wahnsinn kein Interesse hat und schwanger ist?»

«Kein Interesse woran genau?»

«Hausaufgaben, Teppiche und Sex», fasse ich zusammen.

Viktoria klingelt an einer grün gestrichenen Tür. «Bitte, lass ihn weder hässlich noch tot sein», murmelt sie.

Die Tür öffnet sich einen Spaltbreit. Eine alte Frau steckt vorsichtig ihren Kopf heraus.

Ich schließe mich nickend Viktorias Gruß an und höre, wie sie Cans Namen nennt. Die alte Frau antwortet etwas und deutet mit dem Arm in die Richtung, aus der wir gekommen sind. Dann macht sie die Tür wieder zu.

«Er arbeitet», sagt Viktoria überrascht.

«In seinem Alter? Meinst du, dass dieser Can der Richtige ist?»

«Das können wir nur herausfinden, indem wir gehen.»

«Wohin?»

«Na, zu seiner Arbeitsstätte. Er verkauft Tickets in der Zisterne, hat die Dame gesagt. Ausgerechnet in der Zisterne! Das ist gar nicht gut.»

«Meinst du, das war seine Frau?» Ich hüpfe neben ihr, um mit ihr Schritt zu halten. Viktoria rast schon wieder so.

«Das habe ich sie nicht gefragt. Obwohl sie so aussah, als hätte sie mir gern eine ähnliche Frage gestellt. Aber das ist dann wieder das Gute an meinem Alter. Wie wilde Geliebte sehen wir Zweiundsiebzigjährigen ja nicht unbedingt aus.»

«Dir sieht man aber an, dass du es faustdick hinter den Ohren hast!», kichere ich.

«Ehrlich? Hast du das gedacht, als du mich zum ersten Mal gesehen hast?»

Ich überlege. Ehrlich gesagt kann ich mich kaum noch daran erinnern, was ich da gedacht habe. Obwohl es noch nicht mal einen Monat her ist. Zu viel ist seither geschehen. «Ich meine mich dunkel zu entsinnen, dass ich beeindruckt von dir war», sage ich. «Ich fand dich ungemein elegant.»

Viktoria lächelt zufrieden. Sie hat sich leicht geschminkt und trägt wieder eine weiße Bluse und ihre Marlene-Hose. Wer auch immer dieser Can Nummer drei sein mag, sie wird ihm gefallen.

Die unterirdische Zisterne liegt in der Nähe der Hagia Sophia und ist eine Touristenattraktion. Eine Schlange steht vor dem Eingang.

«Kaufst du mir einen Sesamkringel, während wir warten?», frage ich.

Viktoria lächelt. «Natürlich, Kind.»

Ich schlendere zu dem Verkaufswagen an der Ecke und erstehe zwei Sesamkringel, einen mit Käse bestrichen, einen mit Schokokrem. Ich nehme den mit Schokokrem und fühle mich tatsächlich wieder wie vier.

Viktoria mag ihren nicht essen. «Erstens verwischt dann mein Lippenstift, und zweitens bin ich jetzt ein bisschen aufgeregt.»

Also esse ich ihren auch. Als ich fertig bin, stehen wir auch schon vor dem Schalter.

«Can Ocak?», wiederholt der Mann hinter dem kleinen Fenster Viktorias Frage. Dann erklärt er lang und breit etwas auf Türkisch.

«Er ist drinnen», sagt Viktoria. «Verdammt.»

Eine Treppe führt uns hinab in das unterirdische Gemäuer. Unsere Schritte hallen, von irgendwo fallen Tropfen. Gelbes Licht schimmert aus einem hallenartigen Raum. Die Luft ist feucht.

«Meine Güte, wie alt ist diese Zisterne?» Ich sehe mich staunend um. Die steinernen Rundbögen und die verzierten Säulen wirken wie mit Lineal und Zirkel gebaut. Karpfen und Goldfische schwimmen in den Wasserbecken. Ich frage mich, wie wir in dem gedämpften Licht jemanden finden wollen, von dem wir nicht mal genau wissen, wie er aussieht. Es gibt zwar Laternen, aber die sind so hoch angebracht, dass sie nur die Säulengänge ein wenig erhellen.

«Sechstes Jahrhundert. Man nennt diese Zisterne auch

den versunkenen Palast.» Viktoria steuert auf eine Gruppe uniformierter Aufseher zu. Sie beginnen auf ihre Frage hin zu gestikulieren. Viktoria muss sich durch eine Gruppe Touristen zu mir zurückzwängen. «Er hat Pause und ist vor die Tür gegangen», sagt sie. «Lass uns gehen.»

Wir wandern über einen feuchten Holzsteg. «Halt dich gut fest!», rufe ich. «Nicht dass du noch ausrutschst!»

«Nicht, dass DU noch ausrutschst, Isabel!»

«Ich habe keine Angst mehr davor, in deiner Gegenwart ins Wasser zu fallen», lächele ich. «Du rettest mich dann ja.»

Aber Viktoria ist mit ihren Gedanken schon woanders. Immer wieder lässt sie ihren Blick durch die Halle schweifen. Und plötzlich bleibt sie stehen.

«Ich weiß nicht, ob das eine gute Idee war, hierher zu kommen», sagt sie schließlich. «Ausgerechnet in den versunkenen Palast.»

Sie spricht so leise, dass ich sie kaum verstehe in dem ganzen Sprachgewirr. Ein amerikanischer Tourist kommentiert das unterirdische Geschehen wie ein Fernsehreporter auf CNN. Ein anderer hält eine Kamera auf ihn gerichtet. Ich sehe, dass der Sprecher ein Mikrophon in der Hand hält. Es ist tatsächlich CNN.

«Warst du mal hier mit Can?»

Viktoria nickt langsam. «Hier hat er mir seinen Heiratsantrag gemacht.»

«Oh.» Ich sehe sie an. «Dann ist das ja besonders romantisch, wenn ihr euch hier wiederseht!»

Viktoria schüttelt langsam den Kopf. «Das glaube ich nicht. Das hier gehört zu den weniger schönen Erinnerungen. Ich habe den Antrag abgelehnt.»

«Ja», versuche ich so aufmunternd wie möglich zu sagen. «Aber jetzt bist du wieder da.»

«Achtundvierzig Jahre später», flüstert Viktoria. «Unser Leben ist fast vorbei.»

«So darfst du nicht denken!», widerspreche ich ihr. «Ihr könnt noch einige schöne Jahrzehnte vor euch haben! Guck doch mal, wie fit du noch bist!»

«Meinst du?» Sie sieht mich zweifelnd an. «Er wird sich erschrecken, wenn er mich sieht.»

«Unsinn!» Ich fühle mich wie auf dem Fußballfeld, wenn ich Lisa anfeuere. «Du bist großartig, besser als alle anderen! Vergleich dich doch mal!» Ich deute auf die Touristen mit ihren Fotoapparaten, die sich an uns vorbeidrängen. Frauen, die um Jahrzehnte jünger sind als Viktoria, die dicke Bäuche haben und hässliche Schuhe und einen praktischen Kurzhaarschnitt tragen, die in Trekkingklamotten gekleidet gehen, als sei dies hier der Mount Everest. Zwischen all diesen Menschen wirkt meine Freundin unendlich hübsch und fein.

Viktoria lächelt schüchtern. «Ich glaube dir zwar nicht, aber ich finde es nett, dass du das sagst. Komm, wir gehen zu den Medusen.»

Ein paar Stufen führen uns hinunter zu einem Becken, an dem zwei Säulen stehen. Die Säulen ruhen auf zwei riesenhaften Frauenköpfen, von denen der eine auf dem Kopf steht und der andere mit der Wange auf dem Boden.

«Sieht aus, als wären die falsch montiert worden.»

«Das haben Wissenschaftler früher auch gedacht. Aber dann haben sie herausgefunden, dass die so herum gehören!» Sie lächelt. «Die sehen aus wie wir beide, oder? Eine steht gerade kopf. Und die andere hat sich in der horizontalen Lage in Schwierigkeiten gebracht.»

Ich muss lachen. «Wer sagt, dass ich dabei in der Horizontalen lag?»

«Keine Details bitte!»

«Ich sitze beim Sex immer oben!», rufe ich ihr hinterher, während sie sich wieder auf den Weg zurück zum Holzsteg macht.

Eine Familie, von der ich jetzt erst bemerke, dass sie deutsch spricht, starrt mich entgeistert an.

Als wir wieder hinaustreten, ist das Licht so grell, dass ich im ersten Moment nicht erkennen kann, wo wir sind. Dann sehe ich, wie Viktoria auf einen Wachmann zutritt. Der deutet auf die andere Straßenseite.

«Komm», sagt sie. «Can ist dort in dem Teppichgeschäft.»

Ich habe Mühe, ihr zu folgen, so schnell geht sie schon wieder los. Wir betreten ein elegant aussehendes Kaufhaus, in dem Schmuckstücke hinter Vitrinen schimmern. Große handgewebte Kelims hängen an der Wand. An einem niedrigen Tisch sitzen zwei Männer und trinken Çay. Sie blicken auf, als wir auf sie zugehen. Einer der beiden trägt die dunkelblaue Uniform eines Wachmanns. Kein Erkennen zeigt sich in seinem Blick.

«Can Ocak?», fragt Viktoria. Der Unifomierte nickt, dann deutet er auf zwei leere Stühle. Er sieht alt aus, aber nicht wie zweiundsiebzig. Einzelne graue Fäden ziehen sich durch sein Haar und seinen Bart.

Viktoria lässt sich auf dem angebotenen Stuhl nieder und spricht mit ihm. Der Mann hört ihr ernsthaft zu. Ich bleibe so lange unschlüssig stehen. Langsam werde ich unruhig. Ist er es jetzt – oder nicht?

Endlich erhebt sich Viktoria und nickt mir zu. «Lass uns gehen», sagt sie. «Er ist es nicht.»

Draußen lehnt sie sich an eine Mauer. Auf einmal wirkt sie furchtbar erschöpft. «Ich werde ihn nicht mehr finden», sagt sie. «Das habe ich im Gefühl.»

«Unsinn, Viktoria, das war doch erst der Dritte! Wir haben noch nicht einmal die Hälfte durch!»

«Nein, ich weiß nicht. Und selbst wenn ich ihn wiederfinden sollte – was erwarte ich eigentlich? Dass er mich in die Arme schließt und sagt: Na, endlich bist du da?»

«Ja, so etwas können Menschen durchaus tun, wenn sie sich lange nicht mehr gesehen haben.»

«Ich muss verrückt gewesen sein, als ich diese Idee hatte.»

«Was meinst du?»

Sie macht eine müde Handbewegung über die Touristen, die die Straße entlangströmen. «Das hier alles. Die Reise. Istanbul. Mein neuer Lebensabschnitt.»

«Jetzt hör mir mal gut zu.» Ich zwinge sie, mich anzublicken. «Du bist müde. Das ist verständlich. Wir haben höllische Wochen hinter uns. Wir werden uns jetzt ausruhen. Und morgen ist ein neuer Tag.»

«Meinst du?» Viktoria sieht mich zweifelnd an.

«Ja, das meine ich.»

«Dann lass uns aber vorher noch was essen gehen.» Ein kleines Lächeln huscht über ihre Züge. «Erinnerst du dich noch an dieses Restaurant, von dem ich dir erzählt habe? Hoch oben auf dem Dach? Es ist ganz in der Nähe. Ich lade dich heute Abend ein.»

«Ich fürchte, etwas anderes wird dir auch nicht übrigbleiben», sage ich bedauernd. «Du kennst ja meinen Kontostand – besser als ich selbst.»

Ich weiß nicht, ob es an der Stimmung liegt, in der Viktoria seit dem Besuch in der Zisterne ist, oder daran, dass wir mit unseren Kräften einfach nur am Ende sind. Aber ich fühle mich wirklich beunruhigt, während wir uns auf den Weg ins Restaurant machen. Das Restaurant hoch oben auf der Dachterrasse – es ruft irgendeine Erinnerung in mir wach.

Was war es noch genau, was Viktoria mir darüber gesagt hat? Irgendetwas war an diesem Ort. Wir biegen in die Straße ein, in der dieses Restaurant liegt. Ich blicke auf das Messingschild. Dann steigen wir in den Fahrstuhl. Und plötzlich durchfährt mich ein Schreck. «Viktoria, den wievielten haben wir heute?»

«Den Sechsten, glaube ich. Warum?» Die Fahrstuhltüren öffnen sich, und wir werden von einer Gruppe Menschen, die hinter uns stehen, hinausgeschoben.

«Weil ich mich am sechsten Juni mit Zlatko in Istanbul verabredet habe.» Wir gelangen in eine Bar. Sofort sind wir in einer Traube von Menschen gefangen, die in Richtung Treppe streben. Wir können gar nicht anders, wir werden mitgeschoben, mitgezogen. Und dann sind wir oben angelangt und haben den unglaublichsten Blick über die Stadt und den Bosporus. Über der Blauen Moschee geht die Sonne unter. Der Himmel ist ein Aquarell in Gelb und Blau.

«Du hast dich am sechsten Juni mit Zlatko verabredet?», fragt Viktoria langsam. «Wo?»

«Im Seven-Hills-Restaurant. Wie heißt dieser Laden?»

Viktoria blickt auf einen Punkt hinter mir und erstarrt. Dann sagt sie langsam: «Seven Hills.»

In diesem Moment fühle ich eine Hand auf meiner Schulter. «Was für eine wunderbare Überraschung», höre ich eine vertraute Stimme. «Die schöne Isabel!»

23. KAPITEL

Mein Herz beginnt vor Angst zu rasen. Zlatko hat uns tatsächlich gefunden. Und das ist ganz allein meine Schuld – denn ich habe vergessen, dass er mir diesen Treffpunkt vorgeschlagen hat. Wie konnte ich denn nur so dumm gewesen sein? Und warum habe ich nicht daran gedacht, welchen Tag wir heute haben? Viktoria und ich hätten uns einfach verstecken können, es wäre uns nicht schwergefallen in einer Dreizehn-Millionen-Metropole. Ich blicke mich panisch um. Ist die Polizei schon hier?

«Du scheinst dich aber nicht besonders zu freuen, mich zu sehen!» Zlatko nimmt meine Hände. Ich entreiße sie ihm mit einem Ruck.

«Was glaubst du, warum ich nicht mehr auf deine Anrufe reagiert habe?», zische ich.

Zlatko legt seine schöne Stirn in Falten. «Das sind sicher deine Gewissensbisse als verheiratete Frau.»

«Tu doch nicht so scheinheilig! Du hast mich doch aus einem bestimmten Grund gesucht!»

Zlatkos hellgrüne Augen leuchten belustigt. «Ah, immer noch so leidenschaftlich! Auch das liebe ich an dir, Isabel!»

Inzwischen richten sich die Blicke der anderen Gäste auf uns. Das Seven Hills scheint ein sehr nobles Restaurant zu sein. Auf den Tischen liegen gestärkte Decken, die Leute tragen Smoking und Abendkleid. Champagnerkübel schimmern zwischen silbernen Platten voller Meeresfrüchte. Ein Kellner tritt auf uns zu und fragt uns auf Englisch, ob wir reserviert haben. Viktoria antwortet ihm leise auf Türkisch.

Zlatko versucht noch einmal, meine Hände zu nehmen, und lächelt mich an. «Ich wollte einfach nur einen kleinen

Ausgleich für den Schaden haben, den du verursacht hast. Eine Liebesnacht zum Beispiel. Ich meine, Menschen brauchen Liebe. Das ist menschlich, weißt du. Und ich glaube nicht, dass irgendetwas groß dagegen spricht.»

Ich starre ihn an.

«Obwohl ich nichts gegen Geld einzuwenden hätte. Ja, Geld wäre auch ganz okay.»

Der Mund wird mir trocken. «Was meinst du damit?»

«Mein Auto ist Schrott, und ich habe keinen Führerschein mehr. Das ist alles nicht besonders schön, oder?»

Mein Herz hämmert vor Angst und Wut. «Du wolltest mich tatsächlich finden, um die Belohnung zu kassieren!», schreie ich.

Zlatko beugt sich vor. Jetzt ist das Lächeln aus seinem Gesicht gewichen. «Hör zu, du schuldest mir etwas, du kleines Flittchen! Ich habe euch quer über den Balkan chauffiert! Ich musste betrunken fahren! Deinetwegen ist mein Auto komplett demoliert!»

Spätestens jetzt verstummen die Gespräche um uns. Aus den Augenwinkeln sehe ich, dass die Leute uns anstarren, teilweise mit offenem Mund.

«Jetzt hören Sie *mir* einmal zu!» Viktoria schiebt sich zwischen Zlatko und mich. «Isabel schuldet Ihnen überhaupt nichts! Sie kann überhaupt nichts dafür, dass Sie betrunken Auto gefahren sind! Sie kann auch nichts für den Autounfall! Und *Flittchen* nennen Sie sie gefälligst auch nicht mehr!»

«Also, dich habe ich ja von Anfang an gefressen, du alte Kröte!» Zlatko schubst Viktoria von sich fort.

Ein Raunen geht durch die Menge auf der Terrasse.

«Danke, die Antipathie ist ganz auf meiner Seite!» Viktoria schubst Zlatko zurück.

«Pass auf!», schreie ich, denn auf einmal sieht Zlatko aus,

als ob er sie schlagen will. Viktoria greift sich eine Champagnerflasche aus dem nächststehenden Kübel und gießt Zlatko den Inhalt über den Kopf.

Für den Bruchteil einer Sekunde scheint die Zeit stillzustehen. Aus Zlatkos Haaren tropft der Champagner, das weiße Hemd klebt nass an seiner Haut. Und dann bricht ein Tumult los. Zlatko ballt die Fäuste, die Kellner kommen schreiend herbeigelaufen, an den umliegenden Tischen werden hastig die Plätze geräumt.

«Bring dich in Sicherheit, Isabel!», ruft Viktoria, greift sich einen riesigen Hummer von einer der Silberplatten und richtet seine Scheren auf Zlatko. Der greift in die Innentasche seines Jacketts, doch Viktoria ist schneller. Mit einer raschen Bewegung rammt sie Zlatko eine der Hummerscheren in die Schulter. In diesem Moment ist ein Kellner zur Stelle und dreht Zlatko den Arm auf den Rücken. Zlatko wehrt sich und tritt um sich. Ein Tisch poltert zu Boden, Cocktailkrabben fliegen durch die Luft. Ein anderer Kellner reißt die Decke von einem der Tische, dass Teller und Gläser klirren. Er wirft Zlatko die Tischdecke über Kopf und Schultern. Zlatko flucht und brüllt und tritt um sich, aber der Kellner rafft die Tischdecke von hinten so, dass Zlatko seine Arme nicht mehr bewegen kann. Auf einmal tut er mir fast leid. Er sieht aus wie ein gefesseltes Gespenst.

Und dann höre ich von unten Polizeisirenen.

Natürlich werden auch wir auf dem Revier verhört, doch die Beamten sind sehr freundlich zu uns. Sie wollen wissen, was es mit dem Vorwurf auf sich hat, dass wir in Montenegro gesucht würden. Viktoria reißt entrüstet die Augen auf und hält einen langen Vortrag. Am Ende müssen wir etwas unterzeichnen und dürfen gehen.

«Wer Sprachen spricht, ist klar im Vorteil», lächelt Viktoria, als wir auf die nachtdunkle Straße hinaustreten. «Und wer die Ehrendoktorwürde von der Universität in Istanbul hat, weil er über den Einfluss von Kemal Atatürk auf die moderne türkische Literatur geforscht hat, der erst recht.»

«Ich kann gar nicht beschreiben, wie beeindruckt ich bin.»

Viktoria steuert auf einen Straßenstand zu, an dem ein Mann Köfte auf seinem Grill wendet. «Sag es in Naturalien.»

Ich sehe sie an. «Es tut mir so schrecklich leid. Dass ich mich überhaupt auf diesen windigen Typen eingelassen habe», meine ich. «Und dass ich dann dieses Treffen auch noch vergessen habe!» Ich fühle mich schrecklich. Und irgendwie auch beschmutzt.

«Ich hätte ja auch dran denken können», sagt sie und bestellt zwei Portionen.

Mit dem Köfte-Brot in der Hand schlendern wir zu der Fontäne zwischen Hagia Sophia und Blauer Moschee. «Lecker gewürzt», sagt Viktoria und beißt hungrig hinein.

Ich habe auch Hunger, aber irgendwie kann ich noch nichts essen. Lustlos wende ich das dampfende Brot in meiner Hand. «Viktoria ...»

«Ja?»

«Das hätte eben richtig schlimm ausgehen können!»

«Ist es aber nicht.»

Ich sehe sie an. «Wie kannst du nur immer so gelassen reagieren?»

Sie lächelt. «Weil ich meine Prioritäten habe. Ich will Can wiederfinden. Alles andere ist mir egal.»

«Wir werden ihn finden», sage ich. «Gleich morgen früh machen wir mit der Suche weiter.»

«Sehr gern», lächelt Viktoria, nimmt noch einen Bissen

und kaut. «Ich hoffe nur, dass du nicht schon wieder so lange schläfst!»

Wir sitzen auf der Dachterrasse unserer Pension, frühstücken und trinken Tee. Von dem Tisch mit Blick auf die Hagia Sophia dringen italienische Wortfetzen zu uns herüber, an den anderen haben sich Franzosen gesetzt. Um uns herum leuchtet die Stadt in der Morgensonne, aber ich bin düsterer Stimmung. «Und was, wenn Zlatko uns jetzt wiederfindet? Müssen wir uns dann wieder verkleiden? Sind wir eigentlich nur noch auf der Flucht?»

«Der nette Kommissar von gestern Abend hat mir versichert, dass er Zlatko über Nacht dabehält. Ich gehe davon aus, dass er sich nach seiner Entlassung augenblicklich auf den Heimweg macht.» Viktoria knabbert an einer schwarzen Olive und sieht nachdenklich aus. «Diese Hummerscheren können ganz schön scharf sein. Ich hoffe, ich habe ihm damit nicht wehgetan.»

«Soweit ich sehen konnte, hat er nicht geblutet.»

«Sicher? Dann bin ich beruhigt.»

Jetzt muss ich doch ein bisschen lachen. «O Gott, wie sie ihn mit der Tischdecke gefesselt haben! Und wie du ihm den Champagner über den Kopf gegossen hast!»

«Hast du das nicht auch in Prag getan? Mit unserem Champagner geduscht?»

«Vielleicht denkt Zlatko, dass das so ein komischer Brauch bei uns ist», kichere ich.

«Ich schätze, er denkt eher, dass wir vollkommen verrückt sind.»

«Oh, aber die armen Menschen, die sich den Hummer und den Champagner bestellt haben! Bestimmt hatten sie sich sehr auf ihr Essen gefreut!»

«Lass uns hoffen, dass sie sich nicht gerade einen Heiratsantrag oder so etwas machen wollten.»

«Also, wenn das so war, dann erzählen sie bestimmt noch ihren Enkeln davon!» Ich trinke einen Schluck Tee und sehe auf das Wasser. «Viktoria ... Wie kann ich das eigentlich jemals wiedergutmachen, was du für mich getan hast?»

Sie lächelt. «Bleib einfach noch eine Weile bei mir, zumindest bis ich Can gefunden habe. Es hilft mir sehr, dass ich bei dieser Suche nicht alleine bin.»

«Ich muss schon aus sehr selbstsüchtigen Gründen bei dir bleiben», erwidere ich. «Ich bin nämlich sehr neugierig auf deinen Can.»

Can Nummer vier wohnt in Beyazıt, in der Nähe der Uni. Die Fakultäten liegen über das gesamte Stadtgebiet verstreut, erklärt Viktoria, während wir uns durch den morgendlichen Andrang der Touristen auf den Weg machen. Aber in Beyazıt liegt das Hauptgebäude. Wir fahren mit der Tram dorthin. In den Waggons ist es so voll, dass wir stehen müssen. Nach einer Station, als noch mehr Menschen zusteigen, mache ich den Fehler, den rechten Fuß anzuheben, um die Position zu wechseln. Daraufhin kann ich während der restlichen Fahrt nur noch einbeinig stehen. «Lass uns hier aussteigen», sagt Viktoria, als die Tram anhält. Wir quetschen uns durch die entgegendrängenden Menschenmassen hinaus.

Einen Moment lang spüre ich etwas wie Bedauern, als ich all die jungen Männer und Frauen dem großen, alten Gebäude zustreben sehe, auf dem Üniversitesi steht. Eigentlich hätte ich auch gern studiert. Nicht, dass ich glaube, besonders gut darin zu sein, mich stundenlang in Bibliotheken und Archive einzusperren. Aber ich hätte gern etwas, in dem ich mich besonders gut auskenne. Irgendwas, von dem ich mein Leben lang sagen könnte: Ja, das ist mein Fachgebiet. Stattdessen kann ich Gesten und Stimmen anderer Menschen imitieren. Ich meine, es macht mir immer noch Spaß, keine Frage. Aber überflüssigeres Können gibt es ja wohl kaum.

Viktorias Züge leuchten. «Hach, das war eine tolle Zeit damals! Was haben wir immer diskutiert! Und gefeiert! Das würde ich gern noch einmal erleben! Gern auch wieder in Istanbul!»

«Das ist heutzutage alles ganz anders», verleihe ich meiner schlechten Laune Ausdruck. «Kein Schwein diskutiert mehr. Die Studenten von heute geben nicht mehr viel auf das gesprochene Wort, da wird nur gefacebookt und gewhatsappt.»

«Ich weiß zwar nicht, was das ist», sagt Viktoria. «Aber es klingt irgendwie pervers.»

Unser nächster Kandidat wohnt in einer Seitenstraße des Universitätsgeländes. Seltsamerweise fahren hier keine Autos. Wilde Gräser wuchern zwischen Ruinen. Dann stehen wir vor einem ziemlich baufälligen Haus. Eine Klingel scheint es hier nicht zu geben. Viktoria streicht sich die Haare zurück, dann legt sie die Hände wie einen Trichter vor den Mund und ruft. Im ersten Stock öffnet jemand ein Fenster. Ein Mädchen mit gepiercten Augenbrauen und buntem T-Shirt steckt den Kopf heraus und schreit etwas zurück.

«Can ist im Saraçhane Park», erläutert Viktoria, während wir den Rückzug antreten. «Ich nehme an, das war seine Enkelin.»

Unten auf der Straße bleibt sie kurz stehen und stützt sich mit einer Hand an einer Hausmauer ab. Ihr Gesicht ist knallrot.

«Alles in Ordnung?», frage ich.

«Ja.» Viktoria verzieht kurz das Gesicht. «Meine Knie tun mir nur in letzter Zeit so weh.»

«Kein Wunder», tröste ich. «Was wir auch alles schon gelaufen sind!»

Viktoria muss etliche Male fragen, um den Saraçhane Park zu finden. Sie sieht angestrengt und erschöpft aus, und ich frage mich, ob es nicht langsam zu viel wird für sie. Vielleicht sollten wir einen Tag Pause machen. Einfach mal einen Tag lang keine Tornados auf See überstehen, Schwangerschaften feststellen oder durch Europas größte Metropole rennen.

Die wummernden Bässe hören wir schon von weitem. Als wir näherkommen, sehen wir eine Gruppe von Jungs neben einem Ghettoblaster akrobatische Figuren vollführen. Einer, der ein grünes Tuch um den Kopf gewickelt hat, wirbelt auf dem Kopf stehend im Kreis. Breakdance – noch so etwas, was ich wahnsinnig gerne könnte. Aber um das zu lernen, ist es jetzt vermutlich auch zu spät. Und in meinem gegenwärtigen Zustand ...

«Faszinierend», sagt auch Viktoria, die dem Grünbetuchten dabei zusieht, wie er im Rhythmus der Musik auf einem Arm mit angewinkelten Beinen über den Rasen hüpft.

«Und was für Muskeln der hat!» Sein T-Shirt ist ihm über den Kopf gerutscht, und ich kann jeden einzelnen seiner Bauchmuskeln erkennen. Ich muss mich regelrecht dazu zwingen, nicht allzu offensichtlich hinzustarren. Bislang hatte ich nicht gewusst, dass es so viele Bauchmuskelstränge überhaupt gibt.

Seine Kumpels sehen weniger beeindruckt aus. Einer macht jetzt einen Rückwärtssalto und beginnt nun, seine Glieder auf noch unwahrscheinlichere Art zu verrenken. Der Grünbetuchte springt zurück auf die Füße und klatscht einen dritten Kumpel ab.

«Er ist jetzt zufrieden, oder?», lächelt Viktoria, als sie den High Five beobachtet.

«Bestimmt, das wäre ich an seiner Stelle aber auch!»

Eine Weile sitzen wir einfach nur so da und betrachten das Treiben der Breakdancer. Der Park sieht leider ziemlich groß aus. Ich befürchte, dass wir von Bank zu Bank gehen müssen, wenn wir unseren Gesuchten finden wollen.

«Vielleicht kennen ihn ja die Jungs hier», sage ich. «Wenn Can öfter in den Park kommt, sieht er ihnen sicher auch manchmal zu.»

«Ja, warum nicht?», sagt Viktoria. «Can stand musikalischen Neuerungen immer sehr aufgeschlossen gegenüber. Zuzutrauen wäre es ihm.»

Um Viktorias Knie zu schonen, ergreife ich diesmal die Initiative. Entschlossen trete ich auf einen der jungen Männer zu, die am Rand sitzen. «Excuse me, do you know an old man called Can Ocak, by any chance?», frage ich. Der Junge deutet auf den Grünbetuchten. «Over there», grinst er.

Sein Freund hat das Shirt jetzt ausgezogen. Ein leichter Schweißfilm schimmert auf seiner muskulösen Brust. Er bestätigt, dass er Can Ocak sei und fragt leicht verwundert, woher ich seinen Namen kenne. Ich frage ihn, ob er in der Straße wohne, in der wir soeben waren. Auch das bejaht er. Ich bedanke mich und gehe zu Viktoria zurück.

«Also, entweder hat dein Can das Elixier der ewigen Jugend entdeckt, und in diesem Fall werde ich gleich morgen mit dem Breakdancen beginnen. Oder wir liegen schon wieder falsch. Und jetzt lass uns besser abhauen, die gucken uns so komisch an, die Jungs. Vielleicht denken sie, wir seien auf der Suche nach einer ausgefallenen erotischen Erfahrung.»

Viktoria erhebt sich hastig. «Als ich meine Reise geplant habe, hatte ich diese Art von Abenteuer nicht im Sinn!»

Ich hebe die Hand, um ihr ein High Five zu geben. «Mir geht es genauso.»

«Nein.» Viktoria schüttelt den Kopf und verweigert das Abklatschen. «Wirklich zufrieden bin ich nicht.»

Can Nummer fünf wohnt in Eyüp, einem Stadtviertel, das etwas außerhalb liegt, am nördlichen Ende des Goldenen Horns. Viktoria hat sich an unserer Rezeption erkundigt, welcher Bus dorthin fährt. Ungeklärt bleibt, wie man die Fahrkarte dorthin löst. Im Bus, den wir besteigen, werden jedenfalls keine Tickets verkauft. Es entspinnt sich ein lebhaftes Gespräch zwischen Viktoria und dem Fahrer, an dessen Ende eine Mitreisende etwas lächelnd nach vorne reicht. Erst als der Fahrer dieses Etwas an seinen Scanner hält, begreife ich, dass die Frau gerade für uns bezahlt.

«Der Fahrer hat sie darum gebeten», flüstert Viktoria ungläubig.

Ich lächele die Frau an und bin dankbar und beschämt. Eine solche Situation kann ich mir in Deutschland nicht vorstellen: Zwei Türkinnen steigen ohne Fahrausweis in einen Bus, und dann bezahlt auf Bitten des Fahrers und ganz selbstverständlich eine Deutsche für sie. Ich beobachte Viktoria aus den Augenwinkeln. Sie sieht immer noch erschöpft aus, und sie verzieht ihr Gesicht, als tue ihr etwas weh.

«Geht es besser mit deinen Knien?», frage ich.

«Wie bitte?» Ihr Blick kommt wie aus weiter Ferne zu mir zurück. «Ach so, die Knie, ja, die sind wohl in Ordnung. Ich habe nur gerade an unsere nächste Begegnung gedacht. Und an die übernächste und die letzte. Ehrlich gesagt mache ich mir keine großen Hoffnungen mehr.»

«Du glaubst nicht, dass Can in diesem Vorort wohnt?»

«Ich kann es mir nicht so recht vorstellen, nein. Also, vielleicht wohnt er schon in einem Vorort. Die Stadt soll ja sehr teuer geworden sein, viele Istanbuler sind in Vororte gezogen. Aber Eyüp ist ein konservatives Viertel, in dem viele strenggläubige Muslime wohnen. Ich kann mir nicht vorstellen, dass mein Can sich dort wohlfühlen würde. Eyüp ist benannt nach einem Fahnenträger Mohammeds und so etwas wie ein Wallfahrtsort. Aber wer weiß, was aus Can so geworden ist ... Wie er heute über Religion denkt ...» Sie wendet sich ab und blickt zum Fenster hinaus.

Ja, wer weiß, denke ich. Ein halbes Jahrhundert ist eine Menge Zeit. Und vielleicht ist das letztendlich das Problem. Nicht, dass Can anderweitig gebunden ist oder alt und hässlich. Nein, er hat seinem Leben vielleicht eine vollkommen neue Richtung gegeben. Alles könnte aus ihm geworden sein: Großunternehmer, strenggläubiger Islamist, ein Langweiler.

Wir fahren eine Weile am Wasser entlang, die Straße wird breiter und ruhiger. Langsam schwindet das Gefühl, dass sich alles hier drängt und staut. Wiesen dehnen sich von der Straße bis zum Wasser, Familien sitzen darauf und picknicken. Dann biegt der Fahrer von der Straße ab.

Wir gelangen in eine hügelige Gegend, in der sich verfallene Häuser an die Hänge klammern. Wäscheleinen mit bunten Laken sind vor den Fenstern aufgespannt. Auf den schmalen Gehwegen tragen tief verschleierte Frauen ihre Kinder. Der Bus kämpft sich um eine Kurve und dann eine enge, steile Straße empor. Endstation. Hochhäuser ragen rings um uns auf. Viktoria will die Straße überqueren, und ich kann sie gerade noch rechtzeitig festhalten. Ein Mofa knattert in halsbrecherischem Tempo an ihr vorbei.

Es ist nicht leicht, sich in den Häuserschluchten zurechtzufinden. Alle Betonbauten sehen identisch aus. Aber schließlich haben wir das richtige Gebäude gefunden. Viktoria fährt mit ihren langen, gepflegten Fingern über die Klingelschilder, dabei funkelt ihr Ring in der Sonne. Sie sieht hier vollkommen deplatziert aus.

Als sie den Namen Ocak findet, drückt sie auf die Klingel, und wir warten. Nichts passiert, außer dass irgendwo ein Kind sehr laut zu schreien beginnt.

«Vielleicht ist er ausgegangen?», schlage ich vor, als es wieder still ist.

«Das, oder er schätzt keinen Besuch.»

«Wir könnten bei den Nachbarn läuten, um zu fragen.»

Viktoria blickt auf ein Totenkopf-Graffito an der Hauswand. «Die Nachbarschaft wirkt nicht so, als schätze man hier Besuch.»

Die Entscheidung wird uns abgenommen, denn in diesem Moment öffnet jemand die Tür. Es ist ein junges Mädchen ohne Kopftuch mit einem Stapel Bücher unter dem Arm. Viktoria fragt sie etwas, aber sie hebt nur bedauernd die Schultern und entschuldigt sich auf Englisch. Ihr Türkisch sei noch nicht so gut. Sie komme aus Deutschland, erzählt sie. Erstsemester in Istanbul.

Endlich beginnen Viktorias Augen wieder zu strahlen. Sie erzählt, dass sie ebenfalls in Istanbul studiert habe. Das Mädchen sagt, es wohne hier in einer deutsch-türkischen WG. Als wir sie nach ihrem Nachbarn Can Ocak fragen, will sie wissen, ob wir den Bankräuber meinen. Und ob wir von der Presse seien.

Viktoria erklärt, dass Can Ocak ein alter Freund von ihr sei. Daraufhin verabschiedet sich das Mädchen hastig und sagt, sie müsse jetzt ganz dringend zur Uni fahren.

Der nächste Nachbar, der heraustritt, sieht uns ähnlich misstrauisch an, als wir den Namen Can Ocak nennen. Can sei nicht da, erklärt er und was wir von ihm wollten. Als Viktoria antwortet, sie sei eine alte Freundin von ihm, wendet er sich rasch ab.

«Falls dein Can tatsächlich Bankräuber geworden ist, hätten wir eine gute Basis für die Zukunft», witzele ich. «Du kannst ja auch ganz gut mit Waffen umgehen, und außerdem brauchen wir Geld.»

Der nächste Mensch ist eine junge Mutter, die einen schwarzen Schleier trägt. Viktoria spricht sie höflich an, und die Frau reagiert sehr freundlich. Doch als Viktoria den Namen Can Ocak nennt, reißt die junge Frau entsetzt die Augen auf, nimmt ihre Kinder an die Hand und beginnt zu rennen.

«Also, jetzt bin ich *wirklich* neugierig auf diesen Can», versuche ich Viktoria aufzumuntern, die mit hängenden Armen hinter der Flüchtenden herschaut.

Ein riesiger Mann öffnet nun die Haustür. Er trägt ein T-Shirt mit kurzen Ärmeln, unter denen sich mächtige Oberarme wölben. Viktoria, die offenbar keinen erneuten Fluchtversuch tolerieren möchte, packt den Mann vorsorglich am Handgelenk. Es entspinnt sich ein längeres Gespräch, in dessen Verlauf ihre Züge aufleuchten. Dann holt sie aus ihrer Handtasche das Fotoalbum hervor und schlägt die Seite mit den Can-Bildern auf.

Der Mann beugt sich darüber und kneift die Augen zusammen. Zu seinen sicherlich beeindruckenden Körperkräften scheint nicht die Sehstärke zu zählen. Dann blickt er auf und lächelt Viktoria mit blitzenden Goldzähnen an. Er sagt etwas, das ich als eine Art «Er ist es» interpretiere, denn Viktoria legt ihm strahlend eine Hand auf den Arm.

Nachdem sie ein paar weitere Sätze mit dem Muskelmann gewechselt hat, wendet sie sich mir zu: «Can ist nicht mehr hier. Er musste sich vor der Polizei verstecken. Aber dieser freundliche junge Mann hier kennt sein Versteck! Er ist sogar bereit, uns hinzufahren. Ist das nicht toll?»

«Es ist komplett irre.»

«Ja, nicht wahr? Also wenn wir ...»

«Nein, es ist komplett irre von dir zu glauben, dass ich mit diesem türkischen Hulk zusammen einen gesuchten Schwerverbrecher aufsuchen werde. Auch wenn ich in den vergangenen Wochen manchmal nicht so gewirkt habe, aber mein Leben ist mir echt lieb!»

Viktoria funkelt mich an. «Du bist so eine Spießerin!»

«Und du bist so ein Hippie! Du glaubst immer noch daran, dass der Mensch im Grunde seines Herzens friedlich und wohlmeinend ist! Was meinst du, was uns bei diesem kriminellen Freund von ihm erwartet? Ein Meditationsstudio?»

Viktoria rollt mit den Augen. «Für wie naiv hältst du mich eigentlich? Natürlich meine ich das nicht! Außerdem, sollte der Herr Fisimatenten mit uns vorhaben, kann ich uns schließlich immer noch verteidigen.»

«Und womit? Mit Tarotkarten? Ja klar, zeig ihm einfach den Tod!»

«O mein Gott, Isabel, *du* bist die Naive von uns beiden! Ich habe eine Schusswaffe, das hast du doch selbst gesehen!»

«Unsinn, die hast du ins Meer geworfen, hast du gesagt!»

«Ja, hab ich gesagt, weil ich nicht wollte, dass du uns mit deiner Nervosität an der italienischen Grenze verrätst.»

«Nervosität?», schreie ich. «Was denn für eine Nervosität?»

«Siehst du, schon wieder.» Sie wendet sich zu Muskelmann um und lächelt ihm beruhigend zu. Er hat grimmig die Brauen zusammengezogen und klimpert mit einer Perlenschnur in seiner Hand. Sicherlich denkt er sich schon eine

Todesart für uns aus, die auch ein Kurzsichtiger problemlos umsetzen kann.

«Viktoria, jetzt lass uns mal kurz vernünftig miteinander reden. Denk doch mal nach! Wenn dein Can sich wirklich gerade vor der Polizei versteckt, dann hat er bestimmt keine Lust auf Besuch. Und ich verstehe auch nicht, warum diese tätowierte Muskelmaschine hier so bereitwillig zugesagt hat, uns hinzufahren! Da ist doch was faul!»

«Ich nehme an, er rechnet einfach nicht damit, dass von uns eine Gefahr ausgeht.» Viktoria zwinkert mir zu. «Er hält uns für harmlos, weil wir A alt und B schwanger sind.»

«Ach ja? Dann muss ich dir jetzt mal die Augen öffnen: Er hat recht!»

Viktoria lacht. «Jetzt sträub dich doch nicht so gegen unser kleines Abenteuer! Du willst es doch auch!»

«Ich nehme an, das sind genau die Worte, die dieses Muskeltier sagen wird, sobald wir uns auf dem nächsten Waldweg befinden!»

Viktoria sieht mich ernst an. «Diese Zlatko-Episode sitzt dir noch ganz schön in den Knochen, oder?»

Dir etwa nicht?, will ich einwenden, aber auf einmal bringe ich es nicht mehr über mich zu protestieren. Ich denke an unsere Fahrt im Bus und daran, wie bedrückt Viktoria ausgesehen hat. Was, wenn dieser Bankräuber tatsächlich ihr Can ist? Was, wenn wir nur diese eine Chance haben, ihn zu finden? «Ja, kann sein», sage ich. «Okay, lass uns fahren. Hulk hier sieht aus, als wäre Warten nicht so sein Ding.»

Zwei Minuten später sitzen wir in einem rostigen VW und keuchen einem unbekannten Ziel entgegen, von dem wir lediglich erfahren, dass es im Norden liegt.

Es dauert Ewigkeiten, bis wir die Stadt hinter uns gelassen haben. Allein anderthalb Stunden stecken wir auf einem Boulevard fest, eingeklemmt zwischen Myriaden von anderen Autos.

Es ist sehr heiß. Muskelmann flucht und schwitzt. Zwischendurch hämmert er mit der Faust auf sein Lenkrad und lässt ein langes Tuten ertönen, in das sogleich andere Autos mit einfallen, sodass ich nicht mehr verstehe, was Viktoria auf ihrem Beifahrersitz brüllt. Ach so, sie spricht mit Muskelmann. Der antwortet ihr, ohne den Finger von der Hupe zu nehmen.

Von hinten ist sein Kreuz so breit, dass er mit der linken Schulter gegen das Fenster stößt. Wenn er hupt, erheben sich die Muskeln aus seinem rechten Oberarm wie eine Gebirgskette. Ich versuche die Tätowierungen darauf zu entziffern, um Rückschlüsse auf seine Gesinnung zu ziehen, aber entweder war der Mann an der Nadel ein blutiger Anfänger, oder aber Muskelmann hat sich absichtlich Dada-Kunst auf seine Haut stechen lassen. Wird schon werden, denke ich, hauptsächlich um meine Angst zu unterdrücken. Tief in diesem Muskelberg verbirgt sich sicher ein weicher Kern. Vielleicht hat Hulk sich ja auch von Viktorias Geschichte über die Suche nach ihrer Jugendliebe rühren lassen. Ich sollte nicht immer so viele Vorurteile haben.

«Du, hör mal», sage ich zu Viktoria, nachdem das Hupkonzert mit einem gewaltigen Crescendo zu einem fulminanten Ende gelangt ist. «Deine Begeisterung in allen Ehren, und ich will ja auch keine Spielverderberin mehr sein und so. Aber findest du es nicht wenigstens ein ganz kleines bisschen merkwürdig, dass dein Can Bankräuber geworden ist? Ich meine – er hat doch immerhin Literatur studiert!»

«Da kannst du mal sehen», sagt Viktoria. «Hätte er sich

damals für Finanzwesen eingeschrieben, wäre ihm das nicht passiert!»

«Okay, ihr passt immer noch gut zusammen. Die Seniorenausgabe von Bonnie und Clyde.»

Viktoria lacht.

«Apropos berühmtes Gangsterpaar. Du hast also noch deinen Revolver dabei?», frage ich bemüht gefasst.

Sofort verfinstert sich Viktorias Miene. «Würdest du bitte ein international weniger verständliches Wort für Waffe verwenden?»

«Gern, aber ich muss dir sagen, ich finde es nicht besonders witzig, dass wir diverse Grenzen mit einer ... *Schusswaffe* im Handgepäck überquert haben. Kein Wunder, dass du nicht wolltest, dass Adolfo dein Gepäck durchsucht!»

«Was eine Dame in ihrer Handtasche trägt, geht auch keinen Mann etwas an.»

«Sicher, aber mach das mal einem Grenzbeamten klar.»

Viktoria winkt ab. «Mit denen kann man in der Regel sowieso nicht diskutieren. Diese Typen können furchtbar halsstarrig sein.»

«Und wo hast du die ... *Schusswaffe* die ganze Zeit über versteckt?»

«Das geht dich auch nichts an.»

«Nun sag schon.»

«Nein!»

«In puncto Halsstarrigkeit nimmst du es ja locker mit jedem Grenzbeamten auf!»

Ich lehne mich wieder zurück und wende mich ab. Jetzt, da sich der Wagen wieder in Bewegung gesetzt hat, bläst der Fahrtwind durch die geöffneten Scheiben. Muskelmann biegt auf eine breite Straße. Ich höre, wie Viktoria versucht, mit ihm ein Gespräch zu beginnen. Doch er antwortet ziemlich einsilbig. Vermutlich überlegt er gerade, wie er Bankräuber-Can beibringen soll, dass er das Versteck gemeinsam mit zwei unbekannten Frauen aufsucht. So hünenhaft er auch ist – er wirkt nun irgendwie in sich zusammengesunken. Viktoria dreht sich zu mir um und lächelt. «Der arme Mann ist so kurzsichtig, dass er mit der Stirn fast die Windschutzscheibe berührt.»

«O schön. Ich weiß nicht, was ich beunruhigender finde: dass wir zu einem Unterschlupf für Kriminelle fahren oder dass der Mann am Steuer den Gegenverkehr nicht einordnen kann.»

«Vermutlich hält sich das so in etwa die Waage.»

«Siehst du?», rufe ich aus. «Du bist von unserem Ausflug auch nicht restlos überzeugt!»

«Nein», lacht Viktoria. «Aber wer nicht wagt, der nicht gewinnt!»

Wir überqueren gerade eine Brücke, als Muskelmanns Handy klingelt. Er klemmt sich das Teil zwischen Ohr und Schulter, was lustig aussieht, weil er noch immer vornübergebeugt fährt. Sollte er jemals für die Rolle des Quasimodo vorsprechen, er würde sie bekommen. «Was sagt er?», frage ich Viktoria leise, denn irgendwie wirkt sein Ton jetzt ziemlich finster.

«Ich weiß es nicht», gibt Viktoria ebenso leise zurück.

Jetzt brüllt Muskelmann in sein Handy und gerät dabei ein bisschen auf die falsche Spur. Ein Wagen mit Anhänger zieht laut hupend an uns vorbei.

«Warum das denn? Ich würde sagen, er spricht laut und deutlich.»

«Ja, aber es ist kein Türkisch», erwidert Viktoria.

Muskelmann legt das Handy wieder weg, und Viktoria fragt ihn etwas. Es folgt ein kurzes Gespräch, und dann dreht

Viktoria sich zu mir um. Alle Fröhlichkeit ist aus ihrem Gesicht gewichen.

«Was ist?», frage ich beunruhigt.

«Unser Fahrer ist kein Türke. Und er muss einen Umweg zu irgendwelchen Kumpels fahren, die auch keine Türken sind. Anscheinend müssen wir noch jemanden mitnehmen zu Can.»

«Ja, gut, schlimmer als jetzt kann es nicht werden, oder? Ich meine, vielleicht kann die betreffende Person ja Auto fahren oder war so aufmerksam, mal zum Sehtest zu gehen.»

«Er kommt aus Montenegro», erklärt Viktoria. «Und der Typ, den wir jetzt gleich einladen, auch.»

24. KAPITEL

«Okay, ganz ruhig, wir dürfen jetzt nicht die Nerven verlieren. Es wäre ein zu großer Zufall, wenn der Typ ausgerechnet unser Polizist aus Montenegro sein sollte, oder? Außerdem, denk doch mal nach, wieso sollte ein montenegrinischer Polizist mit einem türkischen Bankräuber befreundet sein?» Ich probiere ein aufmunterndes Lächeln, aber meine Show ist erbärmlich. Ich muss mich nicht ansehen, um zu wissen, dass mir die blanke Panik ins Gesicht geschrieben steht.

«Ich denke nicht an den Polizisten», sagt Viktoria. «Sondern an die Tausende von Zeitungslesern in Montenegro, die unser Bild gesehen haben! Und es wäre jetzt *kein* zu großer Zufall, wenn einer von ihnen darunter ist!»

«Ja, aber warum sollten die uns verpfeifen? Wir sind eine

große Gangsterfamilie, so wie es aussieht! Da spielen wir doch alle im selben Konzert!»

«Warst du auch noch auf der Waldorfschule? Wie stellst du dir das Treffen mit den anderen schweren Jungs gleich vor? Dass wir einen Stuhlkreis bilden, oder was?» Viktoria legt sich eine Hand auf den Solarplexus, so, wie ich es früher auch immer getan habe, wenn ich Lampenfieber hatte. «Entschuldige bitte, mein Ton dir gegenüber ist nicht besonders freundlich. Es ist nur so ... Ich glaube allmählich, wir haben uns hier auf eine Sache eingelassen, die eine Nummer zu groß für uns ist!»

Die Stimme unseres Fahrers lässt sie herumfahren. Viktoria spricht mit ihm.

«Ich habe ihm erklärt, dass ich etwas Herzbeschwerden habe. Nicht dass er glaubt, wir wollten jetzt die Polizei rufen oder so was. Ein Blinder erkennt wohl, dass wir gerade ziemlich aufgebracht sind.»

«Und Hulk ist bloß kurzsichtig», versuche ich zu witzeln. Aber dann geht mir auf, was Viktoria soeben gesagt hat. «Stimmt das? Hast du wirklich Herzbeschwerden?»

Sie sieht mich böse an. «Jetzt bitte keine Fragen nach dem Befinden. Wir haben nun wirklich Wichtigeres zu tun.»

«Viktoria, wann hast du zuletzt deine Herztabletten genommen? Die dir der Arzt in Kroatien verschrieben hat?»

«Hör mal, welchen Teil des Satzes *Keine Fragen nach dem Befinden* hast du nicht verstanden? Übrigens: Wie sah dieser Polizist damals eigentlich noch mal aus?»

«Er hatte eine Wäscheleine um seinen Körper gewickelt.»

«Isabel, das ist nicht witzig!»

«Nein, das ist es wirklich nicht, aber, o Gott ...» Ich spüre, wie ein irrer Lachreiz in mir aufsteigt. «Ich stelle mir gerade vor, es ist tatsächlich unser Polizist und Hulk macht den Wagen auf und dann springen schon wieder wir zwei raus ...» Ich kann nicht mehr weitersprechen. Das Lachen schüttelt mich so sehr, dass mir die Stimme versagt.

«Jetzt ist es also so weit!» Viktoria ringt die Hände. «Du wirst verrückt!»

«Ich werde...!» Ich beuge mich mit dem Oberkörper nach vorn und umklammere schlapp vor Lachen meine Knie.

Hulk dreht sich zu mir um und kneift die Augen zusammen, um mich besser in Augenschein zu nehmen. Der Wagen schlingert. «Okay?», fragt er irritiert.

Ich fächele mir Luft zu. «Okay! Very ... okay!»

Viktoria sagt etwas, aus dem ich das Wort *Baby* heraushöre. Hulk stößt einen langen und lauten Fluch aus. Mist. Wahrscheinlich hält er mein Gelächter für Geburtswehen und fragt sich, wie zum Teufel diese Fahrt wohl enden wird. Das frage ich mich allerdings auch. Wie es aussieht, liegen unsere Nerven jetzt schon blank.

«Er war blond», sage ich, nachdem ich mich wieder beruhigt habe.

«Wie bitte?»

«Der Polizist. Er war blond. Du wolltest wissen, wie er aussah.»

Hulk lenkt den Wagen in eine schmale Seitenstraße. Wir ruckeln über Kopfsteinpflaster und bleiben schließlich vor einem alten, heruntergekommenen Haus stehen. Eine Tür geht auf. Und dann bleibt mir tatsächlich kurz das Herz stehen. Ein Mann tritt auf die Straße – und sein Haar leuchtet wie ein Weizenfeld.

«Owen Wilson!», bringe ich hervor, nachdem Hulk die Autotür hinter sich zugeschlagen hat.

«Ist der Mann ein Bekannter von dir?», fragt Viktoria.

«Ob Owen Wilson ein ... Das soll jetzt ein Scherz von dir sein, nicht wahr?»

Viktoria beugt sich vor, um den jungen Mann draußen genauer in Augenschein zu nehmen. «Nicht wirklich. Aber wer auch immer sich hinter diesem Namen verbirgt, es ist schon mal nicht unser montenegrinischer Polizist. Seine Nase war nicht so krumm.»

Meine Gedanken rasen. Owen Wilson, der Schauspieler. Was zum Teufel macht der hier? Inkognito Urlaub vermutlich. Und sein Plan scheint aufgegangen zu sein – ich kann nirgendwo Paparazzi erkennen. «Viktoria, du gehst nicht besonders oft ins Kino, nehme ich an?»

«Nun ja, in den letzten Jahren habe ich das Gefühl, ich hätte das alles schon mal gesehen. Entweder verlieben die sich, oder sie retten die Erde. Etwas gleichförmig, wenn du mich fragst. Also was ist nun mit diesem Wilson?» Sie dreht sich zu mir um und lächelt mich an.

«Vorsichtig, sie kommen!», stoße ich hervor. «Oh, und Owen Wilson sieht überhaupt nicht amüsiert aus. Bestimmt denkt er, dass wir Groupies sind oder so!»

«Ich bin kein Groupie!», sagt Viktoria empört.

«Hör zu, wir fragen jetzt nicht nach Autogrammen, wir löchern ihn nicht nach Hollywood-News, und wir fallen nicht über ihn her! Am besten, wir tun so, als würden wir ihn überhaupt nicht kennen.»

Viktoria will etwas erwidern, aber in diesem Moment geht die Autotür auf, und Hulk schiebt seinen mächtigen Schädel hinein. Nach einem kurzen Wortwechsel wendet Viktoria sich mir mit hochgezogener Augenbraue zu. «Blondie ist kein Gentleman, so viel kann ich dir schon mal verraten. Ich soll nach hinten gehen!»

Viktoria schwingt die Beine heraus, und ich beobachte, wie Owen Wilson mit einem strahlenden Lächeln auf sie zutritt und ihr die Hand hinstreckt. Also doch ein Gentleman?

Als Schauspieler hat er seine Mimik natürlich voll im Griff. Viktoria dreht sich halb zu mir, tippt sich auf eine Stelle unterhalb ihres Auges, zwinkert mir zu und übersieht absichtlich die ausgestreckte Hand. Owen Wilson lächelt tapfer weiter, aber ich kann sehen, dass er überrascht und etwas verärgert ist.

Als er schließlich vorne einsteigt, schnappe ich nach Luft. Der Mann duftet wie eine gut ausgestattete Parfümerie. «Hi», lächelt Owen Wilson mich an.

«Hi», lächele ich verhalten zurück.

Dann fahren wir los, und augenblicklich beginnen die beiden vorne ein lebhaftes Gespräch.

Viktoria lauscht und zieht ihre Stirn in Falten. «Ich wünschte, ich hätte auch mal Serbisch gelernt.»

Ich durchpflüge meine interne Suchmaschine nach Informationen über Wilsons Herkunft, erziele aber keine Treffer. «Woher nur kann Owen Wilson Montenegrinisch? Das ist alles sehr rätselhaft.»

«Ach, ihr seid Deutsche!» Owen Wilson strahlt plötzlich über das ganze Gesicht, als er sich zu uns umdreht. «Und ich habe mich schon gefragt, warum ihr so schüchtern seid! Dann ist ja alles klar!»

«Und Sie sind ein amerikanisches Sprachtalent?», gibt Viktoria zurück.

Owen Wilson lacht schallend. Seine Backenzähne sind vergoldet. «Nein, ich komme aus Montenegro, aber meine Mutter ist Deutsche. Ich heiße Milan – aber einen Moment lang haben Sie geglaubt, dass ich Owen Wilson bin, ja?» Wieder funkeln seine Zähne.

Ich gebe laut zu, dass ich tatsächlich diesem Irrtum aufgesessen war. Milan erklärt, dass er unterwegs zum großen

Doppelgängertreffen am Schwarzen Meer sei. Ich deute mit dem Kopf auf unseren Fahrer, dessen Gesicht schon wieder an der Frontscheibe klebt. «Hulk auch?»

Milan nickt und lächelt. «Und er wird sich sehr freuen, dass Sie ihn so genannt haben. Er will nämlich dieses Jahr die Rolle des Hulk gewinnen!»

Mit Milan im Auto wird die Fahrt gleich viel fröhlicher. Wir erfahren alles von ihm: Er habe Automechaniker in Stuttgart gelernt und als Owen Wilson schon ein paar Regionalwettbewerbe gewonnen. Nun wolle er beim europäischen Wettbewerb kandidieren. Die Konkurrenz sei nicht ohne, erklärt er. Es gebe insgesamt fünf Owen-Wilson-Doppelgänger in Europa, und alle seien ziemlich gut. «Ich wette, Sie sind der Beste!», lächele ich ihn an, woraufhin Viktoria mich etwas streng anguckt.

«Was denn?», flüstere ich ihr zu.

«Nicht über ihn herfallen!», gibt sie leise zurück. «Devise, die du selbst ausgegeben hast! Ist erst fünf Minuten her!»

«Verdammt, ich habe nicht vor, über ihn herzufallen! Ich denke bloß, dass er echte Chancen hat, den Wettbewerb zu gewinnen!»

Wir fahren jetzt auf einer breiten Straße. Hulk atmet auf und lehnt sich zurück. Sicherlich befürchtet er jetzt weniger, dass unvorhergesehene Hindernisse auf der Fahrbahn auftauchen. Vor uns dünnt sich die Besiedlung allmählich aus. Viktoria beugt sich vor, um ihn etwas zu fragen. Im Rückspiegel erkenne ich Hulks Gesicht. Er grinst.

Ich zupfe Viktoria am Ärmel ihrer Bluse. «Was ist los?»

«Ich wollte wissen, ob Can auch beim Doppelgängerwettbewerb mitmacht. Aber unser Fahrer meint, dass ich mich überraschen lassen soll.»

«Verdammt, nichts als Überraschungen! Allmählich bin ich das aber leid!»

«Siehst du, mir geht es genauso! Wenn ich wüsste, als was Can geht, hätte ich einen Hinweis darauf, wie er jetzt aussieht! Und ob er es auch wirklich ist!»

«Aber diese Frage ist doch geklärt, oder? Hulk hat Can auf dem Foto wiedererkannt!»

«Ja, aber was will das schon heißen? Das Foto ist ein halbes Jahrhundert alt!»

Ich blicke zu den Männern nach vorn. Owen Wilson hat sich eine Zigarette in den Mundwinkel geklemmt und kramt in Hulks Handschuhfach zwischen den Kassetten herum. «Da ist noch etwas, was mir irgendwie komisch vorkommt», sage ich leise. «Wieso eigentlich nimmt ein gesuchter Bankräuber an einem Wettbewerb für Doppelgänger teil?»

«Die Sache ist von Anfang bis Ende merkwürdig», stimmt Viktoria mir zu.

Ich wache davon auf, dass lautes Geschrei und Musik an mein Ohr dringen. Als ich die Augen öffne, sehe ich, dass wir auf einem Parkplatz stehen. Es muss später Nachmittag oder früher Abend sein, denn die Sonne steht schon recht tief. Der Wagen ist leer, aber in ein paar Metern Entfernung erkenne ich Viktoria, die mit Milan und Hulk auf einer Art Parkplatz steht. Ich öffne eine Autotür und klettere benommen hinaus.

Das Gebrüll wird augenblicklich ohrenbetäubend. Viggo Mortensen steht vor mir, komplett in Aragorn-Kluft mit Lederhemd und Schwert. Er scheint äußerst beglückt, mich hier zu sehen. «Christina Hendricks!», ruft er mit deutlich türkischem Akzent und schüttelt mir die Hand.

«Isabel Magnussen», korrigiere ich ihn.

«Ah, ich hätte schwören können, dass du als die tolle Rothaarige aus ‹Mad Men› auftrittst!» Viggo Mortensen spricht englisch, wenn auch nur mit meinen Brüsten. «Du hast ähnlich faszinierende Kurven wie sie.»

Viktoria reibt sich die Hände. «So, gut dass du wach bist. Wir gehen jetzt zu Can! Unser Fahrer ruft ihn gerade an, um herauszufinden, wo er steckt.»

An einem Grillstand erkenne ich Josef Stalin, der gerade Fisch isst und sich dabei mit Brigitte Bardot unterhält.

Viktoria zieht mich von Viggo Mortensen weg, der mich immer noch bewundernd ansieht, und wir gehen zu Hulk hinüber, der soeben sein Handy in der Gesäßtasche verstaut. Er sieht noch grimmiger aus als vorhin.

«Can ist alles andere als erfreut darüber, dass er Besuch bekommt», fasst Viktoria das Gespräch mit Hulk zusammen.

«Weiß er denn, dass *du* diejenige bist, die ihn besucht?»

«Ja, Hulk hat ihm wohl meinen Namen genannt, aber er scheint sich nicht an mich zu erinnern. Na ja, es ist ja nun auch schon eine Weile her!»

An der Art, wie die Muskeln in ihrem Gesicht arbeiten, erkenne ich, dass sie angespannter ist, als ihr Ton vermuten lässt. Ich möchte ihr etwas Aufmunterndes sagen, aber mir fällt nichts ein. Was ist wohl schlimmer: dass es nicht der richtige Can ist? Oder dass der richtige Can sie schon längst vergessen hat?

Schweigend drängen wir uns durch das Gewühl. Erst jetzt bemerke ich, wie viele Fotografen und Kamerateams überall herumstehen. Die Luft riecht salzig und frisch. Nun flammen die ersten Lichter an den Ständen und Zelten auf. Der Abend senkt sich über den Platz.

Und dann hebt Hulk die Hand und winkt jemandem zu. Hinter einer Boy Group, die gerade Tanzschritte übt, steht ein alter Mann in bodenlangem weißem Gewand und winkt zurück. Vor Überraschung bleibe ich stehen. «Du heiliges bisschen! Der Papst!»

«Der emeritierte Papst!», korrigiert mich Viktoria. «Nun ist er es ja nicht mehr.»

Josef Ratzinger lässt die Hand wieder sinken, wühlt in den Weiten seines weißen Kittels und zieht eine Schachtel Zigaretten hervor. Er kneift die Augen zusammen, während er sich eine anzündet, und nimmt Viktoria ins Visier. «Merhaba», grüßt er, als wir endlich vor ihm stehen.

«Merhaba», gibt Viktoria zurück und streckt die Hand aus.

Der Papst blinzelt etwas verblüfft, dann reicht er ihr die Schachtel Zigaretten. Viktoria fängt an zu lachen und schüttelt den Kopf. Währenddessen blickt Hulk zwischen den beiden hin und her.

«Und?» Ich kann die Spannung nicht mehr ertragen. «Ist er es nun, oder ist er es nicht?»

Viktoria dreht sich zu mir um und lächelt. «Was ich jetzt sage, meine ich leider wörtlich: Der hier ist nicht mein Typ.»

«Aber du scheinst seiner zu sein.» Ich beobachte, wie der Papst Viktoria unverhohlen mustert und dann ein paar Worte mit Hulk wechselt. Hulk zieht die Schultern hoch und spuckt aus.

Und dann ist es dunkel. Wir sitzen auf Bänken und Stühlen unter freiem Himmel und trinken Tee. Der Schein von Lichtern und Fackeln tanzt auf den Gesichtern der Menschen um mich herum. Viktoria und Can, der Papst, beginnen ein lebhaftes Gespräch. Am Ende steht Can auf, streicht sich seinen weißen Kittel zurecht und reicht Viktoria die Hand. Während er in der Dunkelheit verschwindet, erzählt sie mir, dass er seine Banksünde bereue. «Und dann hat er mich gefragt, ob ich mit ihm ausgehen will.»

«Meinen Segen hast du», kichere ich.

«Ich finde, er sieht Josef Ratzinger wirklich sehr ähnlich. Dabei heißt er mit zweitem Namen Mohammed, ist das nicht witzig?»

«Schätze, sein Gott hatte Humor. Aber was machen *wir* zwei denn jetzt eigentlich? Gibt es einen Bahnhof hier?»

«Ja, aber es fahren heute Abend keine Züge mehr, sagt Can. Wenn wir wieder nach Istanbul zurückwollen, müssen wir per Anhalter fahren.»

«O nein, ich will nicht schon wieder nachts trampen! Ich habe auf dieser Reise schon genügend dunkle Erfahrungen gemacht!»

«Möchtest du dann lieber hierbleiben?»

«Nein, die Aussicht, an der frischen Luft zu schlafen, gefällt mir ebenso wenig.»

«Kann ich verstehen.» Viktoria weicht ein Stück zur Seite, als ein Mann, der wie Serge Gainsbourg aussieht und eine filterlose Zigarette raucht, sich schwer atmend auf die Bank zwischen uns drängt. «Auch wenn die frische Luft gerade weicht.»

Wir schütteln Hulk und Can die Hände. Owen Wilson alias Milan ist nirgendwo mehr zu sehen. Vermutlich checkt er die Owen-Wilson-Konkurrenz. Und so machen wir uns wieder auf den Weg.

Zum Glück herrscht auf der Landstraße immer noch Verkehr. Scheinwerfer gleißen uns entgegen, rote Punkte entfernen sich, es ist ein reges Kommen und Gehen.

«Aber wenn kein Auto vorbeifährt, ist es hier stockfinster», murrt Viktoria. Sie wirkt auf einmal niedergeschlagen und müde. Kein Wunder, es war ein langer Tag. «Hach, was ist das Bett gemütlich in unserer kleinen Pension!»

Ich hebe wieder den Daumen, denn jetzt nähern sich

Scheinwerfer vom Festival-Parkplatz her. «Also wirklich», ziehe ich sie auf. «Fällt dir denn nichts anderes ein, als immer nur zu schlafen?»

Ein Wagen hält, in dem zwei Menschen sitzen. Jemand lässt das Beifahrerfenster heruntersurren, und ich will gerade fragen, ob die beiden nach Istanbul fahren, als es mir vor Überraschung die Sprache verschlägt. Das Gesicht der Beifahrerin kenne ich.

«Die Doppelgängerin von Judy Durham!», rufe ich auf Englisch.

Die Frau mustert mich lange. Dann sagt sie mit der Stimme, die ich unter Tausenden heraushören würde, und in makellos britischem Englisch: «Da liegst du falsch. Ich bin Judy Durham selbst. Aber steigt ruhig ein.»

Das Taxi zu Can Nummer sechs biegt in eine Straße ein, die wie aus der Zeit gefallen wirkt. Menschen schlendern mitten auf der Fahrbahn. In den Cafés sitzen Männer und spielen Schach. Buntes Gemüse und Obst liegt in den Auslagen der Läden. Am Ende der Straße erhebt sich die Kuppel einer Moschee. Viktoria bittet den Fahrer anzuhalten, und wir steigen aus. Aus einem geöffneten Fenster wehen die Klänge eines Akkordeons zu uns herunter. Die Hektik der Großstadt scheint hier ganz weit fort. Ich bin unendlich müde und gleichzeitig vollkommen aufgedreht. Das Gespräch mit Judy Durham spukt mir noch immer durch den Kopf. Mit allem hätte ich gerechnet, nur nicht mit dem, was sie mir erzählt hat.

Eines der Geschäfte in der Straße ist mit goldenen Buchstaben verziert. Drinnen stehen marmorne Tische und ein holzgetäfelter Tresen. Es erinnert mich ein bisschen an das Café in Wien. «Hier ist es», sagt Viktoria.

Judy und ich haben am Abend zuvor E-Mail-Adressen getauscht. Ich habe ihr versprochen, dass ich ihr Geheimnis für mich behalten werde – dass sie nicht nach Indien fährt, um sich dort selbst zu finden, sondern ihren kleinen Bruder, der in Schwierigkeiten steckt. Mehr wollte sie darüber nicht sagen, aber das ist auch in Ordnung. Man muss nicht jeder Fremden sein Leben erzählen, nicht einmal wenn sie die eigene Synchronstimme ist. Ich habe auch verstanden, dass Judy die Serie satt hat, noch viel satter als ich. Wir haben uns über die Figuren in der Serie unterhalten wie über gemeinsame Freunde. Sie hat mir ihren Liebhaber vorgestellt, der Türke ist und etwas jünger als sie. Und ich habe ihr Viktoria vorgestellt und ihr erzählt, warum wir unterwegs sind. Wir haben verstanden – und das ist jetzt keine esoterische Erkenntnis –, dass unsere Leben mehr miteinander verflochten sind, als wir uns das vorstellen können, ihres und meines und das unserer Reisegefährten.

Es bimmelt über der Tür, als wir eintreten. Und dann bleibe ich staunend stehen. Dies ist das merkwürdigste Café, das ich je gesehen habe. Kaffee scheint es hier jedenfalls keinen zu geben und noch weniger Kuchen. Soweit ich sehen kann, gibt es hier nur ein Gericht zu bestellen, und das ist Pudding. Vierzig oder fünfzig Gläser mit weichem vanillefarbenem Pudding stehen aufgereiht auf der Theke. Dahinter stehen vier Männer in weißen Hemden und weißen Kochmützen und nicken uns bei unserem Eintreten ernsthaft zu.

«Wer von ihnen, glaubst du, ist es?», flüstere ich, als wir an einem der Marmortischchen Platz nehmen.

Viktoria schaut langsam von einem zum anderen. Unter ihren aufmerksamen Blicken werden die vier Kochmützen sichtlich nervös.

Einer von ihnen nähert sich uns nun und fragt uns nach

unseren Wünschen. Ich schaue zu den Nebentischen hinüber. Pudding, so weit das Auge reicht.

«Also, ich nehme schon mal den Pudding», sage ich zu Viktoria.

Wir bekommen die Gläser auf einem Tablett serviert. Ich tauche den Löffel ein und schließe genießerisch die Augen. Der Pudding ist mit Zimt bestäubt. Und er schmeckt ganz anders, als ich erwartet hätte, nicht nach Vanille, eher nach Frucht.

«Was auch immer es ist, ich wünsche es mir zu meinem nächsten Geburtstag!»

Viktoria lächelt. «Das ist Boza», sagt sie. «Gegorene Hirse. Ich hatte vollkommen vergessen, wie gut das schmeckt.» Eine Weile lang sagen wir gar nichts mehr. Ich betrachte die blau gekachelten Wände und die Gemälde darüber. Ein Geschäft und nur ein Warenangebot darin – wie schön einfach man es sich machen kann!

Dann steht Viktoria auf, tritt an den Tresen und spricht einen der Männer mit den Kochmützen an.

Ich sehe, wie einer den Finger hebt. Viktoria beginnt ein Gespräch mit ihm.

Eine Minute später steht sie allerdings wieder vor mir. «Lass uns gehen», murmelt sie. «Er ist es nicht.»

Leider habe ich immer noch Hunger, als wir wieder auf die Straße treten. Außerdem sitzt mir die kurze Nacht in den Knochen. Es war fast zwei Uhr morgens, als Judy und ihr Freund uns vor unserer Pension abgesetzt haben. Und als ich am Morgen aufgewacht bin, war die Frühstückszeit in der Pension schon wieder vorbei.

«Ich glaube, es hat keinen Zweck mehr, dass wir weitermachen», sagt Viktoria plötzlich. «Ich glaube nicht mehr, dass ich ihn finde. Ich habe zu lange gewartet. Nun ist es zu spät.»

«Sag das nicht!», widerspreche ich. «Außerdem ist doch noch einer übrig! Can Nummer sieben! Wo wohnt denn der eigentlich?»

«In Cağaloğlu. Die Wohnung gehört angeblich zu einem Blumengeschäft.» Sie bläst verächtlich die Luft aus. «Blumen, ausgerechnet! Can hatte nie irgendwas mit Blumen im Sinn!»

«Ja, gut, aber man kann sich ändern, oder?», versuche ich sie zu trösten. «Vielleicht lief das mit der Literaturwissenschaft nicht so gut.»

Viktoria bleibt urplötzlich stehen. «Eines läuft auf jeden Fall richtig unrund, wie ihr jungen Leute es ausdrückt, aber das werden wir jetzt ändern!»

«Oh! Wir haben demnächst richtig viel Geld?»

«Das ist unser Ziel, aber erst mal werden wir etwas für unser Wohlbefinden tun!»

«Ich wäre die Letzte, die da ihr Veto einlegen würde.»

«Fein, dann besuchen wir jetzt einen Hamam.»

Das türkische Bad, das Viktoria im Sinn hat, liegt ebenfalls in Cağaloğlu. «Ich war dort schon als Studentin», erzählt sie, während wir durch eine Straße gehen, an der sich eine Konditorei an die andere reiht. Ich möchte am liebsten alles kaufen, was ich sehe. Die Naschereien sehen wie bunte kleine Kunstwerke aus. «Später, in meiner Berliner Zeit, habe ich versucht, so etwas wiederzufinden, aber das ist in Deutschland einfach nicht möglich. Nichts ist so gut wie ein türkischer Hamam!»

«Aber Can Nummer sieben!», wende ich ein und versuche, nicht allzu offensichtlich auf eine Auslage mit Halva zu starren, das mit Schokoladenpulver bestäubt ist. «Bist du denn gar nicht mehr neugierig? Wollen wir da nicht zuerst hingehen?»

«Ich will einfach mal an nichts denken müssen», erklärt Viktoria.

Der Hamam liegt in einer ruhigen Seitenstraße. Wir müssen ein paar Stufen hinabsteigen, um hineinzugelangen. Der Raum, den wir betreten, sieht aus wie eine Kreuzung aus Heiligtum und Jugendstilbad. Oben auf der Galerie gibt es Umkleidekabinen. Wir bekommen eine Menükarte vorgelegt, aus der wir auswählen können. Viktoria bestellt kurzerhand alles. In meiner Eigenschaft als Kassenwart versuche ich, sie davon abzuhalten, aber sie stellt sich taub. Wir durchqueren einen Gang, zu dem auch ein Innenhof gehört. Hier sitzen Menschen und halten Teegläser in ihren inzwischen sicher sehr sauberen Händen. Dann wird die Luft heiß und feucht. Zwei Frauen nehmen uns in Empfang und bringen uns zu einer Kabine. Viktoria sagt etwas zu der Frau, die mich begleitet. Die strahlt daraufhin und schlägt die Hände zusammen.

«Ich habe ihr gesagt, dass du schwanger bist», lächelt sie.

Was dann beginnt, ist eine Reise in himmlische Sphären. Wir werden in einen Raum mit einer Kuppel geführt, in deren Decke Sterne geschnitten sind. Das Sonnenlicht strahlt hindurch. Meine Waschfrau stellt sich als Nayla vor und führt mich zu einer steinernen Bank. Heißes und kaltes Wasser fließt aus goldenen Hähnen in ein Becken. Sie hält eine silberne Schüssel darunter und gießt mir das Wasser über den Arm. «So weitermachen!», lächelt sie und drückt mir die Schüssel in die Hand.

Ich gieße und gieße, fast fühle ich mich wie eine Blume. So muss es sich anfühlen nach langer Dürrezeit. Als ich kurz davor stehe, Knospen zu treiben, führt mich Nayla zu dem warmen marmornen Stein. Hier massiert sie mich und seift mich ein.

Irgendwann tippt sie mir auf die Schulter. Ich solle einmal gucken, was auf meiner Haut passiert. Ich öffne die Augen und kann es nicht fassen. War ich tatsächlich so schmutzig? Schwarze Fetzen fallen von mir ab.

Als wir wieder in die Sonne hinaustreten, habe ich das Gefühl zu schweben. Auch Viktoria strahlt wieder. Sie sieht phantastisch aus, viel jünger und glücklicher, fast wie ein neuer Mensch.

«Jetzt gehen wir zu diesem Blumenladen», sagt sie. «Und wenn das auch eine falsche Fährte ist ...»

«Dann machen wir eben einen neuen Plan!» Ich lächele sie an.

Ein Palmwedel kitzelt mir die Nase, als ich die Tür zu dem kleinen Laden aufstoße. Der Raum sieht aus wie ein exotischer Blütenwald. Knorrige Hölzer winden sich umeinander, und grün belaubte Zweige mit bunten Blumen stecken in Vasen aus farbigem Glas.

Eine Frau in meinem Alter begrüßt uns freundlich. Viktoria grüßt zurück und erklärt ihr Anliegen. Ich höre nur die Worte *Can Ocak* heraus. Und dann passiert etwas Merkwürdiges. Die Frau legt den Strauß Pfingstrosen nieder, den sie gerade einwickeln wollte, und starrt Viktoria an. Die Sekunden vergehen. Der Duft von Orchideen steigt mir in die Nase. Keine von uns spricht ein Wort.

«Viktoria Hanım?», sagt die Frau endlich, und ich muss nicht einmal hinsehen, um zu wissen, dass sie lächelt.

Viktoria nickt.

Die Frau sagt etwas, das ich nicht verstehe.

Und auf einmal wird Viktoria blass. Sie öffnet den Mund, doch es kommt nur ein Flüstern heraus.

«Die Blumenhändlerin ist Cans Tochter», sagt Viktoria heiser. «Ihr Vater ... Er hat gesagt, dass ich eines Tages zurückkommen werde. Zurück nach Istanbul, zu ihm. Ich ... Sie sagt, ich soll sofort zu ihm gehen. Er sitzt im Teegarten im Gülhane Park.»

25. KAPITEL

Ich kann kaum mit ihr Schritt halten. Und ich verstehe auch nur die Hälfte dessen, was sie mir sagt, denn jetzt sind wir wieder auf einer breiten Straße, Autos zischen an uns vorbei, die Straßenbahn rattert, Menschen sprechen durcheinander. Ich falle in einen leichten Laufschritt.

«... und dass seine Frau, also ihre Mutter, vor ein paar Jahren gestorben sei, hat sie gesagt. Und dass er ...» Ein Luftballonverkäufer brüllt mir sein Angebot ins Ohr.

«O Gott, Viktoria, meinst du, du wirst ihn wiedererkennen?», rufe ich, während ich neben ihr herhetze. Wie schafft es Viktoria nur, so große Schritte zu machen? «Ich meine, in diesem Teegarten sitzen jetzt bestimmt ganz viele Menschen, es ist Nachmittag, Teatime sozusagen ...»

«In Istanbul ist immer Teatime. Morgens, mittags, abends und nachts.» Viktoria macht einen Satz, um einem entgegenkommenden Skater auszuweichen. Ich hechte ihr hinterher.

Wir erreichen ein Tor in einer steinernen Mauer. Dahinter breitet sich das Grün bis zum Horizont aus. Auf den Rasenflächen picknicken verschleierte Frauen, Liebespaare halten sich auf Bänken verstohlen die Hand. Der Weg führt jetzt einen

Hügel hinauf. Weiter, immer weiter schlängelt sich der Weg in die Höhe. Dann tauchen aufgespannte Schirme vor uns auf: der Teegarten. Viktoria beginnt zu laufen. Ganz oben sind wir jetzt. Vor uns erstreckt sich glitzernd und blau das Meer.

Mindestens fünfzig Holztische stehen auf dieser Anhöhe. Ich lasse meinen Blick über den Teegarten schweifen. Einige Besucher haben ihre Tische zusammengeschoben und sitzen an einer langen Tafel. Andere bleiben für sich und schauen sich in die Augen. An einem Tisch ganz außen sitzt ein schlanker alter Mann und schreibt. Viktoria dreht sich zu mir um. Ihre Augen füllen sich mit Tränen.

«Das ist er», wispert sie.

Ich rühre mich nicht mehr von der Stelle. Diesen letzten Weg lasse ich Viktoria alleine gehen. Ich beobachte sie dabei, wie sie sich zwischen den Tischen hindurchschlängelt und wie sie jetzt vor dem alten Mann steht und ihn anspricht. Wie der Mann aufblickt und dann vor Überraschung seinen Stift fallen lässt. Wie er seinen Stuhl so heftig zurückschiebt, dass der umfällt. Wie er einen Schritt auf Viktoria zumacht und sie in die Arme schließt. Wie sie ihn an sich drückt.

Minutenlang stehen die beiden nur so da.

Es ist merkwürdig, wie glücklich man dabei sein kann, anderen beim Glück zuzusehen.

An den umliegenden Tischen verstummen die Gespräche. Sogar die Familie an ihrer langen Tafel unterbricht ihr Essen und sieht die beiden an.

Als die Sonne hinter der Tempelanlage im Park versinkt und die ersten Gäste aufstehen, um den Park zu verlassen, reden Viktoria und Can immer noch. Wir trinken mittlerweile die dritte Kanne Tee. Viktoria und Can halten sich an den Händen fest, so als seien sie frisch verliebt oder ein Leben lang verheiratet, das ist im besten Fall dasselbe. Sie wirken nicht so, als hätten sie sich seit achtundvierzig Jahren nicht gesehen. Viktorias Wangen sind rosig, und ihre Augen leuchten.

Can weint.

Ich kann es kaum ertragen, ihm dabei zuzusehen. Es tut mir in der Seele weh.

Und dann zucke ich zusammen, ich glaube, dass ich sogar etwas sage, nein, rufe. In meinem Bauch hat sich etwas bewegt.

Erst jetzt scheint den beiden meine Anwesenheit wieder bewusst zu werden. «Hast du Schmerzen?», fragt Viktoria.

Ein Glücksgefühl durchströmt mich. Es breitet sich von meinem Bauch aus, fährt mir in Arme und Beine und landet als Strahlen in meinem Gesicht. Ich lege die Hand auf die Wölbung. «Ich glaube, ich habe soeben die erste Bewegung meines Babys gespürt!»

Und dann erzählt Viktoria weiter, aber diesmal schließt sie mich mit ein. Sie deutet auf mich und macht dabei wilde Gesten, und daraus schließe ich, dass sie von meiner Schwangerschaft erzählt. Und von unserer Reise. Can reißt die Augen auf und schaut zwischen Viktoria und mir hin und her. Er hat ganz weiße Haare und dunkle Flecken auf seinen Händen. Und er hat ein schönes, ebenmäßiges Gesicht. Seine Finger sind genauso lang und elegant wie Viktorias. Wenn ich blinzele, erkenne ich in seinen Zügen die des jungen Mannes auf der Schwarzweißfotografie. Ein Student der Literaturwissenschaft, der sich in eine Deutsche verliebt hat und sie sein Leben lang an seiner Seite haben will. Er schreibt Gedichte, erzählt Viktoria. In ihren Augen leuchtet schon jetzt der Besitzerstolz.

Der Himmel ist dunkel über dem Bosporus. Lichtpunkte ziehen langsam über das Wasser, dort, wo die Schiffe unterwegs sind. Can schlägt uns vor, etwas essen zu gehen. Wir verlassen den Park durch einen anderen Ausgang und schlagen einen Weg in Richtung Ufer ein. Die Luft ist erfüllt von Rauchschwaden, es riecht nach Gewürzen und gegrilltem Fisch. Mir ist schon wieder flau vor Hunger. Der zimtbestäubte Pudding ist ja schon wieder lange her.

Can führt uns in eines der Fischrestaurants unter der Galatabrücke. Mittlerweile ist die Stadt nachtdunkel geworden, nur die Leuchtreklamen und die Lettern der Geschäfte leuchten grell und bunt. Wir setzen uns so, dass wir die Brücke im Blick haben, die den Bosporus überspannt. Alle paar Minuten wechseln ihre Farben, das Wasser darunter schimmert gelb und rot und blau. Viktoria und Can bestellen Wein und kleine Teller mit Köstlichkeiten, aber am Ende esse ich fast alles alleine, denn die beiden kommen vor lauter Reden nicht dazu, und wenn sie sich nichts erzählen, dann schauen sie sich nur an.

Irgendwann richtet Can scheu und in stockendem Deutsch das Wort an mich. Er fragt mich nach meiner Familie und meinem Beruf. Ich frage ihn nach seinem. An Viktorias erstauntem Blick erkenne ich, dass sie nicht wusste, dass Can Deutschkenntnisse hat.

«Nach Hülyas Tod habe ich Kurse genommen», erklärt er. «Ich bin sogar einmal nach Deutschland gereist.»

Viktoria bricht in einen türkischen Wortschwall aus. Can hebt Hände und Schultern. Viktoria redet weiter. Can entgegnet etwas. Jetzt sieht er fast trotzig aus.

«Kann das *bitte* mal jemand synchronisieren?», klage ich. «Ich verstehe die Handlung nicht mehr!»

Viktoria wendet sich mir mit blitzenden Augen zu. «Er stand tatsächlich vor meiner Tür! Vor fünf Jahren! Und dann hat er sich nicht getraut zu klingeln! Das stelle sich einer mal vor!»

«Weil ich dich gesehen habe!», stößt Can hervor.

«Die ist aber alt geworden, hast du dir wohl gedacht!»

Can schüttelt den Kopf. «Ich habe dich mit einem anderen Mann gesehen.»

Viktoria greift sich an den Kopf. «Das darf doch wohl nicht wahr sein! Du hast die ganze Fahrt von Istanbul nach Kiel unternommen! Aber weil ich in den achtundvierzig Jahren seit unserem letzten Treffen nicht wie eine Nonne gelebt habe, hast du mich nicht mal gegrüßt!»

Can schüttelt den Kopf. «Das ist es nicht», sagt er leise. «Ich dachte, du wärst verheiratet. Und glücklich. Ich wollte nichts in Unordnung bringen.»

«Oh, Can!» Viktoria greift nach seinen Händen und küsst sie. «Wir sind solche Dummköpfe!»

«Dummköpfe?», wiederholt Can.

Viktoria sagt etwas auf Türkisch.

Can lächelt und wiederholt das Wort. Dann streicht er mit seinem Zeigefinger vorsichtig über Viktorias Ring. Sie sieht ihn mit Tränen in den Augen an.

Ich würde gern fragen, ob es Cans Verlobungsring ist, aber ich mag nicht unterbrechen, und außerdem kann ich es mir denken. Natürlich ist er das.

Irgendwann setzen mich die beiden in ein Taxi und geben dem Fahrer Anweisungen. Viktoria steckt mir sogar noch etwas Geld zu. Ich komme mir vor wie ein Kind.

«Und du wirst jetzt die Nacht mit ihm verbringen?», frage ich sie.

«Natürlich», lacht sie. «Ich habe ja schließlich lange genug gewartet. Und wer weiß, wie viele Jahre uns noch bleiben?»

Ewige Jahre, will ich ihr sagen, und dass sie zeitlos und unsterblich wirkt.

Ich sehe den beiden durch mein Rückfenster zu, wie sie da Hand in Hand stehen und mir hinterherwinken.

Und dann bin ich zum ersten Mal seit Wochen allein.

Ich fühle mich ein bisschen verloren, aber auch vollkommen erschöpft. Zu Hause in der Pension schaffe ich es gerade noch so eben, mir die Zähne zu putzen. Dann rolle ich mich auf meinem Doppelbett zusammen und schlafe augenblicklich ein.

Als ich am nächsten Morgen erwache, finde ich einen Zettel auf dem Boden mit der Bitte, die Rezeption zu kontaktieren.

Der Mann unten lächelt mir entgegen. «Frühstückszeit ist jetzt leider schon vorbei!», sagt er auf Englisch.

Ich nicke und mache eine abwehrende Handbewegung. «Halb so wild.»

«Wie auch immer, eine Frau war hier und hat mir das hier für Sie gegeben. Bitte schön!» Er reicht mir ein Paket.

Als ich es auspacke, finde ich ein schlichtes Handy. Viktoria hat mir ein paar Zeilen dazugeschrieben. «Guten Morgen, kleine Schlafmütze! Das hier wirst du sicher brauchen. Ich habe jetzt übrigens auch eines. Hier ist meine Nummer. Can und ich warten auf dich.»

«Wir haben noch Tee oben», sagt der Mann. «Gehen Sie ruhig noch auf die Dachterrasse und trinken Sie!»

Ich wähle Viktorias Nummer und schaue dabei auf die Blaue Moschee. Es ist schon ganz schön heiß auf der Terrasse. Neben mir dampft der Tee.

Viktoria meldet sich nach dem zweiten Klingeln. «Ist es nicht phantastisch?», fragt sie.

«Ich weiß nicht genau, worauf du anspielst, aber falls du das Handy meinst, dann ja!»

Ich höre sie lachen.

«Viktoria, hör mal, ich würde dir gern sagen, dass du am Ersten alles zurückkriegst, aber du weißt, das würde nicht stimmen, also ... danke schön. Danke für alles. Ich ... ich bin einfach nur froh, dass es dich gibt!»

«Ich bin auch froh, dass es dich gibt, Isabel.»

«Habe ich dir eigentlich schon mal gesagt, wie toll ich dich finde?»

«Nein, aber jetzt spar dir die Rührseligkeiten, ich weiß ja sowieso, dass es die Hormone sind. Hattest du eine gute Nacht?»

Ich kichere. «Die Frage müsste viel eher lauten, ob DU eine gute Nacht hattest!»

«Keine Details, du kennst meine Devise.»

Ich muss noch mehr kichern. «Also ja.»

Ich höre sie lachen. «Das geht dich alles überhaupt nichts an. Also, was ist dein Plan heute? Wann sehen wir uns?»

«Willst du nicht lieber den Tag mit Can allein verbringen?»

«Doch, aber ein paar Stunden opfere ich für dich.»

«Ich weiß diese Aufmerksamkeit zu schätzen. Was schlägst du vor?»

«Bootstour zu dritt über den Bosporus. Anschließend lädt Can uns zum Essen in Beyoğlu ein.»

«Was gibt es da Tolles – abgesehen von toten Buchhändlern?»

«Lebendige Dichter. Und offenbar ein sehr gutes Restaurant.»

«Ich eile», sage ich. «Muss mich vorher nur noch selbst restaurieren.»

Und Carsten anrufen, denke ich. Auf einmal habe ich das dringende Bedürfnis, seine Stimme zu hören. Bei dem Gedanken daran, dass er in vier Tagen gemeinsam mit Lisa hier sein wird, klopft mein Herz.

«Hallo, Liebling!» Carsten nimmt schon nach dem dritten Klingeln ab.

«Woher weißt du, dass es dein Liebling ist?»

«Bei einer türkischen Vorwahlnummer gehe ich mal stark davon aus!»

«Was machst du gerade?»

«Ich bin in einer Unterrichtsstunde.»

«Du bist – was?»

«Ja, ganz richtig. Und ich mache mich gerade zum Gespött meiner Schüler, denen ich in jahrelanger, mühseliger Arbeit beigebracht habe, nicht während des Unterrichts zu telefonieren. Aber ich habe ihnen erklärt, dass dies hier ein Notfall ist!»

Ich höre leises Gelächter im Hintergrund.

«Es ist tatsächlich ein Notfall. Ich musste dir unbedingt sagen, dass ich dich liebe.»

«Das trifft sich phantastisch. Ich liebe dich auch. Hör mal, Isi, wir müssen noch einen Treffpunkt vereinbaren. Vielleicht irgendein schönes Restaurant? Auf einer Dachterrasse? Dafür ist Istanbul so berühmt, habe ich gehört!»

«O nein, kein Restaurant und keine Dachterrasse!», wehre ich hastig ab. «Aber ich glaube, ich weiß etwas anderes Schönes! Wir treffen uns im Innenhof der Blauen Moschee!»

«So machen wir das. Ist das die Nummer, unter der ich dich erreichen kann?»

«Ja, das kannst du», sage ich. «Jederzeit.»

Ich soll Viktoria und Can im Blumenladen treffen, was meinem Erinnerungsvermögen einiges abverlangt. Ich habe nämlich nicht auf den Weg geachtet, weil ich immer nur Viktoria hinterhergerannt bin. Außerdem ist der Gang dorthin der reinste Hindernislauf. Immer wieder bleibe ich in den herandrängenden Touristenmassen stecken oder werde von Händlern gebeten, mir ihre Teppiche, fliegenden Plastikvögel oder T-Shirts anzusehen. Mehrmals stehe ich kurz davor, Viktoria anzurufen und sie zu bitten, mich abzuholen. Gerade noch rechtzeitig merke ich, wie egoistisch das ist.

Als ich den Laden schließlich erreiche, fühle ich mich, als hätte ich einen Marathon zurückgelegt. Nicht, dass ich wüsste, wie das ist, dafür bin ich zu unsportlich. Aber ich reiße mich zusammen, mache das Victory-Zeichen und laufe jubelnd in die Ziellinie ein.

Victoria und Can lachen, als sie mich sehen. «Von mir bekommst du Gold», sagt Viktoria.

Wir trinken einen Tee inmitten der duftenden Blumen. Cans Tochter hat gerade eine neue Ladung Orchideen erhalten. Ihre weißen und violetten Blüten leuchten in Kübeln und Vasen überall im Raum.

Sie packt uns ein Lunchpaket ein, als ob wir die nächsten Wochen abseits der Zivilisation verbringen wollen. Wir bedanken uns und machen uns auf den Weg.

Das Schiff ist ein alter weißer Ausflugsdampfer. Außer uns sind nur türkische Familien an Bord. Orientalische Popmusik hämmert aus den Lautsprechern, ein alter Mann geht mit einem Tablett in der Hand herum und verteilt Tee in kleinen Gläsern. Ich bewundere sein akrobatisches Geschick. Als das Schiff über das Wasser schaukelt, balanciert er die vollen Gläser, ohne etwas daraus zu verschütten. Wir sitzen in einer Reihe auf der Bank und sehen zu, wie die Stadtlandschaft an uns vorüberbraust. Als wir mitten auf dem Strom sind, wendet sich Viktoria mir zu.

«Wir müssen jetzt mal über dich reden, Isabel.»
«Über mich?»

«Ja. Über mich gibt es nichts mehr zu sagen. Ich habe meinen Can gefunden und bleibe jetzt hier.»

«Du bleibst hier, ehrlich? Wirst du bei Can zu Hause wohnen?»

Viktoria nippt an ihrem Tee. «Ja, das werde ich. Obwohl ich davon ausgehe, dass wir uns früher oder später ganz schön auf die Nerven fallen werden. Sein Zimmer ist nämlich ziemlich klein.»

«Du wirst dir mit ihm ein kleines Zimmer teilen?» Irgendwie kann ich mir die elegante Viktoria nicht in der Minibude einer anderen Person vorstellen. Auch wenn diese Person ihre lang herbeigesehnte Jugendliebe ist.

«Can möchte es so», sagt sie. «Und ich will nicht schon wieder nein sagen. Das habe ich ja schon vor achtundvierzig Jahren ausprobiert und hinterher bitter bereut.» Sie lächelt. «Also, jetzt du.»

Jetzt ich. Auch das kommt ein bisschen plötzlich. Über mich und meine Situation habe ich in letzter Zeit so wenig wie möglich nachgedacht.

«Lisa und Carsten werden in vier Tagen da sein.»

«Das weiß ich. Aber was bedeutet das für dich?»

Ich blicke über die Reling auf das Ufer, das wir ansteuern. Auf den Hügeln oberhalb der Promenade thronen dunkel verwitterte Holzhäuser. Dazwischen erheben sich die Türme einer Moschee. «Was meinst du damit?»

«Ich meine, ob du dich auf sie freust!»

«O ja! Und wie ich mich auf sie freue!»

«Und du wirst mit ihnen heimkehren?»

Wieder blicke ich auf das Ufer. Genau das ist der springende Punkt. Ich will meinen Mann und meine Tochter wiedersehen. Aber ich habe keine Lust mehr auf mein altes Leben. Ich will etwas anderes, etwas Aufregenderes tun.

«Das weiß ich noch nicht», sage ich.

«Wenn du dir etwas wünschen könntest – was wäre das?» Viktoria sieht mich aufmerksam an.

«Dass es dem Baby gutgeht. Und Lisa. Und meinem Mann.»

«Fein. Und jetzt wünsch dir noch etwas Selbstsüchtiges!»

Ich muss lachen. «Etwas Selbst... Also, ich würde mir wünschen, mich immer so lebendig zu fühlen. Die letzten Wochen, das war so... Das war richtiges Leben.» Ich fühle, wie die Planken unter mir erbeben. Das Schiff legt an. «Da habe ich mich einfach glücklich gefühlt. So leicht. Obwohl...» Ich sehe Viktoria nachdenklich an. «Obwohl es ja alles andere als einfach war.»

Ich blicke über das Wasser in die Ferne. Die Stadt reicht bis zum Horizont. Häuser, Paläste, Tempel, Moscheen. Ein Meer von Menschen. Stürme von Gefühlen und Wünschen. Und jeder versucht, nicht unterzugehen. «Weißt du, mir ist bewusst geworden, dass ich so vieles überhaupt nicht kenne. So viele Orte, an denen ich noch nicht gewesen bin», setze ich hinzu.

«Du möchtest also reisen.»

Ich lächele sie an. «Ich glaube, das möchte ich, ja.»

«Und was spricht dagegen?»

«Carsten ist Lehrer. Er kann sich nicht einfach so freimachen. Und Lisa muss auch zur Schule gehen. Und trainieren.»

«Aber ihr könntet euch alle ein Jahr zusammen freinehmen. Ein Jahr bloß! Euch die Welt angucken!» Sie drückt meine Hand. «Jünger wirst du jetzt auch nicht mehr.»

Das Schiff braust wieder über das Wasser. Ich hole tief Luft. So, wie Viktoria es sagt, klingt es ganz einfach. Ja, ich könnte zumindest versuchen, mit Carsten darüber zu sprechen. Er ist mein Mann, mein Partner. Wer sollte meine Wünsche verstehen, wenn nicht er?

Ich weiß nicht, wie lange wir so weiterfahren. Wie aus weiter Ferne nehme ich den langgezogenen Palast wahr, an dem wir vorüberziehen. Und je weiter wir fahren, desto sicherer bin ich mir: Ja, ich will mit Carsten zusammen sein. Ich will Zeit mit Lisa und meinem Baby verbringen. Aber ich will auch unterwegs sein. Ich will Abenteuer erleben und andere Menschen kennenlernen.

Das ist es, was ich will.

Das Restaurant, in das uns Can ausführt, liegt in einer Seitenstraße der Istiklal Caddesi in Beyoğlu. Genauer gesagt ist es eine überdachte Passage zwischen zwei Gebäuden, deren Fassaden mit Stuck verziert sind. Dort, wo einmal die Fenster waren, hängen jetzt riesige Schwarzweißfotografien von alten Stadtansichten. Frauen in Korsetts, langen Röcken und mit großen Hüten spazieren mit Männern mit Melone und Fez durch die Torbögen. Aus einem der Fensterrahmen blickt eine Suffragetten-Schönheit zu uns herab, die schwarzen Haare zum kurzen Pagenkopf geschnitten.

«Isabel und ich haben vorgestern hier um die Ecke Swing getanzt», sagt Viktoria und blickt Can herausfordernd an.

«Ich habe verstanden», antwortet Can. «Tanzen gehen. Heute Abend. Ist notiert.»

Die Kellner entzünden Windlichter auf den Tischen, denn obwohl die Sonne draußen auf der Hauptstraße noch leuchtet, liegt die Passage schon im Schatten. Aus einem der Häuser klingt Klaviermusik. Can bestellt für uns, und alles, was kommt, sieht köstlich aus: gebratene Auberginen, Paprika in Chili und Knoblauch, kleine, gesalzene Fische, Joghurt mit Kräutern, Köfte und Pommes, geraspelte Karotten mit Zwiebeln, Dorade und Rotkohlsalat. Wir essen mit großem Appetit, sogar Viktoria und Can. Zwischendurch sehen sie sich minutenlang in die Augen und seufzen. Ich muss zugeben, dass ich etwas neidisch bin.

Mir gegenüber sitzt eine Frau, die offensichtlich allein unterwegs ist. Sie komme aus Slowenien, erzählt sie, und verkaufe landwirtschaftliche Maschinen. Sie erwähne das für den Fall, dass ich einmal einen Traktor benötigen würde. Ich sage, das täte ich sehr wahrscheinlich nicht.

«Und was ist deine Geschichte?», fragt sie mich.

«Ich habe meine Freundin auf der Suche nach ihrer Jugendliebe begleitet.» Ich deute zu Viktoria, die sich vorbeugt, um Can in all dem Stimmengewirr und Geschirrklappern besser verstehen zu können, und die auf einmal schallend zu lachend beginnt. «Wie du siehst, hat die Geschichte ein Happy End.»

Can führt uns zurück auf die Istiklal Caddesi, auf der jetzt Scharen von Menschen unterwegs sind, die sich an der Nacht berauschen. Einige singen, andere reden, aber alle sind sie laut. Dann biegen wir in eine Seitenstraße. Hier tut sich eine andere Welt auf, die Gassen sind so eng, dass man beiseitetreten muss, um den Entgegenkommenden auszuweichen. Aus den geöffneten Fenstern der Läden dringen Musikfetzen. Ich erkenne Männer, die allein zur Gitarre singen, DJs an ihren Pulten, Rockbands, die auf ihren Instrumenten spielen, sodass der Rhythmus noch die Menschen, die vor der Tür stehen und rauchen, durchpulst. Alle Melodien verschmelzen zu einem großen Ganzen. Farbige Lichter blitzen aus den Clubs auf die Straße. Viktoria und Can tanzen auf dem Pflaster.

Endlich gelangen wir in eine Straße, in der es etwas ruhiger ist. Aus einer geöffneten Tür tönen die Klänge türkischer Folklore. Can sieht sich nach mir um und fragt mit den Augen, ob es in Ordnung ist. Ich nicke, und wir treten ein. Drinnen tanzen etwas ältere Paare. Can fasst Viktoria um die Hüfte, und die beiden legen los. Ich trete an den Tresen, werde aber augenblicklich aufgefordert. Der Mann ist etwa in meinem Alter. Ich gebe ihm zu verstehen, dass ich kein Türkisch spreche, aber er lacht nur und sagt auf Englisch: «Musik versteht jeder. Tanzen ist international.»

Ich tanze an Viktoria und Can vorüber und finde, dass sie wirklich sehr gut zueinander passen. Ihre Bewegungen sind perfekt aufeinander abgestimmt.

Wir tanzen und tanzen. Zwischendurch ordert Can Getränke, aber dann tanzen wir weiter. Nach einer Stunde bedanke ich mich bei meinem Tanzpartner und lasse mich auf einen der Stühle fallen. Ich schließe kurz die Augen, darum sehe ich nicht, wie es passiert.

Plötzlich ist die Bar voller Rufe. Menschen laufen quer durch den Raum. Die Band hört auf zu spielen. Irgendetwas ist passiert.

Warum sitzen so viele auf der Tanzfläche? Wo sind Viktoria und Can?

Und dann kann ich Can erkennen. Er kauert auf dem Boden. Jetzt dreht er sich um und ruft etwas. Jemand zückt sein Handy und spricht hastig hinein.

Und da erst sehe ich, dass Viktoria auf dem Boden liegt. Sie hat die Augen geschlossen und bewegt sich nicht mehr. Can streichelt ihr unentwegt über die Wange. Als er sich noch einmal umdreht, sehe ich, dass er weint.

Als die Lichter in den Raum blitzen, denke ich erst, dass der Club wieder zum Leben erwacht. Dass wir weitertanzen werden. Dass das hier gar nicht passiert. Aber es sind die Lichter des Krankenwagens. Die Sanitäter heben Viktoria vorsichtig auf eine Trage. Can spricht hastig auf sie ein. Zusammen laufen wir nach draußen zum wartenden Krankenwagen. Der Fahrer macht das Martinshorn an.

Das Licht ist so grell im Innern des Krankenwagens. So grell, dass es in den Augen wehtut. Ich versuche Can zu trösten. Ich spreche Viktoria an, die sich auf ihrer Trage noch immer nicht bewegt. Der Sanitäter sagt etwas auf Türkisch, das ich nicht verstehe. Wir fahren sehr schnell.

Vor dem Krankenhaus warten noch mehr Sanitäter. Sie heben die Trage heraus und legen sie auf ein Rollgestell. Can spricht ununterbrochen. Zwei Sanitäter schieben das Rollbett im Laufschritt über die Flure. Can und ich laufen hinterher. Dann gelangen wir an einen Raum, zu dem wir keinen Zutritt haben. Ein Mann in weißem Kittel richtet ein paar Worte an uns. Ich weiß, dass sie Viktoria jetzt untersuchen. Dass sie ihr etwas geben werden, damit es ihr wieder bessergeht. Ich sage Can, dass er sich jetzt keine Sorgen mehr machen muss. Dass alles gut wird. Ich erzähle ihm von der Nacht im Krankenhaus in Kroatien. Ich kann nicht richtig reden vor lauter Weinen, aber ich tue es trotzdem.

Irgendwann ist der Mann mit dem weißen Kittel wieder da. Er wiederholt seine Worte auf Englisch. Ich verstehe nur ein Wort: Herzinfarkt.

Eine Schwester bringt uns ein Glas Wasser.

Dann dürfen wir zu ihr. Sie ist an ein Gerät angeschlossen, das ihre Herzfrequenz aufzeichnet. Ich kenne diese Geräte aus «Praxis Dr. Eppingham». Dieses hier malt regelmäßige Kurven. Ich atme auf.

Viktoria hat immer noch die Augen geschlossen. Can tritt an die Seite, an der ihr Herz schlägt, und nimmt ihre Hand. Ich gehe an die andere Seite. Nehme ihre andere Hand. Die Schwester bringt uns Stühle. Wir setzen uns, ohne unsere Hände aus ihren zu lösen. Eine lange Zeit sitzen wir so da.

Ich muss eingeschlafen sein, denn als ich die Augen öffne, liegt mein Kopf auf Viktorias Schulter. Noch immer halte ich ihre Hand. Sie hat die Augen aufgeschlagen und lächelt schief. Aber sie bringt kein Wort hervor.

Can streichelt ihr über die Wange und die Haare. Immer und immer streichelt er sie so. Viktoria lächelt weiter ihr schiefes Lächeln. Dann wendet sie sich mir zu. «Ich habe gelogen», bringt sie mühsam hervor.

Ich versuche, mir meine Panik nicht anmerken zu lassen. «Das ist nicht wichtig, Viktoria.»

«Doch, das ist wichtig. Darum muss ich dir das jetzt sagen. Das mit der Flugangst ... das habe ich mir ausgedacht.»

Ich drücke ihre Hand. «Was meinst du?»

«Ich habe gar keine Flugangst. Ich wollte nur noch einmal richtig was erleben.» Sie lächelt. «Das ... hat geklappt.»

Das Piepen erschreckt mich. Es ist ein hoher, lang anhaltender Ton. Als ich aufblicke, sehe ich, dass die Kurven auf dem Monitor abgebrochen sind. Eine gerade Linie zieht sich über das Schwarz. Und dann fängt jemand hysterisch an zu schreien. Türen werden aufgerissen. Schwestern und Ärzte stürzen in den Raum.

Ich merke, dass ich diejenige bin, die so schreit.

Viktoria stirbt an einem Sonntagmorgen, kurz vor Sonnenaufgang. Sie ist tot, und draußen erwacht die Stadt. Ich kann nicht aufhören zu weinen und zu schreien. Die Ärzte geben mir etwas zur Beruhigung. Als sie erfahren, dass ich schwanger bin, legen sie mich ebenfalls auf ein Rollbett und bringen mich in ein Zimmer. Ich weiß nicht, was das für Medikamente sind, die sie mir geben, aber sie helfen mir nicht. Ich kann nicht aufhören. Höre nicht auf, zu weinen und zu schreien. Can kommt zu mir und erzählt mir, dass sie Viktoria jetzt bestatten. Nach muslimischem Brauch haben sie nur vierundzwanzig Stunden Zeit dafür. Ich will nicht, dass sie sie bestatten. Ich will nicht, dass sie tot ist. Ich will nicht mehr ohne sie sein.

An die Bestattung kann ich mich nicht erinnern. Ich weiß nur, dass ich Carsten anrufe und vor Weinen nicht sprechen kann. Er sagt, dass er augenblicklich zu mir kommt. Ich weiß nicht mehr, wie ich die Stunden bis dahin verbracht habe. Ich erinnere mich nur noch an Tausende von Blumen.

Can kümmert sich um alles, bis zum Letzten. Dann bricht auch er zusammen. Ich rede mit ihm, versuche ihn zu trösten. Bevor ich gehe, nimmt er meine Hand.

«Warte nicht zu lange mit dem, was du tun willst», sagt er. «Warten ist Verschwendung. Was du tun willst, tu es jetzt!»

Er sagt auch, dass er glücklich ist. Darüber, dass er jemanden wie Viktoria kennengelernt hat. Dass sie ihn sehr unglücklich, aber auch sehr glücklich gemacht hat. Dass die Welt gut ist, solange es Menschen wie seine Viktoria gibt.

Fast habe ich den Weg zur Blauen Moschee vergessen. Aber dann fällt mir alles wieder ein. Wie ich mit Viktoria hierhergegangen bin. Wie sie erzählt hat, von früher. Dass sie an der Blauen Moschee zur Ruhe kommt. Wie sehr sie dieses Gebäude liebt.

Seltsam, wie andere Menschen in einem weiterleben. Auch die, die man nie wiedersieht. Ich höre Viktorias Stimme, sehe ihre Bewegungen vor mir, ihr fröhliches, kluges Gesicht. Ich denke auch an Mama. Ich versuche mir vorzustellen, wo die beiden jetzt sind.

Touristen strömen mir in Scharen entgegen. Händler versuchen, mir ihre Ware anzudrehen. Ich denke und fühle alles gleichzeitig. Farben und Töne strömen auf mich ein.

Ich sehe Carsten und Lisa, bevor sie mich sehen. Sie stehen in der Mitte des Hofes, dort, wo die Männer sich waschen. Carsten blickt aufmerksam in alle Richtungen. Er sieht blass und angespannt aus. Neben ihm steht Lisa und hüpft. In der Sonne leuchten ihre Haare wie Feuer. Mein Mädchen, denke ich. Mein kleiner Kobold. Mein Schatz. Ich gehe in die Hocke und breite die Arme aus, wie früher, als sie klein war. Sie sieht mich und rennt auf mich zu.

Und dann umschließen wir einander, ich sie, Carsten mich, ich Carsten. Wir lachen und weinen, alles gleichzeitig. Die Reise ist noch nicht zu Ende. Aber vielleicht bin ich jetzt angekommen.

***

Es ist Sommer, und ich bin wieder in Istanbul. Auf dem Friedhof von Eyüp leuchten die Gräber in der Morgensonne. Eine Gruppe von Frauen kommt mir entgegen, eine von ihnen hat ihr Kopftuch gelockert und fächelt sich Luft zu. Mein Baby hat sich in meine Armbeuge gekuschelt und schläft. Ich steige den Weg hinauf zu der Abzweigung, an der Viktorias Grab liegt. Mir ist sehr heiß. Höher und höher muss ich steigen. Dass hier aber auch alles auf Hügeln liegt.

Ich erkenne die Stelle schon von weitem. Sie ist mit unzähligen bunten Blumen geschmückt. Blaue Tulpen ragen zwischen den Gräsern auf, weißen Begonien und Silberimmortellen. Vor allem der Rosenstrauch gefällt mir. Es sind so viele Blüten daran, dass ich sie kaum zählen kann. Zwischen ihnen brechen Hunderte von Knospen hervor. Es sieht aus, als ob diese Pflanze vor Leben birst.

Ich stelle den Topf Vergissmeinnicht ab, den ich bei Cans Tochter gekauft habe, und hocke mich vor den Stein. Mein kleines Baby erwacht von der Bewegung. Sie macht die Geräusche, die acht Monate alte Babys so machen, und guckt mich neugierig an.

Und dann erzähle ich Viktoria alles. Dass Lisa ihr Stipendium tatsächlich erhalten hat und nach den Sommerferien ein Sportinternat besucht. Dass sie aber vorher noch mit uns zusammen herumreist. Dass Carsten ein Sabbatjahr genommen hat und dass wir Heinrich und Adolfo in Italien besucht haben. Dass wir in unserem freien Jahr Länder erkunden wollen, die sie bestimmt auch toll finden würde. Armenien zum Beispiel, erzähle ich ihr, oder Turkmenistan.

Und dass sie mir fehlt.

Dann sage ich gar nichts mehr, sondern denke nur noch. Ich denke, dass sie alles richtig gemacht hat in ihrem Leben. Ich denke an ihren Mut und ihren Spott und ihren Lebenshunger.

Ich denke, dass sie die beste Freundin meines Lebens war.

Ein Schmetterling flattert an uns vorüber. Meine Kleine streckt die Hand nach ihm aus.

«Schmetterling», flüstere ich ihr ins Ohr. Dann drücke ich sie vorsichtig an mich. «Komm, Viktoria. Wir beide flattern jetzt auch weiter. Das Leben wartet. Und es gibt noch so viel zu sehen ...»

Das für dieses Buch verwendete FSC®-zertifizierte Papier
Lux Cream liefert Stora Enso, Finnland.